Direito Ambiental

Para Concurso de Juiz Federal

Elaborado de acordo com as Resoluções nº 67, de 3 de julho de 2009, do Conselho da Justiça Federal e nº 75, de 12 de maio de 2009, do Conselho Nacional de Justiça.

Leandro Eustáquio de Matos Monteiro

Direito Ambiental

para concurso de Juiz Federal

Elaborado de acordo com as Resoluções nº 67, de 3 de julho de 2009, do Conselho da Justiça Federal e nº 75, de 12 de maio de 2009, do Conselho Nacional de Justiça.

Direito Ambiental
para concurso de Juiz Federal
Leandro Eustáquio de Matos Monteiro

1ª edição 2011

© desta edição: *Edipro Edições Profissionais Ltda.* – *CNPJ nº 47.640.982/0001-40*

Editores:	Jair Lot Vieira e Maíra Lot Vieira Micales
Produção editorial:	Murilo Oliveira de Castro Coelho
Arte:	Karina Tenório e Simone Melz
Diagramação:	Josué Luiz Cavalcanti Lira
Revisão:	Viviam Moreira Guimarães e Sandra Mara Doretto

Dados de Catalogação na Fonte (CIP) Internacional
(Câmara Brasileira do Livro, SP, Brasil)

Monteiro, Leandro Eustáquio de Matos.
 Direito ambiental para concurso de juiz federal / Leandro Eustáquio de Matos Monteiro. – São Paulo : EDIPRO, 2011. – (coleção resumos para concurso de juiz federal)

 Bibliografia
 ISBN 978-85-7283-774-3

 1. Direito ambiental 2. Direito ambiental - Brasil 3. Direito ambiental - Brasil - Concursos I. Título. II. Série.

11-04594   CDU-34:502.7(81)(079)

Índices para catálogo sistemático:
1. Brasil : Direito ambiental : Provas e concursos 34:502.7(81)(079)

edições profissionais ltda.
São Paulo: Fone (11) 3107-4788 – Fax (11) 3107-0061
Bauru: Fone (14) 3234-4121 – Fax (14) 3234-4122
www.edipro.com.br

Agradecimentos

Agradecer nunca é fácil. Mas, além de necessário é uma tarefa de extrema humildade. Os erros deste livro são todos meus, os méritos são dos leitores, dos concurseiros, dos futuros servidores públicos.

Agradeço a Deus, pois, sem Ele, nada acontece. Como diz um primo meu: "sem a intenção divina, uma folha sequer cai da árvore!"

Agradeço, sobretudo, a especial atenção do amigo Murilo, produtor editorial da Edipro, que me convidou para fazer parte desta coleção.

Agradeço à minha família, Sr. Valdoveu, Dona Edna, Juninho e, em especial, ao meu irmão, Dr. Igor de Matos Monteiro, sócio do escritório Faiçal, Monteiro & Dutra, brilhante advogado e exímio professor.

Agradeço ainda aos colegas do escritório, Dr. Leonardo Dutra, Dr. Eduardo, Dr. Gustavo e Dra. Bianca Boroni, desejando enorme sucesso na carreira literária dela. Dra. Bianca é coautora dos capítulos 4, 9, 10, 13 e 16 deste livro. Sem o seu auxílio, certamente a obra não ficaria bem feita.

Agradeço também aos meus alunos, razão deste livro. Desejo que sejam aprovados o quanto antes.

Peço licença a todos para dedicar este livro para à minha namorada, Andrea de Freitas Mello. Amor, seu incentivo, suas preces e seu carinho foram essenciais para que eu tivesse o discernimento em escrevê-lo. Obrigado por me receber e me tornar membro da sua bela família, a quem também dedico este livro. Muito obrigado, de coração, ao Sr. Agostinho, a Dona Rosangela, à Ana Paula e ao Alencarzinho. E, que um dia, os pequenos Filipe e Rafaela possam ler esta obra e contribuir bastante para a questão ambiental.

Sumário

Introdução 11

| Capítulo 1 | **Direito ambiental. Conceito. Objeto. Princípios fundamentais** .... 13 |

1. Direito fundamental de 3ª geração 13
2. Princípios do direito ambiental 16
   2.1 Princípio do desenvolvimento sustentável 17
   2.2 Princípio do poluidor-pagador 20
   2.3 Princípio da prevenção-precaução 21
   2.4 Princípio da participação 23
Questões de concursos 25

| Capítulo 2 | **Normas constitucionais relativas à proteção ambiental** .... 34 |

1. A constitucionalização da tutela jurídico-ambiental
   – Artigo 225 da CF/88 34
2. Bem de uso comum do povo e essencial à sadia qualidade
   de vida 37
3. Titulares-destinatários 43
4. Meio ambiente ecologicamente equilibrado 48
Questões de concursos 50

| Capítulo 3 | **Repartição de competências em matéria ambiental** .... 55 |

1. Competência em matéria ambiental 55
   1.1 Competência legislativa 56
   1.2 Normas gerais – matéria da União 58
   1.3 Competência suplementar dos Estados 59
       1.3.1 Competência municipal 60

1.3.2 In dubio pro natura 62
1.4 Competência executiva (material ou administrativa) 63
    1.4.1 Competência exclusiva... 64
        1.4.1.1 União (art. 21 da CF/88) 64
        1.4.1.2 Estados (art. 25, § 3º, da CF/88) 64
        1.4.1.3 Municípios (art. 30, VIII e IX) 64
    1.5 Competência comum (art. 23, CF/88) 64
Questões de concursos 70

Capítulo 4 — Zoneamento ambiental 74
Questões de concursos 76

Capítulo 5 — Poder de polícia e direito ambiental. Licenciamento ambiental 79
1. Licenciamento ambiental
   (Res. nº 237/97 do CONAMA) 79
   1.1 Natureza jurídica da licença ambiental 81
   1.2 Competência para licenciamento ambiental
       (Res. nº 237/97) 82
   1.3 Rol exemplificativo de atividades sujeitas ao
       licenciamento ambiental 85
   1.4 Estudos de impacto ambiental
       (EIA/RIMA. Art. 225, § 1º, IV, CF/88) 86
2. Legislação 87
Questões de concursos 101

Capítulo 6 — Responsabilidade ambiental. Conceito de dano. A reparação do dano ambiental 110
1. Responsabilidade civil. Dano 110
2. Conceituação de dano ambiental 110
3. Características do dano ambiental 111
4. Classificação dos danos ambientais 112
   4.1 Dano individual e coletivo 112
   4.2 Dano patrimonial e moral 112
5. O dano ambiental na Lei da Ação Civil Pública e no
   Código Civil 114
6. Noções gerais sobre responsabilidade pelo dano ambiental 114
7. Competência para legislar sobre responsabilidade civil
   ambiental 116
8. Teorias do risco 117
9. Pressupostos da responsabilidade civil por dano ambiental 120

Sumário | 9

9.1 Dano ambiental 120
9.2 Formas de reparação do dano 120
9.3 Nexo causal 121
10. Excludentes de responsabilidade 123
11. Os responsáveis pelo dano ambiental 124
12. Responsabilidade do Estado 125
13. Responsabilidade Civil no art. 21, XXIII, d, da CF/88 e
    da Lei nº 6.453/77 – Teoria do risco integral absoluta 127
14. Responsabilidade civil por danos ambientais no Código
    Civil de 2002 128
15. Responsabilidade civil na Lei da Ação Civil Pública 128
16. Responsabilidade Civil na Lei da Ação Popular 132
17. Legislação 135
Questões de concursos 142

| Capítulo 7 | Sistema nacional do meio ambiente. |
| | Política nacional do meio ambiente .... 147 |

1. Legislação 148
Questões de concursos 153

| Capítulo 8 | Estudo de impacto ambiental. Conceito. |
| | Competências. Natureza jurídica. Requisitos .... 157 |

1. Legislacão 158
Questões de concursos 172

| Capítulo 9 | Biossegurança .... 178 |

1. Legislação 179
Questões de concursos 198

| Capítulo 10 | Biodiversidade .... 200 |

1. Legislação 201
Questões de concursos 219

| Capítulo 11 | Código Florestal e unidades de conservação .... 225 |

1. Flora 225
   1.1 Indenização em APPs e RLs 232
   1.2 SNUC – Sistema Nacional de Unidades de Conservação 241
Questões de concursos 254

| Capítulo 12 | Recursos hídricos .... 264 |

1. Legilasção 268
Questões de concursos 274

Capítulo 13 — Mineração 279
Questões de concursos 281

Capítulo 14 — Patrimônio cultural 287
1. Bens culturais em espécie 289
2. Instrumentos de proteção ao patrimônio cultural 291
   2.1 Inventários 291
   2.2 Registros 291
   2.3 Vigilância 292
   2.4 Tombamento (Decreto-Lei nº 25/37) 292
      2.4.1 Classificação do tombamento 294
         2.4.1.1 Quanto a sua origem 294
         2.4.1.2 Quanto à eficácia 295
         2.4.1.3 Quanto ao bem a ser tombado 295
      2.4.2 Efeitos do tombamento 296
      2.4.3 Indenização 297
      2.4.4 Tombamento ofício, voluntário 298
   2.5 Desapropriação (Decreto-Lei nº 3.365 de 21/6/1941) 299
   2.6 Outras formas de acautelamento 299
3. Legislação 299
Questões de concursos 304

Capítulo 15 — Estatuto da Cidade. Meio Ambiente Artificial 310
1. Cidade e município 310
2. Plano diretor – Exigência segundo a CF/88 312
3. Estatuto da Cidade (Lei nº 10.257/01) 314
4. Plano diretor – Novas exigências (arts. 40 e 41 da Lei nº 10.257/01) 315
5. Parcelamento do solo urbano (Lei nº 6.766/79 de 19/12/79) 318
6. Estudo de impacto de vizinhança (arts. 36 a 38 da Lei nº 10.257/01) 319
7. Parcelamento compulsório, IPTU progressivo no tempo, desapropriação (arts. 5º a 8º da Lei nº 10.257/01) 320
8. Legislação 323
Questões de concursos 330

Capítulo 16 — Fauna 344
Questões de concursos 350

Introdução

Direito Ambiental para concursos de Juiz Federal foi elaborado dentro do padrão estabelecido para esta coleção. A obra aborda a legislação, doutrina e jurisprudência. Tudo isso, somado a muitos exercícios organizados de forma didática.

Um livro para concursos públicos, em nosso entendimento, não precisa esgotar a doutrina sobre o direito, mas, sim, abranger o que será cobrado nas provas, ou seja, resumir os temas relacionados nos editais, de modo que os leitores, no caso em tela, os concursandos, tenham os subsídios de que necessitam para se preparar em menor tempo e ficarem 'craques' no assunto para enfrentar os exames e serem aprovados.

Para tanto, usamos de linguagem simples, inserindo os dispositivos legais que deverão ser consultados, além de seleção de julgados que demonstram o lado prático da atuação do magistrado no campo do direito ambiental no Judiciário federal.

Tenham uma ótima leitura!

CAPÍTULO 1

Direito ambiental. Conceito. Objeto. Princípios fundamentais

1. DIREITO FUNDAMENTAL DE 3ª GERAÇÃO

Segundo Leme MACHADO,[1] o direito ambiental pode ser considerado como um direito sistematizador, que faz a articulação da legislação, da doutrina e da jurisprudência, no que se refere aos elementos que integram o meio ambiente.

Daí se afirmar que essa disciplina possui características peculiares, é inovadora, futurista e desafiadora. Pela inovação, pode-se ver que o direito ambiental preocupa-se de forma inédita com as gerações futuras.

O direito ambiental preocupa-se, pois, com o meio ambiente por completo – estabelecendo aqui uma noção bem ampla do que seria o objeto tutelado – e ainda com cada parcela dos recursos ambientais, como as águas, florestas, patrimônio cultural, ou seja, um direito fundamental sob diversos aspectos. E na condição de direito fundamental, ao jurista interessa verificar como se dá a tutela jurídica do meio ambiental nos tratados internacionais, nas Constituições, na legislação infraconstitucional e suas respectivas consequências:

Superado o Estado Liberal de Direito – no qual os direitos fundamentais serviam como defesa dos indivíduos contra o Estado – e o Estado

---

1 MACHADO, Paulo Affonso Leme. *Direito Ambiental Brasileiro*. São Paulo: Malheiros, 2006.

de Bem-Estar, em que os direitos sociais eram exigidos do Estado pela coletividade, e ainda diante das catástrofes ambientais, após a segunda Guerra Mundial, houve, segundo MORATO LEITE[2] (2006), o fenômeno do esverdeamento das constituições dos Estados, com a constitucionalização do meio ambiente, reconhecendo-o como direito fundamental.

Os direitos fundamentais são classificados em gerações: os direitos individuais de primeira geração são considerados como garantias do indivíduo diante do poder do Estado, e compreendem as liberdades clássicas, negativas, os direitos civis e políticos. Os direitos de segunda geração são os direitos que albergam as liberdades positivas, reais, os direitos econômicos, sociais e culturais. Os direitos de terceira geração materializam poderes da titularidade coletiva e constituem um passo importante no processo do desenvolvimento sustentável.

O Superior Tribunal de Justiça reconheceu o direito ambiental como integrante da terceira geração de direitos, quando sua primeira turma, por meio do voto do Exmº. Sr. ministro José Delgado, relator no REsp. nº 588.022/SC, deliberou:

> O Direito Ambiental integra a terceira geração de direitos fundamentais, ao lado do direito à paz, à autodeterminação dos povos, ao desenvolvimento, à conservação e utilização do patrimônio histórico e cultural e do direito de comunicação.
> [...]
> Após quinze anos de vigência da Constituição Federal, o que preocupa a sociedade brasileira é esse sistema nacional de proteção ao meio ambiente, não obstante os melhores princípios e regras que estão presentes na nossa legislação, não ter conseguido alcançar, com o êxito necessário, um estágio de eficácia e efetividade. Não se pode ignorar quão tem sido valiosa a contribuição doutrinária para o aperfeiçoamento dos princípios e normas que protegem o meio ambiente. Os autores têm apresentado sugestões que se voltam para uma compreensão integral dos valores ecológicos e que alcançam os propósitos de valorização da cidadania e da dignidade humana. A sociedade testemunha, Contudo, que há, ainda,

---

2   MORATO LEITE, José Rubens. *Dano ambiental: do indivíduo ao coletivo extrapatrimonial*. São Paulo: RT, 2000.

uma apatia do Estado com relação ao problema e uma ausência de conscientização educacional para a valorização do meio ambiente.

Do quadro legal que dispõe, percebe-se que o Brasil está preparado para aplicar os efeitos desse direito fundamental: o de proteção ao meio ambiente em prol de uma melhor qualidade de vida. O Poder Judiciário assume, portanto, uma gradual e intensificada responsabilidade para que os propósitos do Direito Ambiental vigente sejam alcançados. Cumpre-lhe a missão de, com apoio na valorização dos princípios aplicados a esse ramo da ciência jurídica, fazer com que as suas regras alcancem o que a cidadania merece e está exigindo: um meio ambiente equilibrado convivendo em harmonia com o necessário desenvolvimento econômico.

A Constituição define o direito ao meio ambiente ecologicamente equilibrado como essencial ao futuro da humanidade. Estabelece direitos e deveres para a sociedade civil e para o Estado. Podemos dizer que o acesso a um meio ambiente ecologicamente equilibrado não é só um direito, mas também um dever de todos. Desse modo, tem obrigação de defender o ambiente não só o Estado, mas, igualmente, a comunidade [...] DJ 5/4/2005, p. 217.

O Supremo Tribunal Federal também reconhece o meio ambiente como um direito de terceira geração. O ministro Celso de Mello declara esta posição quando relata o Mandado de Segurança nº 22264-0, no qual o impetrante, Antônio de Andrade Ribeiro Junqueira, requeria nulidade do decreto presidencial que declarava o imóvel localizado no pantanal mato-grossense de interesse social para fins de reforma agrária.

O impetrante afirmava que, por localizar-se o imóvel no pantanal mato-grossense, definido no art. 225, § 1º, inciso VII, como patrimônio nacional, seria colocada em risco a função ecológica que lhe é intrínseca. Mello (MS 22264-0, 13/3/1996) não vislumbra tal impedimento jurídico para desapropriação e expõe:

> Entendo que esse específico fundamento, só por si, não poderia justificar o acolhimento da pretensão mandamental ora deduzida pelo impetrante, eis que o exame da procedência de suas objeções também implicaria a necessária análise de questões de fato cuja apreciação refoge aos estritos limites do mandado de segurança.

Os preceitos inscritos no art. 225 da Carta Magna traduzem a consagração constitucional, em nosso sistema de direito positivo, de uma das mais expressivas prerrogativas asseguradas às formações sociais contemporâneas. Essa prerrogativa consiste no reconhecimento de que *todos* têm direito ao meio ambiente ecologicamente equilibrado. Trata-se, consoante já proclamou o Supremo Tribunal Federal (RE nº 134.297-SP, rel. min. Celso Mello), de um típico direito de terceira geração que assiste, *de modo subjetivamente indeterminado*, a todo gênero humano, circunstância essa que justifica a especial obrigação – que incumbe ao Estado e à própria coletividade – de defendê-lo e preservá-lo em benefício das presentes e futuras gerações, evitando-se, desse modo, que irrompam, no seio da comunhão social, os graves conflitos intergeracionais marcados pelo desrespeito ao dever de solidariedade na proteção da integridade desse bem essencial de uso comum de todos quantos compõem o grupo social. (LAFER, Celso. *A reconstrução dos direitos humanos*, p. 131-132 e 199, Companhia das Letras) (Grifos do autor)

2. PRINCÍPIOS DO DIREITO AMBIENTAL

Consagrada à geração em que se insere o direito ambiental, importa-nos agora ressaltar sua autonomia, baseada em princípios e regras próprios. Para SILVA:[3]

O Direito Ambiental é uma disciplina jurídica de considerável autonomia, dada a natureza específica de seu objeto – ordenação da qualidade do meio ambiente com vista a uma boa qualidade de vida –, que não se confunde, nem mesmo se assemelha com outros ramos do Direito.

Nesse primeiro capítulo, estudaremos os princípios do direito ambiental. Necessário se faz afirmar que o direito ambiental já dispõe de um conjunto de princípios próprios, com sede nos tratados e con-

---

3   SILVA, José Afonso. *Direito Urbanístico Brasileiro*. 2. ed. São Paulo: Malheiros, 1995. p. 49.

venções internacionais ou nas Constituições dos Estados soberanos, com legislações infraconstitucionais modernas.

Inúmeras são as classificações dos princípios ambientais entre os doutrinadores brasileiros. Cada autor tem a sua, consoante seus estudos, o que dificulta o estudo da questão. MACHADO[4] elenca oito princípios: direito à sadia qualidade de vida; acesso equitativo aos recursos naturais; usuário-pagador e poluidor-pagador; precaução; prevenção; reparação; informação e participação. ANTUNES[5] também traz oito princípios: direito humano fundamental; democrático; precaução; prevenção; equilíbrio; limite; responsabilidade; poluidor-pagador. MILARÉ[6] apresenta-nos dez princípios: ambiente ecologicamente equilibrado como direito fundamental da pessoa humana; natureza pública da proteção ambiental; controle do poluidor pelo poder público; consideração da variável ambiental no processo decisório de políticas de desenvolvimento; participação comunitária; poluidor-pagador; prevenção; função sócio-ambiental da propriedade; direito ao desenvolvimento sustentável e cooperação entre os povos.

Para não fugir do tema central do trabalho, os concursos públicos, comentaremos os princípios que vêm sendo cobrados e suas nuances. São eles: princípio do desenvolvimento sustentável, poluidor-pagador, prevenção, participação.

2.1 Princípio do desenvolvimento sustentável

Esse princípio foi expressamente utilizado em 1987 na Comissão Mundial da ONU sobre o meio ambiente presidida por Gro Harlem Brudtland, no famoso documento *Our Common Future*. Em 1992, na ECO-92, no Rio de Janeiro. Essa expressão foi ratificada no princípio 4: "A fim de alcançar o desenvolvimento sustentável, a proteção do ambiente deverá constituir-se como parte integrante do processo de desenvolvimento e não poderá ser considerada de forma isolada".

---

4   MACHADO, Paulo Affonso Leme. *Direito Ambiental Brasileiro*. São Paulo: Malheiros, 2006.
5   ANTUNES, Paulo Bessa. *Direito Ambiental*. 7. ed. Rio de Janeiro: Lúmen, 2004.
6   MILARÉ, Edis. *Direito do Ambiente*. 3. ed. São Paulo: RT, 2004.

A Constituição de 1988 adotou o desenvolvimento sustentável de forma expressa no artigo 225. Desenvolver-se de forma sustentável é garantir que o direito ao desenvolvimento deve ser realizado de modo a satisfazer as necessidades relativas ao desenvolvimento e ao meio ambiente para as gerações presentes e futuras.

O direito ao meio ambiente ecologicamente equilibrado é um direito fundamental e o princípio do desenvolvimento sustentável serve-lhe como forma de proteção, já que outros direitos fundamentais não são, em plano abstrato, mais ou menos importantes, como o direito à propriedade, à segurança, à livre iniciativa, em especial das atividades econômicas empresariais. Conforme FIORILLO[7]:

> Atento a esses fatos, o legislador constituinte de 1988 verificou que o crescimento das atividades econômicas merecia um novo tratamento. Não mais poderíamos permitir que elas se desenvolvessem alheias aos fatos contemporâneos. A preservação do meio ambiente passou a ser a palavra de ordem, porquanto sua contínua degradação implicará diminuição da capacidade econômica do País, e não será possível à nossa geração e principalmente às futuras desfrutar uma vida com qualidade. Assim, a livre iniciativa, que rege as atividades econômicas, começou a ter outro significado. A liberdade de agir e dispor tratada pelo Texto Constitucional (a livre iniciativa) passou a ser compreendida de forma mais restrita, o que significa dizer que não existe a liberdade, a livre iniciativa, voltada à disposição de um meio ambiente ecologicamente equilibrado. Este deve ser o objetivo. Busca-se, na verdade, a coexistência de ambos sem que a ordem econômica inviabilize um meio ambiente ecologicamente equilibrado e sem que este obste o desenvolvimento econômico.

Em recente decisão sobre a aplicação desse princípio, assim se manifestou o STF:

EMENTA: MEIO AMBIENTE. DIREITO À PRESERVAÇÃO DE SUA INTEGRIDADE (CF, art. 225). [...]. Relações entre economia

---

7 FIORILLO, Celso Antonio Pacheco. *Curso de direito Ambiental Brasileiro*. 5. ed. São Paulo: Saraiva, 2004. p. 26.

(CF, art. 3º, II, c/c o art. 170, VI) e ecologia (CF, art. 225). Colisão de direitos fundamentais. Critèrios de superação desse estado de tensão entre valores constitucionais relevantes. Os direitos básicos da pessoa humana e as sucessivas gerações (fases ou dimensões) de direitos (RTJ 164/158, 160-161). A questão da precedência do direito à preservação do meio ambiente: uma limitação constitucional explícita à atividade econômica (CF, art. 170, VI). [...]. A atividade econômica não pode ser exercida em desarmonia com os princípios destinados a tornar efetiva a proteção ao meio ambiente.

A incolumidade do meio ambiente não pode ser comprometida por interesses empresariais nem ficar dependente de motivações de índole meramente econômica, ainda mais se se tiver presente que a atividade econômica, considerada a disciplina constitucional que a rege, está subordinada, dentre outros princípios gerais, àquele que privilegia a "defesa do meio ambiente" (CF, art. 170, VI), que traduz conceito amplo e abrangente das noções de meio ambiente natural, de meio ambiente cultural, de meio ambiente artificial (espaço urbano) e de meio ambiente laboral. Doutrina. Os instrumentos jurídicos de caráter legal e de natureza constitucional objetivam viabilizar a tutela efetiva do meio ambiente, para que não se alterem as propriedades e os atributos que lhe são inerentes, o que provocaria inaceitável comprometimento da saúde, segurança, cultura, trabalho e bem-estar da população, além de causar graves danos ecológicos ao patrimônio ambiental, considerado este em seu aspecto físico ou natural.

A QUESTÃO DO DESENVOLVIMENTO NACIONAL (CF, ART. 3º, II) E A NECESSIDADE DE PRESERVAÇÃO DA INTEGRIDADE DO MEIO AMBIENTE (CF, art. 225): O princípio do desenvolvimento sustentável como fator de obtenção do justo equilíbrio entre as exigências da economia e as da ecologia.

O princípio do desenvolvimento sustentável, além de impregnado de caráter eminentemente constitucional, encontra suporte legitimador em compromissos internacionais assumidos pelo Estado brasileiro e representa fator de obtenção do justo equilíbrio entre as exigências da economia e as da ecologia, subordinada, no entanto, a invocação desse postulado, quando ocorrente situação de conflito entre valores constitucionais relevantes, a uma condição inafastável, cuja observância não comprometa nem esvazie o conteúdo essencial de um dos mais significativos direitos fundamentais: o direito à preservação do meio ambiente, que traduz bem de uso comum da generalidade das pessoas, a ser resguardado em favor das presentes e futuras gerações e especialmente protegidos qualificam-se, por efeito da cláusula inscrita no art. 225, § 1º, III, da Constituição, como matérias sujeitas ao princípio da reserva legal [...] Plenário, 1º/9/2005. (ADI-MC 3540/ DF-Distrito Federal. Medida Cautelar na Ação Direta de Inconstitucionalidade. Relator(a): Min. Celso de Mello Julgamento: 1º/9/2005. Órgão Julgador: Tribunal Pleno. Publicação: DJ 3/2/2006, p. 14. Ement. Vol. 2219-03, p. 528).

2.2 Princípio do poluidor-pagador

A expressão "poluidor-pagador" foi utilizada pela primeira vez pela Organização de Cooperação e Desenvolvimento Econômico da Europa em 1972 e corresponde à noção de que o empreendedor deve arcar com o ônus decorrente de suas atividades. No Brasil, na década de 80, o princípio foi adotado pelo artigo 4º da Lei nº 6.938-81, inciso VII, que prevê como objetivo da política nacional do meio ambiente "a imposição, ao poluidor e ao predador, da obrigação de recuperar e/ou indenizar os danos causados e, ao usuário, da contribuição pela utilização de recursos ambientais com fins econômicos".

A Constituição de 1988 também fez previsão de forma expressa desse princípio, recepcionando-lhe no seu artigo 225, § 3º, em que preceitua que "as condutas e atividades lesivas ao meio ambiente sujeitarão os infratores, pessoas físicas ou jurídicas, a sanções penais e administrativas, independentemente da obrigação de reparar os danos causados".

Esse princípio visa à internalização dos prejuízos causados pela deterioração ambiental. É aquele que impõe ao poluidor o dever de arcar com as despesas de prevenção, reparação e repressão da poluição e da degradação dos recursos naturais. Portanto, o princípio do poluidor-pagador não somente é repressivo como preventivo, visando a fazer com que o empreendedor analise os custos ambientais de sua atividade poluidora e internalize-os sem a máxima de que os lucros são privatizados e os prejuízos são divididos pela sociedade.

A jurisprudência do STJ vem reconhecendo a aplicação do princípio do poluidor-pagador em matéria ambiental:

> PROCESSO CIVIL. DIREITO AMBIENTAL. Ação Civil Pública para tutela do meio ambiente. Obrigações de fazer, de não fazer e de pagar quantia. Possibilidade de cumulação de pedidos art. 3º da Lei nº 7.347/85. Interpretação sistemática. Art. 225, § 3º, da CF/88, arts. 2º e 4º da Lei nº 6.938/81, art. 25, IV, da Lei nº 8.625/93 e art. 83 do CDC. Princípios da prevenção, do poluidor-pagador e da reparação integral.
> 1. O sistema jurídico de proteção ao meio ambiente, disciplinado em normas constitucionais (CF, art. 225, § 3º) e infraconstitucionais (Lei nº 6.938/81, arts. 2º e 4º), está fundado, entre outros, nos princípios da prevenção, do poluidor-pagador e da reparação integral. Deles decorrem, para os destinatários (Estado e comunidade), deveres e obrigações de variada natureza, comportando prestações pessoais, positivas e negativas (fazer e não fazer), bem como de pagar quantia (indenização dos danos insuscetíveis de recomposição *in natura*), prestações essas que não se excluem, mas, pelo contrário, se cumulam, se for o caso.
> [...]
> 5. Recurso especial parcialmente conhecido e, nessa parte, desprovido.
> (Brasil, Superior Tribunal de Justiça, REsp. 605323/MG, Relator Ministro José Delgado, 1ª turma, julgamento em 18/8/2005)

Ressaltemos que existem doutrinadores que falam sobre o princípio do usuário-pagador, o que pode ser cobrado em concursos. Trata-se tão somente do princípio do poluidor-pagador, estabelecendo que quem utiliza os recursos ambientais deve pagar para tanto.

2.3 Princípio da prevenção-precaução

De início falaremos sobre a diferença, por vezes cobrada em concursos públicos, entre o princípio da prevenção e o princípio da precaução, que aqui tratamos como um apenas.

O princípio da prevenção refere-se às medidas indispensáveis que previnam (e não simplesmente reparem) a degradação do meio ambiente. A prioridade de política ambiental deve voltar-se para o momento anterior ao da consumação do dano (o de mero risco). A prevenção deve ter prevalência sobre a reparação, sempre incerta e, por vezes, extremamente onerosa, pois torna-se difícil mensurar o valor de uma árvore centenária, ou atribuir valor à água poluída e imprópria para o consumo humano. Esse princípio refere-se ao perigo concreto de impactos já conhecidos pela ciência.

No Direito brasileiro, o princípio da prevenção acha-se estabelecido no artigo 2º, VI, da Lei nº 6.938/81, e no próprio art. 225, *caput*, da Constituição de 1988, ao atribuir ao poder público e à coletividade o dever de defender e preservar o meio ambiente para as presentes e futuras gerações. Aliás, o Estudo de impacto ambiental e o Relatório de impacto ao meio ambiente são exemplos legais de aplicação desse direito.

O STJ reconhece o princípio da prevenção como um dos corolários do direito ambiental:

> PROCESSO CIVIL. DIREITO AMBIENTAL. Ação Civil Pública para tutela do meio ambiente. Obrigações de fazer, de não fazer e de pagar quantia. Possibilidade de cumulação de pedidos art. 3º da Lei nº 7.347/85. Interpretação sistemática. Art. 225, § 3º, da CF/88, arts. 2º e 4º da Lei nº 6.938/81, Art. 25, IV, da Lei nº 8.625/93 e art. 83 do CDC. Princípios da prevenção, do poluidor-pagador e da reparação integral.
> [...]
> 2. O sistema jurídico de proteção ao meio ambiente, disciplinado em normas constitucionais (CF, art. 225, § 3º) e infraconstitucionais (Lei nº 6.938/81, arts. 2º e 4º), está fundado, entre outros, nos princípios da prevenção, do poluidor-pagador e da reparação integral.
> [...]
> 6. Interpretação sistemática do art. 21 da mesma lei, combinado com o art. 83 do Código de Defesa do Consumidor ("Art. 83. Para a defesa dos direitos e interesses protegidos por este código são admissíveis todas as espécies de ações capazes de propiciar sua adequada e efetiva tutela.") bem como o art. 25 da Lei nº 8.625/1993, segundo o qual incumbe ao Ministério Público "IV – promover o inquérito civil e a ação civil pública, na forma da lei: a) para a proteção, prevenção e reparação dos danos causados ao meio ambiente [...]".

7. Recurso Especial desprovido(Brasil, STJ, REsp. 625249/PR, Relator Ministro Luiz Fux, 1ª Turma, DJ 31/8/2006)

Já o princípio da precaução trata acerca dos perigos desconhecidos, situação em que não há uma certeza científica a respeito dos danos que possam resultar decorrente dos empreendimentos autorizados. Alguns tratados internacionais consagram-no. É o que lemos no preâmbulo da Convenção de biodiversidade: "observando também que, quando exista ameaça de sensível redução ou perda de diversidade biológica, a falta de plena certeza científica não deve ser usada como razão para postergar medidas para evitar ou minimizar essa ameaça". O princípio 15 da Declaração do Rio de Janeiro também consagra a precaução na ausência de absoluta certeza científica de empreendimentos poluidores.

Nesse aspecto a inversão do ônus da prova surge como corolário do princípio da precaução uma vez que o empreendedor terá a obrigação de demonstrar que sua atividade não traz riscos ao meio ambiente.

A CF/88 adota o princípio da precaução em seu artigo 225, § 1º, II, criando a incumbência estatal de fiscalizar as entidades dedicadas à pesquisa e manipulação de material genético. Ainda nesse artigo, nos incisos IV e V, adota-se a precaução para a exigência de instalação de obra ou atividade potencialmente causadora de significativa degradação do meio ambiente, e ainda o estudo prévio de impacto ambiental, a que se dará publicidade. Tais dispositivos serão estudados adiante.

Portanto, a diferença entre ambos é que havendo perigo concreto, trata-se do princípio da prevenção e havendo perigo abstrato (incerteza científica absoluta), trata-se do princípio da precaução.

2.4 Princípio da participação

O princípio da participação refere-se à necessidade que deve ser dada à cooperação entre o poder público e a coletividade para defender e preservar o meio ambiente conforme lhes determina a Carta Política. Ocorre que essa solidarização, entre os responsáveis perante a tutela ambiental, somente será efetiva a partir do momento em que os brasileiros tornarem-se verdadeiramente cidadãos conscientes do fim da espécie humana originada pela liquidação dos bens ambientais.

Cidadania não se refere somente ao exercício do voto, mas a iniciativas populares de projetos de lei ambientais, ou ainda ao despertar da consciência ambiental, principalmente através da educação ambiental nas escolas, órgãos públicos, grupos de pressão, ambientalistas, entre outros.

Para que o cidadão possa participar, junto ao poder público, do processo decisório da política ambiental, a ele é garantido o direito à informação, a fim de que sua ação seja participativa e não mero instrumento de legitimação dos atos da administração pública. Lembramos que o direito à informação significa o direito de informar, ser informado e buscar informação.

No Brasil, o princípio da participação e seu corolário de informação estão presentes em vários dispositivos da Constituição de 1988. Citem-se o art. 225, *caput*, que impõe ao poder público e à coletividade o dever de defender e preservar o meio ambiente para as presentes e futuras gerações; o art. 225, § 1º, inciso IV, que exige, para instalação da obra ou atividade potencialmente causadora de significativa degradação do meio ambiente, estudo prévio de impacto ambiental, a que se dará publicidade, o art. 37, § 3º, que determina que a lei disciplinará as novas formas de participação do usuário no serviço público; art. 5º, inciso XXXIII, que outorga a todos o direito de receber dos órgãos públicos informações de seu interesse particular, ou de interesse coletivo ou geral, que serão prestadas no prazo da lei, sob pena de responsabilidade; e, finalmente, o art. 5º, inciso LXXIII, que confere a qualquer cidadão o direito de propor ação popular que vise a anular ato lesivo ao patrimônio público ou de entidade de que o Estado participe, à moralidade administrativa, ao meio ambiente e ao patrimônio histórico e cultural.

Os cidadãos podem também se manifestar por meio de plebiscito e referendo ambiental (art. 14 da CF/88); assim como ingressar com mandado de segurança (art. 5º, LXIX) em busca da qualidade de vida e tomar assento nos Conselhos de Meio Ambiente. Também a sociedade civil, através das entidades representativas, possui instrumentos como a ação civil pública (Lei nº 7.347 de 24 de julho de 1975) e o mandado de segurança coletivo (art. 5º, LXX) para tutela ambiental.

QUESTÕES DE CONCURSOS

(TRF – 5ª Região – Magistratura – 2006 – Prova Preambular) Julgue os itens subsequentes, relativos aos princípios regedores da proteção jurídica do meio ambiente.

1. ( ) A promoção do meio ambiente sadio e ecologicamente equilibrado atua como fator de limitação ao direito de propriedade, razão pela qual a existência de área de preservação permanente em espaço pertencente a particular não acarreta direito à indenização, salvo quando inviabilizar totalmente o aproveitamento econômico do bem.
2. ( ) O princípio do desenvolvimento sustentável preconiza um elo entre a economia e a ecologia, estando referido em diversas declarações internacionais, mas, por não estar previsto expressamente na Constituição Brasileira, atua apenas como aspiração social e vetor ideológico para a atividade econômica.
3. ( ) Os princípios da participação comunitária e da equidade intergeracional têm sede constitucional, uma vez que a Constituição brasileira estabelece a faculdade de a coletividade praticar atos com vistas à proteção do meio ambiente e sua preservação em prol das presentes e futuras gerações.

Resposta: alternativas 1: "Errado"; 2: "Errado"; 3: "Certo".

(TRF – 5ª Região – Magistratura – 2006 – Prova Preambular) Julgue os itens subsequentes, acerca da principiologia do direito ambiental.

1. ( ) Os princípios de direito ambiental no Brasil recebem da doutrina tratamento bastante homogêneo, sob enfoques quantitativo, qualitativo e terminológico.
2. ( ) O princípio do poluidor-pagador autoriza o ato poluidor mediante pagamento.
3. ( ) Quando a Constituição impõe o dever de preservação do meio ambiente para as futuras gerações, determina que o desenvolvimento social deva ocorrer de forma sustentável, de modo que as gerações presentes atendam às suas necessidades

sem comprometer a possibilidade de as gerações futuras atenderem as suas próprias necessidades.

Resposta: alternativa 1: "Errado"; 2: "Errado"; 3: "Certo".

(AGU – 2005) No âmbito doutrinário, ainda inexiste uma sistematização uniforme do direito ambiental brasileiro. Assim, a interpretação do direito ambiental sofre variações a depender da visão desenvolvida por cada autor. No entanto, é possível identificar princípios fundamentais que caracterizam o direito do ambiente e que são alvos da preocupação dos mais diversos doutrinadores nacionais. Acerca dos princípios do direito ambiental, julgue os itens que se seguem.
1. ( ) O princípio da prevenção obriga que as atuações com efeitos sobre o meio ambiente devam ser consideradas de forma antecipada, visando-se à redução ou eliminação das causas que podem alterar a qualidade do ambiente.
2. ( ) O princípio da precaução determina que não se podem produzir intervenções no meio ambiente antes que as incertezas científicas sejam equacionadas de modo que a intervenção não seja adversa ao meio ambiente.

Resposta: alternativas 1: "Certo"; 2: "Certo".

(Procurador do Estado do CE – CESPE – 2008) A respeito dos princípios da prevenção e da precaução, assinale a opção CORRETA.
a) O princípio da prevenção é aplicado nos casos em que os impactos ambientais já são conhecidos, e o princípio da precaução somente é aplicado nos casos em que os danos são conhecidos, porém dificilmente mensurados.
b) O princípio da precaução destina-se ao controle das atividades privadas, enquanto o princípio da prevenção aplica-se às ações do poder público.
c) Ambos os princípios incidem sobre a conduta lesiva ao meio ambiente perpetrada pelo poluidor-pagador nas atividades que produzam impacto sobre a biodiversidade, mas apenas o princípio da precaução atinge a produção de alimentos, de fármacos e de material produzido por animais clonados

e plantas transgênicas, já que essas atividades estão reguladas pelo biodireito e não, pelo direito ambiental.

d) O princípio da precaução apenas estende o conceito de prevenção aos ditames da dita sociedade de risco, o que significa que se deve precaver contra todos os possíveis desdobramentos de atividades que causem impactos ambientais já conhecidos e mensurados pela ciência.

e) O princípio da prevenção é aplicado nos casos em que os impactos ambientais já são conhecidos, e o princípio da precaução aplica-se àqueles em que o conhecimento científico não pode oferecer respostas conclusivas sobre a inocuidade de determinados procedimentos.

Resposta: a alternativa correta é "E".

(Procurador do Estado do CE – CESPE – 2008) O princípio do meio ambiente ecologicamente equilibrado é tratado na Constituição Federal como:
a) uma norma programática cuja efetividade fica condicionada ao progresso econômico e à distribuição de renda.
b) um direito fundamental da pessoa humana, direcionado ao desfrute de condições de vida adequadas em um ambiente saudável.
c) um princípio geral de alcance limitado e restrito às áreas de proteção ambiental.
d) um direito difuso, mas não exigível, em função de sua generalidade, inconsistência e definição imprecisa.
e) um direito social, coletivo e transgeracional cuja efetividade é ampla, irrestrita e incondicionada e cujo alcance estende-se a todas as formas de vida.

Resposta: a alternativa correta é "B".

(Procurador do Estado do ES – CESPE – 2008) Julgue o item abaixo:
São considerados norteadores do direito ambiental, entre outros, os princípios: do direito à sadia qualidade de vida, do desenvolvimento

sustentável, do acesso equitativo aos recursos naturais, da precaução e da informação.

Resposta: a alternativa está "Correta".

(Procurador do Estado PI – CESPE – 2008) Em 1992, reunida na cidade do Rio de Janeiro, a Conferência das Nações Unidas para o Meio Ambiente e Desenvolvimento, votou, unanimemente, a chamada Declaração do Rio de Janeiro. Entre os 27 princípios que compõem esse documento, está o princípio da precaução. Acerca desse princípio, assinale a opção CORRETA.
 a) O princípio da precaução é amplamente observado pelos Estados, de modo a proteger o meio ambiente sempre que houver certeza científica da ameaça de danos sérios ou irreversíveis ao mesmo.
 b) A doutrina do referido princípio considera que o mundo da precaução é um mundo onde os saberes são colocados em questão. A precaução nasce da diferença temporal entre a necessidade imediata de ação e o momento em que os conhecimentos científicos vão modificar-se. Ela visa gerir a espera da informação.
 c) A precaução caracteriza-se pela ação compensatória diante do risco ou do perigo.
 d) O risco ou perigo devem caracterizar-se pela ameaça séria e irreversível à diversidade biológica. Essa definição não engloba os efeitos das ações humanas sobre o meio ambiente, mas tão-somente as decisões políticas oriundas da esfera federal.
 e) A CF estabelece duas categorias de risco. Os riscos aceitáveis incluem os que colocam em perigo apenas valores menores, como o manejo ecológico das espécies e a diversidade e integridade do patrimônio genético. Os riscos que atingem valores constitucionais protegidos, como o meio ambiente ecologicamente equilibrado e a função ecológica das bacias hidrográficas, pertencem à categoria dos riscos inaceitáveis.

Resposta: a alternativa correta é "B".

Direito Ambiental. Conceito. Objeto. Princípios fundamentais | 29

(FCC – 2006 – TRE/AP – Técnico Judiciário – Área Administrativa) O progresso, da forma como vem sido feito, tem acabado com o ambiente ou, em outras palavras, destruído o planeta Terra e a natureza. Críticas têm sido feitas por defensores do chamado "desenvolvimento sustentável", que consiste em:
a) conciliar desenvolvimento econômico com preservação ambiental e, ainda, pôr fim à pobreza do mundo.
b) intensificar o extrativismo vegetal e mineral dos países subdesenvolvidos, com o objetivo de garantir o crescimento econômico global.
c) igualar os níveis de produção industrial dos países do terceiro mundo ao patamar de crescimento econômico realizado nos países de primeiro mundo.
d) utilizar todos os recursos naturais disponíveis, como forma de aumentar a exportação e proporcionar superávit na balança comercial.
e) promover o aumento do extrativismo dos recursos naturais, como forma de intensificar a produção mundial e o consumismo.

Resposta: a alternativa correta é "A".

(FCC – 2010 – PGM-PI – Procurador Municipal – Prova Tipo 3) O desmatamento indiscriminado do cerrado piauiense sob o argumento de que as empresas criam empregos não é aceitável, pois pode haver atividade economicamente sustentável desde que as empresas estejam dispostas a diminuírem seus lucros, utilizando-se de matrizes energéticas que não signifiquem a política de terra arrasada.

Ao analisar os princípios do direito e, em particular do direito ambiental, é INCORRETO afirmar que:
a) o princípio do desenvolvimento sustentável é fundado em três pilares: econômico, ambiental e social.
b) os Estados têm a responsabilidade de assegurar que atividades sob sua jurisdição ou seu controle não causem danos ao meio ambiente de outros Estados ou de áreas além dos limites da jurisdição nacional.
c) de acordo com o princípio da precaução quando houver ameaça de danos sérios ou irreversíveis, a ausência de absoluta

certeza científica não deve ser utilizada como razão para postergar medidas eficazes e economicamente viáveis para prevenir a degradação ambiental.

d) a noção de gestão sustentável dos recursos naturais no espaço e no tempo impõe um duplo imperativo ético de solidariedade – equidade intrageracional e intergeracional.

e) de acordo com o princípio poluidor-pagador o poluidor deve pagar pela poluição causada que acarrete danos à saúde humana e os demais custos ambientais da produção devem ser arcados por toda a sociedade para a própria existência das atividades econômicas.

Resposta: a alternativa incorreta é "E".

(FCC – 2009 – DPE/MA – Defensor Público) "Quando houver ameaça de danos graves ou irreversíveis, a ausência de certeza científica absoluta não será utilizada como razão para o adiamento de medidas economicamente viáveis para prevenir a degradação ambiental". Esta é a formulação do princípio ambiental:
a) do desenvolvimento sustentável.
b) do poluidor-pagador.
c) da precaução.
d) da economicidade.
e) da prevenção.

Resposta: a alternativa correta é "C".

(FGV – 2008 – TJ/PA – Juiz) A respeito dos princípios fundamentais do Direito Ambiental, assinale a afirmativa INCORRETA.
a) A orientação do princípio poluidor-pagador é pela internalização das externalidades ambientais negativas das atividades potencialmente poluidoras, buscando evitar a socialização dos ônus e a privatização dos bônus.
b) Pelo princípio da prevenção, sempre que houver perigo da ocorrência de um dano grave ou irreversível, a ausência de certeza científica absoluta não deverá ser invocada como razão

para se adiar a adoção de medidas eficazes, a fim de evitar a degradação ambiental.

c) A defesa do meio ambiente é um dos princípios gerais da atividade econômica e deve ser observada inclusive mediante tratamento diferenciado para produtos e serviços em razão do impacto ambiental decorrente de sua produção ou execução.

d) O artigo 225 da Constituição da República consagra o princípio da intervenção estatal obrigatória na defesa do meio ambiente.

e) A Constituição da República consagra o princípio da solidariedade intergeracional, ao conferir ao Poder Público e à coletividade o dever de defender e preservar o meio ambiente para as presentes e futuras gerações.

Resposta: a alternativa incorreta é "B".

(CESPE – 2007 – AGU – Procurador Federal) O princípio do poluidor-pagador, dispositivo internacional da proteção do meio ambiente, ainda não foi incorporado à legislação infraconstitucional brasileira.
( ) Certo ( ) Errado

Resposta: a alternativa correta é "Errado".

(CESPE – 2009 – PGE/AL – Procurador de Estado – Prova Objetiva) Assinale a opção CORRETA com relação aos princípios gerais do direito ambiental.

a) O princípio da participação popular na proteção do meio ambiente é assegurado por meio das audiências públicas em procedimentos de licenciamento e de estudo de impacto de vizinhança.

b) O princípio da prevenção aplica-se a eventos incertos e prováveis causadores de dano ambiental.

c) Não há possibilidade de correlação de mais de um princípio na análise de um caso concreto de dano ambiental.

d) Se, na análise de determinado problema, houver a colisão de dois princípios ambientais, um deverá prevalecer e o outro será obrigatoriamente derrogado.

e) O princípio do poluidor-pagador aplica-se ao usuário que capta água para irrigação de produtos orgânicos sem agrotóxico.

Resposta: a alternativa correta é "A".

(CESPE – 2009 – PGE/AL – Procurador de Estado – Prova Objetiva) Para o licenciamento e a instalação de antenas de telefonia (estações radiobase) nas proximidades de escolas e hospitais, deve-se levar em conta o princípio ambiental
a) do poluidor-pagador e do usuário-pagador.
b) da educação ambiental e do desenvolvimento sustentável.
c) da prevenção e da precaução.
d) da competência federativa municipal e estadual.
e) *in dubio pro* tecnologia.

Resposta: a alternativa correta é "C".

(MPE/GO – 2009 – Promotor de Justiça) Em relação aos princípios fundamentais do direito ambiental, é correto afirmar, exceto:
a) o princípio poluidor-pagador assenta-se na vocação redistributiva do direito ambiental, não possuindo nenhum caráter preventivo, pois, limita-se a compensar os danos causados durante o processo produtivo.
b) o princípio da precaução encontra-se inscrito, expressamente, na legislação brasileira.
c) o princípio da participação comunitária pressupõe o direito de informação, sendo exemplo concreto da aplicação deste princípio a obrigatoriedade legal da realização de audiência pública no processo de licenciamento ambiental que demande a realização de EIA/RIMA.
d) o princípio da natureza pública da proteção ambiental decorre da previsão legal que considera o meio ambiente como um valor a ser protegido para fruição humana coletiva.

Resposta: a alternativa incorreta é "A".

(FCC – 2010 – AL/SP – Agente Técnico Legislativo Especializado – Gestão de Projetos) A temática do desenvolvimento sustentável é um campo fértil de discussão de ideias, algumas das quais estão apresentadas abaixo.

I – O artigo 225 da Constituição Federal de 1988 incorpora a ideia de desenvolvimento sustentável ao afirmar que todos têm direito a um meio ambiente ecologicamente equilibrado como um bem de uso comum que deve ser preservado e defendido para as gerações presentes e futuras.

II – O desenvolvimento sustentável visa, entre outros objetivos, adequar a cadeia produtiva de forma a garantir a continuidade das atividades econômicas atuais, sem prejuízo das necessidades de recursos naturais das gerações futuras.

III – O desenvolvimento sustentável tem, entre outros objetivos, o de garantir a continuidade do crescimento econômico das gerações futuras por meio da manutenção do modelo de utilização de recursos naturais pelas gerações atuais.

IV – A incorporação da ideia de desenvolvimento sustentável, inclusive pelas políticas públicas, em um período de tempo relativamente curto, se deu menos por razões éticas que por motivações econômicas e de preservação da espécie humana.

Está correto o que se afirma APENAS em:
a) I e II.
b) I, II e III.
c) I, II e IV.
d) II e III.
e) II, III e IV.

Resposta: a alternativa correta é "C".

CAPÍTULO 2

Normas constitucionais relativas à proteção ambiental

1. A CONSTITUCIONALIZAÇÃO DA TUTELA JURÍDICO-AMBIENTAL – ARTIGO 225 DA CF/88

O direito ambiental é um direito de 3ª geração e seus princípios são exigidos em concursos públicos. Agora trataremos das demais regras acerca desse tema, tendo por início o núcleo de sua tutela, o artigo 225 da CF/88, para em seguida estudarmos a legislação infraconstitucional.

O meio ambiente foi elevado a bem jurídico constitucional no capítulo VI, título VIII, que trata da ordem social, especificamente no artigo 225, da Constituição de 1988, núcleo da tutela constitucional ambiental, assim disposto: "Todos têm direito ao meio ambiente ecologicamente equilibrado, bem de uso comum do povo e essencial à sadia qualidade de vida, impondo-se ao poder público e à coletividade o dever de defendê-lo e preservá-lo para as presentes e futuras gerações".

A leitura do artigo 225, seus parágrafos, alíneas e incisos é *bastante importante*. Preste atenção nos trechos em destaque. Muitas questões serão cópias fieis deles:

> Art. 225 – Todos têm direito ao meio ambiente ecologicamente equilibrado, bem de uso comum do povo e essencial à sadia qualidade de vida, impondo-se ao Poder Público e à coletividade o dever de defendê-lo e preservá-lo para as presentes e futuras gerações.
>
> § 1º – Para assegurar a efetividade desse direito, incumbe ao Poder Público:

I – preservar e restaurar os processos ecológicos essenciais e prover o manejo ecológico das espécies e ecossistemas;

II – preservar a diversidade e a integridade do patrimônio genético do País e fiscalizar as entidades dedicadas à pesquisa e manipulação de material genético;

III – definir, em todas as unidades da Federação, espaços territoriais e seus componentes a serem especialmente protegidos, sendo a alteração e a supressão permitidas somente através de lei, vedada qualquer utilização que comprometa a integridade dos atributos que justifiquem sua proteção;

IV – exigir, na forma da lei, para instalação de obra ou atividade potencialmente causadora de significativa degradação do meio ambiente, estudo prévio de impacto ambiental, a que se dará publicidade;

V – controlar a produção, a comercialização e o emprego de técnicas, métodos e substâncias que comportem risco para a vida, a qualidade de vida e o meio ambiente;

VI – promover a educação ambiental em todos os níveis de ensino e a conscientização pública para a preservação do meio ambiente;

VII – proteger a fauna e a flora, vedadas, na forma da lei, as práticas que coloquem em risco sua função ecológica, provoquem a extinção de espécies ou submetam os animais a crueldade.

§ 2º – Aquele que explorar recursos minerais fica obrigado a recuperar o meio ambiente degradado, de acordo com solução técnica exigida pelo órgão público competente, na forma da lei.

§ 3º – As condutas e atividades consideradas lesivas ao meio ambiente sujeitarão os infratores, pessoas físicas ou jurídicas, a sanções penais e administrativas, independentemente da obrigação de reparar os danos causados.

§ 4º – A Floresta Amazônica brasileira, a Mata Atlântica, a Serra do Mar, o Pantanal Mato-Grossense e a Zona Costeira são patrimônio nacional, e sua utilização far-se-á, na forma da lei, dentro de condições que assegurem a preservação do meio ambiente, inclusive quanto ao uso dos recursos naturais.

§ 5º – São indisponíveis as terras devolutas ou arrecadadas pelos Estados, por ações discriminatórias, necessárias à proteção dos ecossistemas naturais.

§ 6º – As usinas que operem com reator nuclear deverão ter sua localização definida em lei federal, sem o que não poderão ser instaladas.

Não estamos dizendo que não existem outros artigos que tratam do meio ambiente, ao contrário, são muitos. Em sede constitucional são encontráveis os seguintes pontos dedicados ao meio ambiente ou a este vinculados direta ou indiretamente: art. 5º, incisos XXIII, LXXI, LXXIII; art. 20, I, II, III, IV, V, VI, VII, VIII, IX, X, XI, e §§ 1º e 2º; art. 21, XIX, XX, XXIII, alíneas a, b e c, XXV; art. 22, IV, XII, XXVI; art. 23, I, III, IV, VI, VII, IX, XI; art. 24, VI, VII, VIII; art. 26, I, II, III, IV; art. 30, I, II, VIII; art. 43, § 2º, IV, e § 3º; art. 49, XIV, XVI; art. 91; art. 129, III; art. 170, art. 174, §§ 3º e 4º; art. 176 e §§; art. 182 e §§; art. 186; art. 200, VII, VIII; art. 216, V, e §§ 1º, 3º e 4º; art. 225; art. 231; art. 232; atos das disposições constitucionais transitórias: art. 43; art. 44 e §§. Dos artigos que foram acima arrolados, ressai evidente que foram criadas normas de natureza processual (art. 5º, LXXIII; art. 129, III); de natureza penal (art. 225, § 3º); de natureza econômica (art. 170, VI; art. 174, § 3º, art. 225, § 2º); de natureza sanitária (art. 200, VIII); de natureza tutelar administrativa (art. 225, *caput*, art. 23, VII, art. 225, § 1º e § 4º; art. 174, § 3º; 23, VI, 216, V; art. 225, § 2º e 225, § 6º) além de normas atributivas de competência legislativa (art. 24, VI e VII, 23, VI).

O nosso objetivo é utilizarmos o núcleo constitucional da tutela ambiental para sistematização de nosso estudo e visando à melhor compreensão e sucesso nos concursos, dividimos este capítulo em cinco itens, adiante pormenorizados:

- Bem de uso comum do povo e essencial à sadia qualidade de vida
- Titulares-destinatários
- Meio ambiente ecologicamente equilibrado:
  – meio ambiente natural
  a) Flora
  b) SNUC – Sistema Nacional de Unidades de Conservação
  c) Recursos hídricos
  d) Fauna
- Meio ambiente cultural
- Meio ambiente artificial
  a) Estatuto da cidade
  b) Parcelamento do solo urbano

2. BEM DE USO COMUM DO POVO E ESSENCIAL À SADIA QUALIDADE DE VIDA

O artigo 225 da Constituição de 1988 qualifica o direito ao meio ambiente ecologicamente equilibrado como um "bem jurídico". Na relação jurídica ambiental, há um sujeito indeterminado e um objeto indivisível: o mediato e o imediato. O objeto imediato é o dever jurídico imposto ao sujeito passivo para preservar o meio ambiente, que pode ser representado por um fazer ou um não fazer. O objeto mediato é o bem jurídico ambiental, que vincula o sujeito passivo ao sujeito ativo da relação jurídica. Procuremos saber então qual a natureza jurídica do direito ao meio ambiente ecologicamente equilibrado.

Segundo a classificação do Código Civil de 2002, os bens jurídicos são classificados como públicos, pertencentes ao patrimônio das pessoas jurídicas de direito público, e privados, pertencentes aos indivíduos e às pessoas jurídicas de direito privado. O seu artigo 99 divide os bens públicos em: bens de uso comum do povo, bens de uso especial e bens dominicais.

Observando essa classificação, em uma interpretação afoita, o meio ambiente ecologicamente equilibrado poderia, em princípio, ser inserido na categoria dos bens públicos, em uma subespécie de uso comum do povo. No entanto, não podemos nos deixar seduzir pela pressa, porque se um bem é público, ele tem um titular específico, uma pessoa jurídica de direito público, onde não se encaixa o direito ao meio ambiente ecologicamente equilibrado, que tem uma titularidade ligada ao pronome "todos", de acordo com o art. 225 da CF.

A dicotomia individualista entre o direito público e o direito privado não se sustenta para classificar o direito ao meio ambiente ecologicamente equilibrado. Os bens ambientais são bens de uso comum do povo e, portanto, não são de propriedade do poder público e nem podem ser considerados como bens privados. Claro que os bens, vistos sob a sua individualidade, continuam a ser públicos ou privados. Um proprietário de uma área em zona rural por onde passam dois rios poderá impedir que as demais pessoas não ingressem em sua propriedade exercendo as faculdades do direito de propriedade.

No entanto, em sentido macro, os bens ambientais são de interesse público, e aquele mesmo fazendeiro não poderá poluir nenhum dos dois rios que passam dentro de sua propriedade. Os bens ambientais sobrepõem-se aos bens particulares e públicos e fazem parte de um terceiro gênero de bens. Nesse sentido, escreve FIORILLO:[8]

> Sensível a esses fatos, o legislador constituinte de 1988 trouxe uma novidade interessante: além de autorizar a tutela de direitos individuais, o que tradicionalmente já era feito, passou a admitir a tutela de direitos coletivos, porque compreendeu a existência de uma terceira espécie de bem: o bem ambiental.

O terceiro gênero de bens são os bens difusos, expressamente definidos no parágrafo único, inciso IV, do art. 81 do Código de Defesa do Consumidor, Lei nº 8.078 de 11 de setembro de 1990. Embora o Código consumeirista tenha o mérito de definir expressamente direito difuso, a noção desse direito existe no ordenamento jurídico do Brasil desde 1934 no primeiro Código Florestal Brasileiro. Essa previsão foi renovada no atual Código Florestal de 1965,[9] quando estabelece que as florestas existentes no território nacional sejam de interesse comum a todos os habitantes do país.

O direito ambiental, como direito difuso, tem as seguintes características: indeterminação dos sujeitos, indivisibilidade do objeto, inexistência de vínculo jurídico, intensa litigiosidade interna, relevância da situação de fato.

Enquadrado o direito ao meio ambiente ecologicamente equilibrado como bem difuso, nossa preocupação agora é investigar qual a vida tutelada no artigo 225 da Constituição de 1988. Vida do homem somente? Ou ainda das demais espécies de vida?

Boa parte dos doutrinadores defende que a natureza é protegida per si, entendendo, esta corrente, que os recursos naturais vivos são sujeitos de direitos, na chamada visão "ecocêntrica".

---

8   FIORILLO, Celso Antonio Pacheco. *Curso de Direito Ambiental Brasileiro*. 5. ed. São Paulo: Saraiva, p. 3.
9   Lei nº 4.771, de 15 de setembro de 1965, art. 1º: As florestas existentes no território nacional e as demais formas de vegetação, reconhecidas de utilidade às terras que revestem, *são bens de interesse comum a todos os habitantes do país*. (Grifo meu)

Ousamos discordar dos que assim pensam. O ordenamento jurídico brasileiro não confere direitos à natureza, aos bens ambientais. Nas palavras de Bechara[10] "são eles, dessa forma, tratados como objetos de direito, não como sujeitos. São objetos que atendem a uma gama de interesses dos sujeitos – os seres humanos".

Não afirmamos com isso que o homem tem "carta branca" para degradar os recursos ambientais. Sabemos que o meio ambiente ecologicamente equilibrado é indispensável para nossa vida digna e, sobretudo, por essa razão é nossa obrigação defendê-lo e preservá-lo. Afinal, se nós somos a vida, tutelada no art. 225 da Constituição de 1988, o centro das preocupações jurídicas, temos a obrigação da conservação da periferia, pois ambos dependem um do outro. Portanto, a qualidade de vida prevista na Constituição de 1988 não se limita à espécie humana, estende-se às demais. Machado[11] se manifesta nesse sentido:

> Onde há centro, há periferia. O fato de o homem estar no centro das preocupações como afirma o mencionado Princípio nº 1 (da Declaração do Rio de Janeiro) não pode significar um homem desligado e sem compromissos com as partes periféricas ou mais distantes de si mesmo. Não é o homem isolado ou fora do ecossistema, nem o homem agressor desse ecossistema.

Ainda que não concordemos com a tese de que os animais seriam sujeitos de direitos, fazemos menção a um *Habeas Corpus* que foi impetrado por alguns cidadãos, entre eles, Heron José de Santana, brasileiro, casado, promotor de justiça do meio ambiente e professor da Faculdade de Direito da Universidade Federal da Bahia – em favor de um chipanzé em Salvador, na Bahia, no ano de 2005. A liminar pleiteada foi indeferida e o animal morreu antes de ser julgado o mérito, muito embora tenhamos notícias de que seria dado provimento à ordem solicitada, o que seria novidade no Brasil, e eventualmente cobrado em concursos públicos.

---

10 Bechara, Erika. *A proteção da fauna sob a ótica constitucional*. São Paulo: Juarez de Oliveira, 2003. p. 72.

11 Machado, Paulo Affonso Leme. *Direito Ambiental Brasileiro*. São Paulo: Malheiros, 1994. p. 18.

A tese dos impetrantes era a de que "se o ordenamento jurídico concede capacidade de fato à massa falida, ao condomínio, por que não poderia conceder aos animais?" com o que concordamos. Uma coisa é ter capacidade de direitos, ser sujeito de direitos (que os animais poderiam ter em opinião dos impetrantes), outra coisa é ter capacidade de fato (capacidade negocial) ou ter personalidade jurídica (o que os animais não teriam).

A despeito de toda polêmica trazida pela impetração desse *Habeas Corpus*, respeitamos os seus impetrantes, mas continuamos convictos de que a vida protegida é a vida dos homens necessariamente. Se o direito é um produto cultural do ser humano seu objetivo maior é a tutela da vida humana. O fundamento maior é o princípio da dignidade da pessoa humana, expresso no art. 1º, III, da Constituição de 1988. Valoriza-se a consagração da dignidade da pessoa humana, naquilo que Celso FIORILLO[12] chama de piso vital mínimo, garantindo-se ao ser humano um mínimo de condições para sobrevivência:

> Uma vida com dignidade reclama a satisfação dos valores (mínimos) fundamentais descritos no art. 6º da Constituição Federal, de forma a exigir do Estado que sejam assegurados, mediante o recolhimento dos tributos, educação, saúde, trabalho, moradia, segurança, lazer, entre outros direitos básicos, indispensáveis ao desfrute de uma vida digna.

Como nosso livro é voltado para o estudo de concursos públicos, façamos aqui um exercício bem simples com a ajuda do direito constitucional, do direito previdenciário e do direito administrativo.

Em 2005, foi proposta a seguinte questão na segunda etapa dos concursos do Ministério Público de Minas Gerais (1º semestre) e de Goiás (2º semestre): "comente acerca da cláusula da reserva do possível", o que deve ter tirado o sono de muitos candidatos, ou ao menos, despertado curiosidade.

Somente saberia responder essa pergunta, ou pelo menos teria uma chance bem maior de fazê-lo, quem acompanhasse a jurisprudência do Supremo Tribunal Federal naquela época. Ao final do ano de 2004, chegou a esse Tribunal a arguição de descumprimento de precei-

---

12 FIORILLO, op. cit., p. 55.

to fundamental nº 45, que buscava a inconstitucionalidade do veto do presidente da República à Lei de Diretrizes Orçamentárias, em especial a verbas destinadas para a saúde, direito fundamental consagrado no art. 6º da Constituição Federal de 1988, sem as quais restaria inviabilizado esse direito.

A despeito da discussão ultrapassada da invasão entre as esferas do Poder, da suposta discricionariedade do Executivo, o ministro relator da ADPF nº 45 considerou que existem carências orçamentárias (cláusula da reserva do possível), mas que esse fato não é resposta para desobediência à Constituição. Na elaboração do orçamento público, há primeiro de se resguardar os valores suficientes para os direitos fundamentais consagrados no texto Constitucional, sem o qual não resta efetivada a dignidade da pessoa humana, e aí sim, depois investir o dinheiro público em outras situações, criando a noção da reserva da reserva do possível:

> ARGUIÇÃO DE DESCUMPRIMENTO DE PRECEITO FUNDAMENTAL. A questão da legitimidade constitucional do controle e da intervenção do poder judiciário em tema de implementação de políticas públicas, quando configurada hipótese de abusividade governamental. Dimensão política da jurisdição constitucional atribuída ao Supremo Tribunal Federal. Inoponibilidade do arbítrio estatal à efetivação dos direitos sociais, econômicos e culturais. Caráter relativo da liberdade de conformação do legislador. Considerações em torno da cláusula da "reserva do possível". Necessidade de preservação, em favor dos indivíduos, da integridade e da intangibilidade do núcleo consubstanciador do "mínimo existencial". Viabilidade instrumental da arguição de descumprimento no processo de concretização das liberdades positivas (Direitos Constitucionais de Segunda Geração). (BRASIL, STF, ADPF 45 MC/DF – Relator: Min. Celso de Mello)

Pois bem, vimos, no primeiro capítulo deste livro, que o direito ambiental é um direito fundamental da 3ª geração e que agora há a necessidade da sua garantia para assegurar a existência da vida digna do ser humano, não uma vida qualquer, sem saúde, sem qualidade e sim uma vida digna em sua extensão. Nesse sentido, a carência da cláusula de reserva do possível e a discricionariedade do Executivo, não são argumentos suficientes para deixar de lado o bem jurídico ambiental, essencial à dignidade humana. Assim decidiu o Superior Tribunal de Justiça:

> PROCESSUAL CIVIL E ADMINISTRATIVO. Coleta de lixo. Serviço essencial. Prestação descontinuada. Prejuízo à saúde pública. Direito fundamental. Norma de natureza programática. Auto-executoriedade. Proteção por via da Ação Civil Pública. Possibilidade. Esfera de discricionariedade do administrador. Ingerência do poder judiciário.
> 1. Resta estreme de dúvidas que a coleta de lixo constitui serviço essencial, imprescindível à manutenção da saúde pública, o que o torna submisso à regra da continuidade. Sua interrupção, ou ainda, a sua prestação de forma descontinuada, extrapola os limites da legalidade e afronta a cláusula pétrea de respeito à *dignidade humana*, porquanto o cidadão necessita utilizar-se desse serviço público, indispensável à sua vida em comunidade.
> 2. Releva notar que uma Constituição Federal é fruto da vontade política nacional, erigida mediante consulta das expectativas e das possibilidades do que se vai consagrar, por isso cogentes e eficazes suas promessas, sob pena de restarem vãs e frias enquanto letras mortas no papel. Ressoa inconcebível que direitos consagrados em normas menores como Circulares, Portarias, Medidas Provisórias, Leis Ordinárias tenham eficácia imediata e os direitos consagrados constitucionalmente, inspirados nos mais altos valores éticos e morais da nação sejam relegados a segundo plano. Trata-se de direito com normatividade mais do que suficiente, porquanto se define pelo dever, indicando o sujeito passivo, *in casu*, o Estado.
> 3. Em função do princípio da inafastabilidade consagrado constitucionalmente, a todo direito corresponde uma ação que o assegura, sendo certo que todos os cidadãos residentes em Cambuquira encartam-se na esfera desse direito, por isso a homogeneidade e transindividualidade do mesmo a ensejar a bem manejada Ação Civil Pública.
> 4. A determinação judicial desse dever pelo Estado, não encerra suposta ingerência do judiciário na esfera da administração. Deveras, não há discricionariedade do administrador frente aos direitos consagrados, quiçá constitucionalmente. Nesse campo a atividade é vinculada sem admissão de qualquer exegese que vise afastar a garantia pétrea.
> 5. Um país cujo preâmbulo constitucional promete a disseminação das desigualdades e a proteção à *dignidade humana*, alçadas ao mesmo patamar da defesa da Federação e da República, não pode relegar a saúde

pública a um plano diverso daquele que o coloca, como uma das mais belas e justas garantias constitucionais.

6. Afastada a tese descabida da discricionariedade, a única dúvida que se poderia suscitar resvalaria na natureza da norma ora sob enfoque, se programática ou definidora de direitos.

7. As meras diretrizes traçadas pelas políticas públicas não são ainda direitos senão promessas de *lege ferenda*, encartando-se na esfera insindicável pelo Poder Judiciário, qual a da oportunidade de sua implementação.

8. Diversa é a hipótese segundo a qual a Constituição Federal consagra um direito e a norma infraconstitucional o explicita, impondo-se ao judiciário torná-lo realidade, ainda que para isso, resulte obrigação de fazer, com repercussão na esfera orçamentária.

9. Ressoa evidente que toda imposição jurisdicional à Fazenda Pública implica dispêndio e atuar, sem que isso infrinja a harmonia dos poderes, porquanto no regime democrático e no estado de direito o Estado soberano submete-se à própria justiça que instituiu. Afastada, assim, a ingerência entre os poderes, o judiciário, alegado o malferimento da lei, nada mais fez do que cumpri-la ao determinar a realização prática da promessa constitucional.

10. "A questão do lixo é prioritária, porque está em jogo a saúde pública e o *meio ambiente*". Ademais, "A coleta do lixo e a limpeza dos logradouros públicos são classificados como serviços públicos essenciais e necessários para a sobrevivência do grupo social e do próprio Estado, porque visam a atender as necessidades inadiáveis da comunidade, conforme estabelecem os art. 10 e 11 da Lei nº 7.783/89. Por tais razões, os serviços públicos desta natureza são regidos pelo Princípio da Continuidade."

11. Recurso especial provido." (grifos meus)
(BRASIL, STJ, REsp 575998/MG, Rel. Ministro Luiz Fux, T1 – Primeira Turma, DJ 16/11/2004 p. 191)

3. TITULARES-DESTINATÁRIOS

O *caput* do artigo 225 da Constituição determina que todos têm direito ao meio ambiente ecologicamente equilibrado. É importante verificar quem são essas pessoas que doravante trataremos como "titulares-destinatários" do bem jurídico.

Podemos buscar na própria Constituição um significado para essa expressão, especificamente no *caput* do artigo 5º. Em um primeiro momento, os titulares-destinatários desse direito são os escolhidos pelo legislador constituinte, sendo eles: "os brasileiros e estrangeiros residentes no país".

Antes mesmo da Constituição de 1988, a Lei da Ação Popular (Lei nº 4.717 alterada em seu parágrafo 1º pela Lei nº 6.513/77) conferiu legitimidade somente ao brasileiro cidadão eleitor para pleitear a anulação ou declaração de nulidade de atos lesivos ao patrimônio da União, dos Estados, considerando-se como patrimônio público os bens e direitos de valor econômico, artístico, histórico ou turístico. Esse entendimento foi sumulado pelo Supremo Tribunal Federal (Súmula nº 365 STF). (*Em uma prova objetiva recomendamos essa interpretação como resposta correta*).

A Constituição de 1988 recepcionou esse dispositivo em parte, ratificando a legitimidade do cidadão, sem, no entanto, mencionar a exigência de capacidade eleitoral nesse sentido. Como não temos visto questões discursivas requisitando a expressão ampla do sentido de cidadania, resumiremos nossos comentários a esses dois parágrafos, ressaltando que em uma questão dessa modalidade, o assunto cidadania ambiental vai muito além da sua acepção estrita, qual seja, vinculada à cidadania eleitoral, conjugando-se os princípios acima e que estão elencados no capítulo anterior.

Em uma segunda interpretação, em se tratando o direito ambiental de um direito que não se limita a espaços geográficos criados pelo homem, também os brasileiros e estrangeiros não residentes no país são destinatários, afinal a expressão "todos" refere-se a uma expressão de latitude e não se prende a limites territoriais de um Estado. Essa segunda interpretação tem como princípio vetor a dignidade da pessoa humana, artigo 1º, III, da Constituição de 1988.

Como bem afirma FIORILLO[13]: "na verdade, o direito ambiental possui uma necessária visão antropocêntrica, porquanto o único animal

---

13 FIORILLO, Celso Antonio Pacheco. *Curso de Direito Ambiental*. 5. ed. São Paulo: Saraiva, 2004. p. 14.

racional é o homem, cabendo a este a preservação das espécies, incluindo a sua própria".

Essa terceira interpretação da expressão "todos" significa que não serão titulares desse direito somente as pessoas individualmente consideradas, mas também as pessoas coletivas e ainda os órgãos que não têm personalidade jurídica.

Em questões ambientais, a Lei nº 6.938/81, conhecida com a Lei da Ação Civil Pública, conferiu legitimidade expressa ao Ministério Público, à União, aos Estados e municípios, a autarquias, empresas públicas, sociedades de economia mista e associações, sendo que, estas últimas, tenham em suas finalidades a proteção do meio ambiente.

A legitimidade do Ministério Público foi recepcionada pela Constituição de 88, conferindo ao *Parquet* a incumbência de promover a defesa do Estado democrático de Direito, dos interesses sociais e individuais indisponíveis, conforme preceituam os art. 127 e 129:

> Art. 127 – O Ministério Público é instituição permanente, essencial à função jurisdicional do Estado, incumbindo-lhe a defesa da ordem jurídica, do regime democrático e dos interesses sociais e individuais indisponíveis.
> Art. 129 – São funções institucionais do Ministério Público:
> [...]
> I – promover o inquérito civil e a ação civil pública para a proteção do patrimônio público e social, do meio ambiente e de outros interesses difusos e coletivos.

A grande maioria das ações civis públicas ambientais têm sido ajuizadas pelo Ministério Público. A legitimidade do *Custus Legis* é confirmada pela jurisprudência do STF:

> RECURSO EXTRAORDINÁRIO. Constitucional. Legitimidade do Ministério Público para promover Ação Civil Pública em defesa dos interesses difusos, coletivos e homogêneos. Mensalidades escolares: capacidade postulatória do *parquet* para discuti-las em juízo.
> 1. A Constituição Federal confere relevo ao Ministério Público como instituição permanente, essencial à função jurisdicional do Estado, incumbindo-lhe a defesa da ordem jurídica, do regime democrático e dos interesses sociais e individuais indisponíveis (CF, art. 127).

2. Por isso mesmo detém o Ministério Público capacidade postulatória, não só para a abertura do inquérito civil, da ação penal pública e da ação civil pública para a proteção do patrimônio público e social, do meio ambiente, mas também de outros interesses difusos e coletivos (CF, art. 129, I e III). (STF, RE 163231/SP, Rel. Min. Mauricio Correa, DJ 26/2/97)

Em 2006 o STJ novamente manifestou-se nesse sentido, confirmando a legitimidade do Ministério Público para o ajuizamento de ações civis públicas em matéria ambiental.

PROCESSUAL CIVIL E ADMINISTRATIVO. Recurso Especial. Ação Civil Pública. Violação do art. 535 do CPC. Não ocorrência. Legitimidade. Ministério Público. Demolição de construção em área tombada. Alegação de condenação em dinheiro cumulada com obrigação de fazer ou não fazer (art. 3º da Lei nº 7.347/85).
[...] O Ministério Público possui legitimidade para ajuizar ação civil pública visando à demolição de obra irregular em área tombada, nos termos do art. 1º, III, da Lei nº 7.347/85. (STJ, REsp. 405.982-SP, Relatora Ministra Denise Arruda, DJ 1º/6/2006).

Quanto aos demais colegitimados para o ajuizamento de ações civis públicas ambientais, destacam-se as organizações não governamentais. O Superior Tribunal de Justiça já admite, há muito, a legitimidade de uma fundação de assistência para promover ação em defesa do meio em que vive a comunidade por ela assistida em um litígio sobre a construção de fábrica de celulose em local protegido:

ACÓRDÃO AR 497/BA. AÇÃO RESCISÓRIA 1996/0000039-5. Ação Civil Pública. Legitimidade. Fundação de assistência social à comunidade de pescadores. Defesa do meio ambiente. Construção. Fábrica de celulose.
Embora não constando expressamente em suas finalidades institucionais a proteção ao meio ambiente, é a fundação de assistência aos pescadores legitimada a propor ação civil pública para evitar a degradação do meio em que vive a comunidade por ela assistida. Justifica-se a ação rescisória somente quando a lei tida por ofendida o foi em sua literalidade. Ação rescisória improcedente. Data da Decisão 12/8/1998 Ór-

gão Julgador S1 – Primeira Seção. Relator Min. Garcia Vieira (1082) Revisor Min. Helio Mosiman(1093).

A jurisprudência do STJ também reconheceu legitimidade ativa para associação formada por moradores de bairro, sem que seu objeto fosse exclusivamente a defesa do meio ambiente:

> PROCESSO CIVIL. AÇÃO CIVIL PÚBLICA. Legitimidade Ativa. Associação de bairro.
> A ação civil pública pode ser ajuizada tanto pelas associações exclusivamente constituídas para a defesa do meio ambiente, quanto por aquelas que, formadas por moradores de bairro, visam ao bem estar coletivo, incluída evidentemente nessa cláusula a qualidade de vida, só preservada enquanto favorecida pelo meio ambiente. Recurso Especial não conhecido. Data da decisão: 20/5/1996. Órgão Julgador: T2 – Acórdão: REsp. 31150/SP; Recurso Especial 1993/0000041-1. Fonte: DJ. Data: 10/6/1996, p. 20304. Relator: Min. Ari Pargendler.

Neste momento, traremos nossa contribuição para esse tópico. Como o direito ambiental tem sido requisitado em concursos que visam ao preenchimento de vagas para a Defensoria Pública, tanto da União bem como de alguns Estados (já vimos questões nos concursos para Defensoria dos Estados da Bahia e São Paulo, ambos em 2006) faremos uma interpretação extensiva para possibilitar a legitimidade do ajuizamento de ações civis públicas em matéria ambiental.

A Defensoria Pública recebeu legitimidade expressa para ajuizar ações civis públicas conforme nova redação dada ao art. 3º da Lei nº 7.437/85.[14]

Os índios são titulares-destinatários do meio ambiente ecologicamente equilibrado, tendo o artigo 231 da CF/88 disposto a respeito. Os índios têm direito ao usufruto dos recursos ambientais existentes em suas terras, têm direito à oitiva para utilização desses recursos, exigindo-se, ainda, autorização do Congresso Nacional para tanto. As áreas abrangidas pelas terras indígenas são inalienáveis, indisponíveis e insuscetíveis de prescrição aquisitiva. A Carta Política, com a outorga

---

14 Redação dada pela Lei nº 11.448, de 15 de janeiro de 2007.

dominial atribuída à União, criou, para esta, uma propriedade vinculada ou reservada, que se destina a garantir aos índios o exercício dos direitos que lhes foram reconhecidos constitucionalmente (CF, art. 231, §§ 2º, 3º e 7º), visando, desse modo, a proporcionar às comunidades indígenas bem-estar e condições necessárias à sua reprodução física e cultural segundo seus usos, costumes e tradições.

Quanto aos descendentes de quilombolas, ressaltemos que eles têm direito à propriedade das terras tradicionalmente ocupadas, o que difere dos índios, pois estes somente têm a posse delas.

Não podemos deixar de reconhecer que as demais espécies de vida não humanas (especificamente a fauna) são importantes para o meio ambiente ecologicamente equilibrado, e sob esse aspecto também são titulares-destinatários desse direito. Trataremos desse aspecto posteriormente no item "essencial sadia qualidade de vida".

4. MEIO AMBIENTE ECOLOGICAMENTE EQUILIBRADO

A expressão meio ambiente é polissêmica, admitindo várias interpretações. Devemos expurgar a ideia errônea do meio ambiente como metade do ambiente. Essa expressão é redundante, mas um termo não exclui o outro. Tanto meio como ambiente significam tudo aquilo que nos envolve.

Segundo a CF/88, todos têm direito ao meio ambiente ecologicamente equilibrado, bem de uso comum do povo e essencial à sadia qualidade de vida, impondo-se ao poder público e a coletividade o dever de defendê-lo e preservá-lo para as presentes e futuras gerações.

A tutela constitucional do direito ao meio ambiente ecologicamente equilibrado abrange previsão segundo a qual as condutas e atividades consideradas lesivas ao meio ambiente sujeitarão os infratores, pessoas físicas ou jurídicas, a sanções penais e administrativas, independentemente da obrigação de reparar os danos causados. *Vale ressaltar, também por isso, que a visão adotada e a visão antropocentrista do meio ambiente*, ou seja, a visão que protege o meio ambiente tendo em vista a posição do ser humano no centro do ordenamento jurídico.

Deve ser eliminado, também, aquilo que vem à lembrança de boa parte das pessoas, quando acreditam estar o meio ambiente apenas relacionado à sua parcela natural, ou seja, às espécies de animais em extinção, ou ameaçados de extinção, às florestas desmatadas, às águas poluídas. Essa é uma visão restrita do meio ambiente e correspondente apenas aos recursos naturais, já que preceitua o artigo 3º, I, da Lei nº 6.938/81 (Lei da Política Nacional do Meio Ambiente): "meio ambiente, o conjunto de condições, leis, influências e interações de ordem física, química e biológica, que permite, abriga e rege a vida em todas suas formas".

Em uma visão mais apropriada, denominada ampla pela doutrina, podemos considerar o meio ambiente em suas parcelas indissociáveis, mais didaticamente importantes para compreensão melhor do tema: meio ambiente natural, já citado, meio ambiente cultural, meio ambiente artificial.

O meio ambiente seria a interação de conjunto de elementos naturais, artificiais e culturais que propiciem o desenvolvimento equilibrado da vida em todas as suas formas segundo José Afonso da Silva.[15]

O importante para nós é ressaltar a necessidade de proteção ao meio ambiente ecologicamente equilibrado como "bem jurídico". Bem jurídico é tudo aquilo que o Direito protege no ordenamento jurídico brasileiro. Bens jurídicos são valores, materiais e imateriais, objetos de uma relação jurídica. Bens materiais corpóreos são bens com existência física, que têm forma exterior. Bens imateriais incorpóreos são bens abstratos. São direitos que as pessoas, individualmente, organizadas em grupos ou indeterminadamente, têm sobre coisas abstratas.

Sobre esse aspecto, em linhas gerais, permite-se dizer que o direito ambiental tem como macroobjetivo a sustentabilidade, ou, em termos políticos-jurídicos, o estabelecimento de um estado sócio-ambiental de direito, que se decomporia em microobjetivos tais como: a proteção da saúde e da segurança humanas; a conservação do patrimônio estético, turístico e paisagístico; a salvaguarda da biosfera per si; a transparência e livre circulação das informações ambientais; a democratização dos processos decisórios ambientais; a prevenção, reparação e repressão do dano ambiental; a facilitação do acesso à justiça; o conhecimento científico e tecnológico; a eficiência econômica; a estabilidade social e a tutela da propriedade.

---

15 SILVA, José Afonso da. *Direito Ambiental Constitucional*. 4. ed. São Paulo: Malheiros, 2002.

Para Edis MILARÉ[16], o objeto tutelado como direito de todos não é o meio ambiente em si, qualquer ambiente, mas o meio ambiente qualificado, o equilíbrio ecológico do meio ambiente. Por tudo isso, analisa-se aqui cada uma dessas parcelas: meio ambiente natural, meio ambiente artificial, meio ambiente cultural, sendo que essa classificação busca facilitar o estudo para concursos públicos, apenas sem a pretensão de desmembrar o meio ambiente.

QUESTÕES DE CONCURSOS

(MS Concurso – 2010 – CIENTEC/RS – Advogado) Em relação ao meio ambiente, assinale a alternativa INCORRETA:

a) Fica obrigado a recuperar o meio ambiente degradado aquele que explorar recursos minerais.

b) Proclama a Constituição que todos têm direito ao meio ambiente ecologicamente equilibrado.

c) Incumbe ao Poder Público a preservação e restauração dos processos ecológicos essenciais e provimento do manejo ecológico das espécies e ecossistemas.

d) As condutas e atividades consideradas lesivas ao meio ambiente sujeitarão os infratores, pessoas físicas ou jurídicas, a sanções penais e administrativas, independentemente da obrigação de reparar os danos causados.

e) Todos têm direito ao meio ambiente ecologicamente equilibrado, bem de uso comum do povo e essencial à sadia qualidade de vida, impondo-se somente ao Poder Público o dever de defendê-lo e preservá-lo para as presentes e futuras gerações.

Resposta: a alternativa incorreta é "E".

(FCC – 2009 – TJ/AP – Analista Judiciário – Área Judiciária) A tutela constitucional do direito ao meio ambiente ecologicamente equilibrado abrange previsão segundo a qual:

---

16 MILARÉ, Edis. *Direito do Ambiente*, 3. ed. São Paulo: RT, 2004.

a) incumbe ao Poder Público definir espaços territoriais e seus componentes a serem especialmente protegidos, sendo a alteração permitida somente através de lei, vedada a supressão ou utilização que comprometa a integridade dos atributos que justifiquem sua proteção.
b) o aproveitamento do potencial de energia renovável, ainda que de capacidade reduzida, dependerá de autorização ou concessão do Poder Público.
c) são indisponíveis as terras devolutas ou arrecadadas pela União, por ações discriminatórias, necessárias à proteção dos ecossistemas naturais.
d) as jazidas, em lavra ou não, e demais recursos minerais e os potenciais de energia hidráulica constituem propriedade distinta da do solo, para efeito de exploração ou aproveitamento, e pertencem ao Estado em cujo território estiverem localizados.
e) as condutas e atividades consideradas lesivas ao meio ambiente sujeitarão os infratores, pessoas físicas ou jurídicas, a sanções penais e administrativas, independentemente da obrigação de reparar os danos causados.

Resposta: a alternativa correta é "E".

(FUNRIO – 2009 – MPOG – Analista Administrativo) Todos têm direito ao meio ambiente ecologicamente equilibrado, para o presente e para o futuro que, conforme as prescrições da Constituição Federal.

I – impõe-se ao Poder Público o dever de defendê-lo e assim condiciona a instalação de obra ou atividade potencialmente causadora de significativa degradação do meio ambiente a estudo prévio de impacto ambiental.

II – veda a exploração, pelos particulares, dos recursos minerais poluentes, salvo se houver prévia indenização e recuperação do meio ambiente degradado.

III – a Serra do Mar, a Zona Costeira e o Pantanal Matogrossense são patrimônio nacional e sua utilização far-se-á na forma e por meio de lei.

IV – as usinas nucleares deverão ter sua localização definida em Decreto Federal, sem o qual não poderão ser instaladas.

V – o meio ambiente tem a natureza de bem de uso comum do povo, tanto que incumbe ao Poder Público preservar a diversidade do patrimônio genético do País.

Pode-se dizer que:
a) apenas as afirmativas I, II, III e V são corretas.
b) apenas as afirmativas II, IV e V são corretas.
c) apenas as afirmativas I, III, IV e V são corretas.
d) apenas as afirmativas I, III e V são corretas.
e) apenas as afirmativas II, III e IV são corretas.

Resposta: a alternativa correta é "D".

(CESPE – 2009 – PGE/AL – Procurador de Estado – Prova Objetiva) Com o objetivo de garantir o direito ao meio ambiente ecologicamente equilibrado, a CF estabeleceu que, para assegurar esse direito, incumbe ao poder público.
a) controlar a produção de substâncias geradas na natureza que facilitem a sobrevivência do homem no seu ecossistema.
b) proteger a fauna, impedindo a utilização de animais domésticos em atividade circense.
c) promover a educação ambiental em todos os níveis de ensino e a conscientização pública para a preservação do meio ambiente.
d) definir áreas nos estados-membros fronteiriços brasileiros que assegurem o livre trânsito de pessoas e animais entre os países vizinhos do MERCOSUL.
e) fiscalizar as entidades dedicadas ao ensino das ciências sociais e biomédicas.

Resposta: a alternativa correta é "C".

(FGV – 2009 – TJ/PA – Juiz) A Constituição Federal/88 assevera que "todos têm direito ao meio ambiente ecologicamente equilibrado, bem de uso comum do povo e essencial à sadia qualidade de vida".

A esse respeito, é correto inferir que a concepção constitucional sobre meio ambiente é:
a) holística.
b) panteísta.

c) pragmática.
d) antropocêntrica.
e) criacionista.

Resposta: a alternativa correta é "D".

(VUNESP – 2009 – TJ/MT – Juiz) De acordo com os princípios relacionados ao Direito Ambiental, para assegurar o direito ao meio ambiente ecologicamente equilibrado, incumbe ao Poder Público:
   a) a pesquisa e a lavra das jazidas de petróleo e gás natural e outros hidrocarbonetos sólidos.
   b) a comercialização de minérios e minerais nucleares inativos e seus derivados.
   c) iniciar programas ambientais, independentemente de estarem incluídos na lei orçamentária anual.
   d) conceder ou utilizar créditos ilimitados no manejo ecológico das espécies equilibradas.
   e) fiscalizar as entidades dedicadas à pesquisa e manipulação de material genético.

Resposta: a alternativa correta é "E".

(FUNIVERSA – 2009 – ADASA – Advogado) A Constituição Federal garante a todos um meio ambiente ecologicamente equilibrado. A fim de efetivar esse direito, estabelece algumas regras a serem observadas pelo Poder Público. A respeito dos deveres, assinale a alternativa INCORRETA.
   a) Cabe ao Poder Público prover o manejo ecológico das espécies e ecossistemas.
   b) As usinas que operam com reator nuclear não poderão se instalar sem que antes seja elaborada lei federal definindo sua localização.
   c) Em razão da importância para o ecossistema, a Constituição Federal prevê que a Mata Atlântica, a Serra do Mar, o Pantanal Mato-Grossense e a Zona Costeira são áreas da União.
   d) Por meio de uma interpretação constitucional é possível afirmar peremptoriamente que o Brasil não admite as rinhas de galo.

e) Somente por lei é permitida a alteração do regime jurídico de Área de Preservação Permanente.

Resposta: a alternativa incorreta é "C".

(FCC – 2008 – MPE/PE – Promotor de Justiça) Tendo em vista os aspectos constitucionais relativos à necessidade de um meio ambiente ecologicamente equilibrado, é correto afirmar que:
   a) a Serra do Mar Paulista, o Pantanal Mato-Grossense e a Zona Costeira de Pernambuco, entre outras, são patrimônios estaduais e sua utilização far-se-á livremente, na forma da lei dos respectivos Estados.
   b) as usinas que operem com reator nuclear devem ter sua localização definida em lei do município, por ser este o titular exclusivo do interesse local, sem o que não poderá ser instalada.
   c) a edição de uma lei estadual, a exemplo daquela que autorize ou regulamente a realização de "briga de galo" é considerada inconstitucional, em razão das regras norteadoras do meio ambiente.
   d) as terras devolutas ou as arrecadadas pelos Estados, por ações discriminatórias, são disponíveis e dispensam sua desafetação pelo Poder Público em geral.
   e) incumbe ao Poder Público federal, com exclusividade, preservar e restaurar processos ecológicos essenciais e prover o manejo ecológico das espécies e ecossistemas.

Resposta: a alternativa correta é "C".

CAPÍTULO 3

Repartição de competências em matéria ambiental

1. COMPETÊNCIA EM MATÉRIA AMBIENTAL

A Federação Brasileira possui como característica básica a repartição constitucional de competências entre as pessoas federativas que lhe integra. A Constituição de 1988 conferiu ao município essa condição. O que se depreende de seus artigos 1º e 18 é que os membros da Federação têm competências exercidas dentro de seu território.

O federalismo brasileiro, ao contrário da maioria dos Estados adeptos ao modelo do chamado Federalismo Dual, não estabelece a repartição de competências apenas entre a ordem jurídica central e as ordens jurídicas estaduais, mas, sim numa tríplice repartição do poder governamental entre a União (poder central), os Estados (poder estadual) e os municípios (poder local), todos autônomos (com capacidade de normas próprias, do grego autos = próprio, nomos = norma).

A autonomia dos entes federados está calcada em quatro capacidades básicas: auto-organização (através da edição de suas Constituições – Leis Orgânicas próprias); autogoverno (eleição dos representantes do Legislativo e Executivo pelos cidadãos); autoadministração (gestão de interesses próprios e elaboração de suas organizações administrativas); e autolegislação (capacidade normativa para a realização dos interesses locais e dos objetivos fundamentais da República).

À competência permite-se diversas adjetivações, podendo ser classificada como competência: legislativa (para elaborar leis); ou administrativa, material, de execução (para realizar as tarefas editadas).

1.1 Competência legislativa

Para realizar as finalidades do estado de direito ambiental, a Constituição de 1988 determinou às pessoas federativas a competência para normatizar as condutas dos seus administrados e da administração, no sentido da preservação da sadia qualidade de vida, inclusive humana, dos próprios cidadãos, evitando, assim, a possibilidade maior de riscos ao meio ambiente ecologicamente equilibrado, bem de uso comum de todos.

O meio ambiente não tem titular definido, o legislador constituinte não excluiu a possibilidade de nenhuma pessoa federativa legislar sobre a sua tutela, impondo regras para uma proteção mais eficiente. A Constituição de 1988 determinou às pessoas federativas as seguintes competências legislativas: à União cabe editar normas gerais sobre proteção ao meio ambiente (art. 24, VI, § 1º), cabendo aos Estados suplementarem a legislação federal (art. 24, §§ 2º, 3º, 4º), e aos municípios suplementar a legislação federal e estadual no que lhe couber (art. 30, II), no modelo que a própria Constituição chama de concorrente.

Quanto à competência legislativa, a Constituição de 1988, buscando realizar o equilíbrio entre as pessoas federativas, estabeleceu um sistema bastante complexo de repartição do poder legislativo a tais pessoas, no qual convivem competências privativas e exclusivas repartidas horizontalmente e, também, as competências concorrentes repartidas verticalmente. Para os nossos estudos, interessa-nos, ainda, a repartição da competência legislativa concorrente.

Sobretudo, a repartição de competências prevista na Constituição permite afirmar que não há hierarquia entre os entes da Federação, podendo-se reconhecer preponderância de interesse mais abrangente.

Realizando a leitura dos artigos que tratam das competências constitucionais das pessoas federativas na Constituição de 1988, percebemos que tanto as competências da União como as dos municípios estão definidas expressamente no texto constitucional, ficando para o Estado aquilo que se chama de competência remanescente ou residual. Para o município, foi elencado um rol de atividades não exaustivas no artigo 30, sendo função primordial da Câmara Municipal dar vida às competências legislativas municipais em comunhão com o prefeito municipal.[16]

As competências concorrentes, isto é, legislativas, previstas na Carta Política de 1988, também abrem caminho para o intervencionismo econômico municipal. Isso acontece quando a Constituição Federal brasileira, em seu artigo 24, permite à União e aos Estados-membros legislar sobre certas matérias – à primeira, editar as normas gerais; aos outros, suplementá-las para atender às suas peculiaridades – e ainda, em seu artigo 30, incisos I e II, quando prevê a competência municipal para suplementar a legislação federal e estadual no que couber, para atender aos interesses locais. Assim sendo, o município pode legislar sobre as matérias do artigo 24 da CF para atender ao interesse local.

Em apoio à nossa tese, escreve ALMEIDA[17]:

> De outra parte, no artigo 24 figura a competência legislativa concorrente, mediante a qual União, Estados e Distrito Federal podem legislar sobre as matérias que o dispositivo arrola, observado em seus quatro parágrafos. Embora o artigo 24 não indique os Municípios entre os titulares da competência legislativa concorrente, não ficaram eles dela alijados. Deslocada, no inciso II do artigo 30, consta a competência dos Municípios de suplementar a legislação federal e estadual no que couber.

Portanto, o Município, dentro dos comandos constitucionais e, suplementando a legislação federal e a estadual para atender às especificidades locais, pode legislar sobre: direito econômico; orçamento; produção e consumo; florestas, caça, pesca, fauna, conservação da natureza, defesa do solo e dos recursos naturais, proteção do meio ambiente e controle da poluição; proteção ao patrimônio histórico, cultural artístico, turístico e paisagístico; educação, cultura, esporte, ensino e desporto; proteção à integração social das pessoas portadoras de deficiência; proteção à infância e à juventude (art. 24, I, II, V a VII, IX, XIV e XV, da CF).

---

16 CLARK, Giovani. *O Município em Face do Direito Econômico*. Belo Horizonte: Editora Del Rey, 2001. p. 94-95.

17 ALMEIDA, F. D. M. *Competências na Constituição de 1988*. 2. ed. São Paulo: Atlas, 2000. p. 91.

1.2 Normas Gerais – Matéria da União

Quanto à competência para legislar concorrentemente sobre meio ambiente, cabe à União a edição de normas gerais e aos Estados e municípios suplementar os princípios e normas gerais ou mesmo a omissão desses, segundo previsão nos parágrafos 2º e 3º do artigo 24 e inciso II do artigo 30 da Constituição Federal de 1988. Isso significa que a União não pode legislar de modo a esgotar o conteúdo da matéria objeto da competência, devendo a norma federal ser incompleta, cabendo aos Estados e municípios o exercício das competências estaduais e municipais, dentro de seus interesses.

Normas gerais devem ser aquelas que estabelecem diretrizes, que não podem entrar em pormenores, devem referir-se a questões fundamentais, senão perderiam o sentido de generalidade. Citamos, como exemplo, a edição de normas para a proteção dos bens que estão sob domínio da União (art. 20 – rios que passem por mais de um Estado) e que são patrimônio nacional (art. 225, § 4º, floresta amazônica, mata atlântica, serra do mar, pantanal mato-grossense, zona costeira).

As normas gerais são um conceito jurídico indeterminado, havendo muita dificuldade para sua delimitação, especialmente no nosso caso, porque entendemos o meio ambiente como um assunto generalíssimo e que não pode ficar esgotado na competência legislativa da União. Não precisam ser, pois, aplicadas uniformemente a todo território nacional. A matéria deve ser regulada de forma ampla, buscar o interesse geral e servir de baliza para que os Estados, o Distrito Federal e os municípios não facilitem a devastação ao legislarem sobre meio ambiente. A doutrina adotou os princípios da predominância dos interesses e o da subsidiariedade para o legislador infraconstitucional elaborar as normas gerais.

O princípio da predominância de interesses determina que é da União a competência para legislar sobre assuntos de interesse nacional, o que seriam, no caso, as normas gerais; e a atuação suplementar, no vácuo legislativo da União, cabe aos Estados e aos municípios, respeitando-se o interesses respectivos, estadual e local.

Ressaltamos que, dentro do critério clássico da predominância de interesses adotados pela Constituição de 1988, não há supremacia entre as normas da União, dos Estados e dos municípios e sim de repartição de conteúdo normativo, um verdadeiro condomínio legislativo. A norma geral, aquela que deve ser nacionalmente seguida, editada pela União serve como pano de fundo para as normas estaduais que por sua vez moldam as normas locais.

Já o princípio da subsidiariedade estabelece que nada será exercido por um poder de nível superior desde que possa ser cumprido pelo inferior, fazendo com que os poderes estaduais/locais sejam privilegiados quando da distribuição de competências. As atividades somente serão atribuídas a uma pessoa federativa de maior abrangência quando não for possível fazê-lo por ente de menor abrangência, chegando-se à definição de noção de normas gerais por exclusão, ou seja, o que não for de competências dos municípios e dos Estados será da União, fortalecendo, dessa forma, o princípio federativo.

Segundo a jurisprudência do Supremo Tribunal Federal "norma geral, melhor dizer, norma nacional, seria a moldura do quadro a ser pintado pelos Estados e Municípios no âmbito de suas competências" (ADin 927-3, j. 4/11/1993. Ministro Carlos Velloso).

1.3 Competência suplementar dos Estados

Nos parágrafos 1º a 4º do artigo 24 da Constituição de 1988, o legislador constituinte determinou quanto à competência concorrente, cabendo à União editar as normas gerais, aos Estados suplementarem a legislação federal e, inexistindo as normas gerais, os Estados exercerão a competência legislativa plena. Na superveniência de norma federal sobre o mesmo assunto, as normas estaduais terão sua eficácia suspensa. Significa que em seu interesse regional, os Estados podem legislar sobre meio ambiente ampliando o rigor das normas gerais para preservação ambiental em seu território. FREITAS[18] nos traz o seguinte exemplo:

É concorrente a competência para legislar sobre florestas (CF, art. 24, inc. VI). O Código Florestal (Lei nº 4.771 de 15/9/1965) passou a ser considerado norma geral depois de entrar em vigor a Constituição Federal de 1988, isso porque, cabendo às duas pessoas políticas

---

18 FREITAS, Vladimir Passos de. *A Constituição Federal e a efetividade de suas normas.* 2. ed. São Paulo: RT, 2002. p. 59.

legislar sobre a matéria, os dispositivos do Código Florestal passaram a ser tidos como princípios gerais obrigatórios, podendo os Estados legislar sobre florestas mas sem infringir as regras específicas.

Veja-se um exemplo: o art. 2º, alínea *d*, do Código Florestal considera de preservação permanente a vegetação natural situada no topo de morros, montanhas e serras. É uma norma geral que não pode ser contrariada pela legislação dos Estados. Certamente por isso, a Lei Estadual gaúcha nº 9.519, de 21/1/1992, conhecida como Código Florestal do Estado do Rio Grande do Sul, proíbe no art. 23 a supressão de vegetação de preservação permanente definida em lei. Se assim não fosse, se extrapolasse a lei gaúcha os limites da norma geral de origem federal, certamente seria reconhecida como inconstitucional.

A poluição sonora e os problemas que os altos níveis de som ocasionam constituem uma preocupação das sociedades contemporâneas. Assim, o legislador constituinte brasileiro determinou que os Estados-membros podem suplementar a legislação federal no que couber para adotar parâmetros mais restritivos em matéria de poluição sonora.

Sendo assim, as normas estaduais serviram como suplementação das normas gerais da União, completando os limites negativos ao exercício da competência legislativa municipal. O papel dos Estados é fundamental porque não se pode atribuir tarefas idênticas aos municípios gaúchos, mineiros, amazonenses.

1.3.1 Competência municipal

Ao analisarmos a competência da União para editar normas gerais e a competência suplementar dos Estados, chamamos esses critérios de negativos, o que significou dizer que a matéria é da União e/ou dos Estados, não podendo ser esgotada livremente pelo município, sendo-lhe negada a possibilidade de legislar totalmente a respeito, uma vez que as normas federais e ou estaduais servem-lhe de limite para tanto.

Agora, cabe-nos falar dos critérios que chamamos de critério positivo para definir a competência legislativa do município em matéria ambiental. Definir normas gerais não é fácil, porém tarefa mais difícil ainda é definir o que seria "interesse local" e "suplementar a legislação federal e estadual no que lhe couber".

O município tem competência legislativa para tratar do meio ambiente apenas para suplementar a legislação federal e estadual no que lhe couber e, ao mesmo tempo, em seu interesse local, conjugando-se os incisos I e II do art. 30 da Constituição de 1988, combinado com o art. 24.

São três palavras que podem ser usadas para explicar o critério que chamamos de positivo para identificar o espaço de competência legislativa municipal em meio ambiente. Ao analisar o que seria interesse local e a possibilidade do município suplementar a legislação estadual e federal no que lhe couber.

Em verdade, o critério positivo está baseado na expressão "interesse local", eis que para suplementar a legislação federal e estadual em meio ambiente é imprescindível a predominância do interesse local do município. Essa expressão substituiu o termo "peculiar interesse", consagrado em todas as outras constituições brasileiras que antecederam a de 1988 (CF 1891, art. 68; CF 1934, art. 13; CF 1937, art. 26; CF 1946, art. 28; CF 1967, art. 16, II; e Emenda nº 1/69, art. 15, II), sendo que para nós não há diferença jurídica substancial entre tais expressões.

Tanto "peculiar interesse" como "interesse local" do município não tratam de exclusividade, mas sim de predominância. Fazemos aqui um paralelo com os três órgãos do Poder Legislativo, Executivo e Judiciário que se diferenciam não pela exclusividade de suas funções, mas pela predominância de uma delas em relação às demais. Além do mais, se o município faz parte do pacto federativo, é impossível imaginar um interesse seu que não seja também do Estado ou da Federação, reforçando a ideia de que deve prevalecer a predominância do interesse.

A legislação municipal ambiental só poderá existir para suprir lacunas das legislações estadual/federal incompleta, insuficiente, observando-se as normas existentes como normas quadro, impondo ao município um rigor maior em seu território ou exercendo a competência legislativa plena se inexistir norma federal ou estadual. Porém, sempre de maneira mais restritiva. É o que nos ensina FIORILLO[19]:

> Podemos afirmar que à União caberá a fixação de pisos mínimos de proteção ao meio ambiente, enquanto aos Estados e Municípios, atendendo

---

19 FIORILLO, Celso Antonio Pacheco. *Curso de Direito Ambiental Brasileiro*. 5. ed. São Paulo: Saraiva, 2004. p. 69.

aos seus interesses regionais e locais, a de um "teto" de proteção. Com isso, oportuno frisar que os Estados e Municípios jamais poderão legislar, de modo a oferecer menos proteção ao meio ambiente do que a União, porquanto, como já ressaltado, a esta cumpre, tão-só, fixar normas gerais.

Além disso, a competência concorrente dos Estados e supletiva dos municípios revela-se importante, porquanto aqueles e estes, em especial estes, encontram-se mais atentos e próximos aos interesses e peculiaridades de uma determinada região, estando mais aptos a efetivar a proteção ambiental reclamada pelo texto constitucional.

Reconhecendo a competência legislativa em matéria ambiental para o município, a jurisprudência do STJ manifestou-se no sentido de poder fazê-lo a suplementar a legislação federal e estadual existentes:

> CONSTITUCIONAL. MEIO AMBIENTE. Legislação Municipal Supletiva. Possibilidade. Atribuindo a Constituição Federal, a competência comum à União, aos Estados e aos Municípios para proteger o meio ambiente e combater a poluição em qualquer de suas formas, cabe aos Municípios legislar supletivamente sobre a proteção ambiental na esfera do interesse estritamente local [...] (STJ. RE 8.579-RJ. Rel. Min. Américo Luz, publicado no DJU de 18/11/91).

1.3.2 *In dubio pro natura*

Vimos acima os critérios clássicos para a competência legislativa dos municípios em matéria ambiental, concluindo que os mesmos podem fazê-lo desde que para suplementar legislação federal/estadual existente, sempre de forma mais restritiva ou ainda para legislar de forma plena, desde que inexistente norma das demais pessoas federativas sobre o assunto. No entanto, muitas vezes, ocorre conflito entre as normas federais e municipais. O Judiciário não entra em detalhes a respeito do que é verdadeiramente interesse local, ou do que sejam normas gerais, limitando-se a afirmar que determinada matéria está ou não no interesse do município.

Ora, se o objetivo mediato da proteção ambiental é guarnecer a sadia qualidade de vida, temos que optar pela norma mais restritiva. Nosso raciocínio tem como fundamento a possibilidade de o município legislar sobre o meio ambiente em seu interesse local, em busca da preservação ambiental, reforçando a legislação existente, a fim de tornar a tutela jurídica ambiental eficaz para garantir uma boa qualidade de vida. Portanto, não temos saída diferente a não ser escolher a norma mais benigna à natureza.

Havendo indefinição e conflito entre a lei da União (norma geral) e a do município, temos de buscar uma conciliação ponderativa dos interesses envolvidos no caso concreto. Devemos aplicar a norma que melhor garanta a efetividade do direito fundamental ao meio ambiente, ou seja, dando-se preferência à norma mais restritiva em prol da natureza, dentro daquilo que se chamou de *in dúbio pro natura*.

O princípio *in dúbio pro natura* é uma das manifestações do princípio da prevenção, donde se entende que a legislação mais preservacionista, mais restritiva deve ser a acolhida, uma vez que a finalidade da tutela jurídica do meio ambiente é a proteção da dignidade da pessoa humana. O Tribunal de Justiça do Paraná decidiu nesse sentido:

> Assim estão dirimidas quaisquer dúvidas sobre a aplicação do Código Florestal nas áreas urbanas, posto que a União, nos limites da sua competência, estabeleceu como norma geral a ser indistintamente aplicada por todos os Estados da Federação e seus Municípios, independente de estarem localizados em áreas rurais ou urbanas, as metragens especificadas nas alíneas do artigo 2º da Lei nº 4.771 de 1965. Não pode o Município de Curitiba editar leis que estabeleçam normas menos rígidas que aquelas estabelecidas por leis federais ou estaduais, sob a alegação de que estariam legislando sobre assuntos de interesse local – artigo 30, I, da Constituição Federal. (Tribunal de Justiça do Paraná, Acórdão 15.278-3, 3ª Câmara Cível, AI 65.302-7).

1.4 Competência executiva (Material ou Administrativa)

A Competência Executiva, como o nome sugere, é o poder-dever estabelecido para os entes federados cumprirem suas obrigações constitucionais. Ela é conhecida também como "competência implicitamente legislativa", nas palavras de Patrícia Silveira,[20] porque decorre de uma competência legislativa preestabelecida.

20　SILVEIRA, P. A. *Competência Ambiental*. Curitiba: Juruá, 2005.

1.4.1 Competência exclusiva

1.4.1.1 União (art. 21 da CF/88)

O artigo acima elenca uma série de matérias que são de competência exclusiva, indelegável da União. Interessa para concursos públicos especialmente o inciso XIX do art. 21, que determina a obrigação da União para instituir o sistema nacional de gerenciamento de recursos hídricos e definir critérios de outorga de direitos de seu uso.

Esse inciso foi regulamentado pela Lei nº 9.433/97 (Política Nacional dos Recursos Hídricos), que estabelece diretrizes do gerenciamento desses recursos (art. 3º da Lei nº 9.433/97) e prevê critérios para outorga do uso das águas (arts. 11 a 18 da Lei nº 9.433/97).

1.4.1.2 Estados (art. 25, § 3º, da CF/88)

Aos Estados é reservada a competência para instituir, por lei complementar, as suas regiões metropolitanas. Como vimos acima, a competência material é implicitamente legislativa porque a administração pública age em função daquilo que a lei lhe determina (art. 37 da CF/88) e, sendo assim, após a criação da região metropolitana caberá ao Estado instituí-la, dando efetividade ao instrumento legal.

1.4.1.3 Municípios (art. 30, VIII e IX)

Compete aos municípios realizar o seu planejamento territorial através de seu plano diretor e doravante promover o uso adequado de seu solo urbano. É atribuição desses entes federados a competência exclusiva para promover a proteção do meio ambiente cultural, observando a legislação federal (Decreto-Lei nº 25/37 do tombamento), para tanto.

1.5 Competência comum (art. 23, CF/88)

A CF/88 obrigou os entes federados a defender e preservar o meio ambiente ecologicamente equilibrado (art. 225). Em nosso modelo de

Estado federal, essa competência reforça a exigência de um modelo cooperativo. A razão dessa exigência enxerga um descaso anterior do poder público com o meio ambiente e o legislador constituinte originário foi correto ao prever que a obrigação é solidária e não solitária.

Apesar das boas intenções, muita confusão é demonstrada em razão do que se estabelece nesse artigo, especialmente porque o seu parágrafo único ainda não foi regulamentado. O imbróglio, as perguntas que são feitas dizem respeito aos critérios para o exercício dessa competência.

A doutrina estabeleceu algumas saídas. A primeira prevê que a competência será exercida em decorrência do domínio do bem ambiental. Se estivermos em mata atlântica, ainda que em território municipal, a competência para preservar o meio ambiente será da União (art. 225, § 4º).

O segundo critério remete-nos à competência legislativa. Buscando, na CF/88, o ente federado que tem a competência para exercer a matéria correspondente, acharemos o ente responsável por exercer a competência executiva correspondente.

O terceiro critério é o da subsidiariedade ou da predominância do interesse. Quando houver a possibilidade do exercício da competência executiva pelo ente mais próximo, será dele a obrigação. Não poderá ser exercida a competência pelo ente superior se o inferior (o município em detrimento do Estado, o Estado em detrimento da União) puder fazê-lo.

O professor Vladimir Passos de FREITAS,[21] um dos responsáveis pela consolidação do direito ambiental brasileiro, a quem rendemos todos nossos elogios, explica:

a) quanto a competência for privativa da União, a eventual fiscalização de órgão estadual ou municipal com base na competência comum de proteção do meio ambiente não retira a prevalência federal;

b) quando a competência for comum (ex.: preservação de florestas), deve ser verificada a existência ou não de interesse nacional, regional ou local e, a partir daí, definir a competência

---

21 FREITAS, Vladimir Passos de. *A Constituição Federal e a efetividade de suas normas.* 2. ed. São Paulo: RT, 2002.

material (ex.: a devastação de grandes proporções da serra do mar, atingindo mais de um Estado, configura interesse federal, em face do art. 225, § 4º da CF/88)
c) quando a competência for do Estado, por não ser a matéria privativa da União ou do município (residual), a ele cabe a prática dos atos administrativos pertinentes, como fiscalizar ou impor sanções;
d) no mar territorial, a fiscalização cabe à Capitania dos Portos, do Ministério da Marinha;
e) cabe ao município atuar apenas em caráter supletivo quando a matéria for do interesse comum e houver ação federal ou estadual;
f) cabe ao município atuar privativamente quando a matéria for do interesse exclusivo local.

A jurisprudência do STJ tem adotado o critério da subsidiariedade para dirimir os conflitos no exercício da competência comum:

PROCESSUAL CIVIL. ADMINISTRATIVO. Recurso especial. Divergência não demonstrada. Dano ambiental. Sanção administrativa. Imposição de multa. Ação anulatória de débito fiscal. Derramamento de óleo de embarcação da Petrobrás. Cerceamento de defesa. Reexame de matéria probatória. Súmula 7/STJ. Competência dos órgãos estaduais de proteção ao meio ambiente para impor sanções. Responsabilidade objetiva. Legitimidade da exação.
1. A admissão do Recurso Especial pela alínea "c" exige a comprovação do dissídio na forma prevista pelo RISTJ, com a demonstração das circunstâncias que assemelham os casos confrontados, não bastando, para tanto, a simples transcrição das ementas dos paradigmas.
2. Mandado de segurança impetrado objetivando a suspensão da exigibilidade da multa, bem como a desconstituição do ato administrativo, ao fundamento de incompetência do órgão ambiental municipal para a lavratura de auto de infração em casos de derramamento de óleo proveniente de navio, uma vez que referida competência é atribuída à Capitania dos Portos do Ministério da Marinha, pelo artigo 14, § 4º, da Lei nº 6.938/81, combinado com os artigos 1º, 2º e 3º, da Lei nº 5.357/67, vigentes à época do evento (26/6/2000 – Lei de Introdução ao Código Civil, artigo 2º, § 2º), bem como pelo fato de a imposição da multa não ter sido precedida de laudo técnico em que restasse carac-

terizada a poluição e conduta comissiva ou omissiva, dolosa ou culposa da requerente que pudesse ter nexo de causalidade com a pretensa poluição, contrariando a exigência do artigo 4º e do parágrafo 2º do artigo 41, do Decreto nº 3.179/99, que regulamenta a Lei nº 6.933/81.

3. O exame acerca da ausência de laudo técnico hábil com o escopo de aferir a ocorrência e extensão dos danos causados à saúde humana e ao meio ambiente e o nexo com eventual conduta comissiva ou omissiva, dolosa ou culposa da requerente apta a ensejar a aplicação de multa (art. 4º, da Lei nº 6.938/81 e arts. 4º e 41 do Decreto nº 3.179/99) implica em análise de aspectos fáticos, insindicáveis em sede de recurso especial, por força do óbice erigido pela Súmula nº 7 desta Corte.

4. Destarte, o *caput* do art. 14 da Lei nº 6.938/81 preceitua que as penalidades previstas em referido diploma são aplicáveis sem prejuízo de outras previstas em legislação federal, estadual ou municipal e, seu § 2º determina que a atuação federal só ocorrerá quando omissa a autoridade estadual ou municipal:

Art. 14 – Sem prejuízo das penalidades previstas pela legislação federal, estadual ou municipal, o não cumprimento das medidas necessárias à preservação ou correção dos inconvenientes e danos causados pela degradação da qualidade ambiental sujeitará os transgressores:
[...]
§ 2º – No caso de omissão da autoridade estadual ou municipal, caberá ao Secretário do Meio Ambiente a aplicação das penalidades pecuniárias previstas neste artigo.

5. Nesse seguimento, o § 4º, do mesmo dispositivo legal, vigente à época da ocorrência do dano ambiental, tão-somente prescrevia outras penalidades, remetendo a fiscalização à Capitania dos Portos em estreita cooperação com diversos outros órgãos de proteção ao meio ambiente estaduais ou federais, no esteio da Lei nº 5.357/67, que assim dispõe:

Art 1º – As embarcações ou terminais marítimos ou fluviais de qualquer natureza, estrangeiros ou nacionais, que lançarem detritos ou óleo nas águas que se encontrem dentro, de uma faixa de 6 (seis) milhas marítimas do litoral brasileiro, ou nos rios, lagoas e outros tratos de água ficarão sujeitos às seguintes penalidades:
a) as embarcações, à multa de 2% (dois por cento) do maior salário-mínimo vigente no território nacional, por tonelada de arqueação ou fração;

b) os terminais marítimos ou fluviais, à multa de 200 (duzentos) vêzes o maior salário-mínimo vigente no território nacional.

Parágrafo Único. Em caso de reincidência a multa será aplicada em dobro.

Art 2º – A fiscalização desta Lei fica a cargo da Diretoria de Portos e Costas do Ministério da Marinha, em estreita cooperação com os diversos órgãos federais ou estaduais interessados.

Art 3º – A aplicação da penalidade prevista no art. 1º e a contabilidade da receita dela decorrente far-se-ão de acôrdo com o estabelecido no Regulamento para as Capitanias de Portos.

Art 4º – A receita proveniente da aplicação desta lei será vinculada ao Fundo Naval, para cumprimento dos programas e manutenção dos serviços necessários à fiscalização da observância desta Lei.

Art 5º – Esta Lei entra em vigor na data de sua publicação.

Art 6º – Revogam-se as disposições em contrário.

6. Consectariamente, revela-se evidente que o § 4°, do art. 14, da Lei nº 6.938/81, não exclui a competência fiscalizatória e sancionatória dos órgãos estaduais de proteção ao meio ambiente, mas, ao contrário, consoante o art. 2°, da Lei nº 5.357/67, reforçou-a. (grifo nosso)

7. A *ratio* do art. 14, da Lei nº 6.938/81 está em que a ofensa ao meio ambiente pode ser bifronte atingindo as diversas unidades da federação.

8. Premissas que impõem o afastamento da pretensa incompetência da autoridade estadual que lavrou o auto de infração e impôs multa administrativa à recorrente.

9. A controvérsia quando não adstrita à legalidade da imposição de multa, por danos causados ao meio ambiente, com respaldo na responsabilidade objetiva, escapa à competência do E. STJ por interdição da Súmula 7.

10. Sob a estrita ótica infraconstitucional, dispõe o artigo 3º, inciso IV, da Lei nº 6.938/81:

Art. 3º Para os fins previstos nesta Lei, entende-se por:
[...]
IV – poluidor, a pessoa física ou jurídica, de direito público ou privado, responsável, direta ou indiretamente, por atividade causadora de degradação ambiental;

11. O artigo 14, § 1º, da mesma norma, a seu turno, prevê:

Art. 14 – Sem prejuízo das penalidades definidas pela legislação federal, estadual e municipal, o não cumprimento das medidas necessárias à preservação ou correção dos inconvenientes e danos causados pela degradação da qualidade ambiental sujeitará os transgressores:

§ 1º – Sem obstar a aplicação das penalidades previstas neste artigo, é o poluidor obrigado, independentemente da existência de culpa, a indenizar ou reparar os danos causados ao meio ambiente e a terceiros, afetados por sua atividade. O Ministério Público da União e dos Estados terá legitimidade para propor ação de responsabilidade civil e criminal, por danos causados ao meio ambiente.

12. Com efeito, o artigo 14 da Lei nº 6.938/81, mantido pela Lei nº 7.804/89, permite a aplicação de multas pela autoridade estadual com base em legislação federal, vedando expressamente a sua cobrança pela União, se já tiver sido aplicada pelo Estado.

13. *In casu*, o auto de infração foi lavrado por autoridade estadual, com base nessa responsabilidade objetiva.

14. Destarte, "[...] O meio ambiente, ecologicamente equilibrado, é direito de todos, protegido pela própria Constituição Federal, cujo art. 225 o considera "bem de uso comum do provo e essencial à sadia qualidade de vida". [...] Além das medidas protetivas e preservativas previstas no § 1º, incs. I-VII do art. 225 da Constituição Federal, em seu § 3º ela trata da responsabilidade penal, administrativa e civil dos causadores de dano ao meio ambiente, ao dispor: "As condutas e atividades consideradas lesivas ao meio ambiente sujeitarão os infratores, pessoas físicas ou jurídicas, a sanções penais e administrativas, independentemente da obrigação de reparar os danos causados". Neste ponto a Constituição recepcionou o já citado art. 14, § 1º da Lei nº 6.938/81, que estabeleceu responsabilidade objetiva para os causadores de dano ao meio ambiente, nos seguintes termos: "sem obstar a aplicação das penalidades previstas neste artigo, é o poluidor obrigado, independentemente de existência de culpa, a indenizar ou reparar os danos causados ao meio ambiente e a terceiros, afetados por sua atividade." (CAVALIERI FILHO, Sergio. *Programa de Responsabilidade Civil*)

15. As penalidades da Lei n° 6.938/81 incidem sem prejuízo de outras previstas na legislação federal, estadual ou municipal (art. 14, *caput*) e somente podem ser aplicadas por órgão federal de proteção ao meio

ambiente quando omissa a autoridade estadual ou municipal (art. 14, § 2º). A *ratio* do dispositivo está em que a ofensa ao meio ambiente pode ser bifronte atingindo as diversas unidades da federação

16. À Capitania dos Portos, consoante o disposto no § 4º, do art. 14, da Lei nº 6.938/81, então vigente à época do evento, competia aplicar outras penalidades, previstas na Lei nº 5.357/67, às embarcações estrangeiras ou nacionais que ocasionassem derramamento de óleo em águas brasileiras.

17. A competência da Capitania dos Portos não exclui, mas complementa, a legitimidade fiscalizatória e sancionadora dos órgãos estaduais de proteção ao meio ambiente. (grifos nossos)

18. Para fins da Lei nº 6.938, de 31 de agosto de 1981, art. 3º, qualifica-se como poluidor a pessoa física ou jurídica, de direito público ou privado, responsável, direta ou indiretamente, por atividade causadora de degradação ambiental. Precedentes jurisprudenciais do STJ: REsp. 467.212/RJ, desta relatoria, DJ de 15/12/2003; REsp. 282.781/PR, Relatora Ministra Eliana Calmon, DJ de 27/5/2002; AGA 179.321/SP, Relatora Ministra Nancy Andrighi, DJ de 25/9/2000 e REsp. 48.753-6/SP, Relator Ministro Américo Luz, DJ de 17/4/1995.

19. Recurso especial parcialmente conhecido e, nessa parte, desprovido. (Brasil, STJ, REsp. 673765/J; Recurso Especial, Relator Ministro Luiz Fux, 2004/0109031-2)

QUESTÕES DE CONCURSOS

(TRF – 1ª Região – 2006) Legislar sobre Responsabilidade sobre Dano em Matéria de Meio Ambiente é de Competência:
   a) Privativa da União, uma vez que detém competência privativa para Legislar sobre Direito Civil;
   b) Comum da União, dos Estados e do Distrito Federal, e em caso de interesse local, dos Municípios;
   c) Comum da União, dos Estados e do Distrito Federal, excluindo-se os Municípios;
   d) Concorrente da União, dos Estados e do Distrito Federal.

Resposta: a alternativa correta é "D".

(**FCC – 2005 – PGE/SE – Procurador de Estado**) A criação de Unidades de Conservação compete
  a) apenas à União Federal, necessariamente por meio de lei, em razão de sua competência para expedir normas gerais sobre a proteção do meio ambiente.
  b) apenas aos Estados, ao Distrito Federal e aos Municípios, necessariamente por meio de lei, atendendo às exigências que constarem de lei federal editada no exercício da competência da União de expedir normas gerais sobre a proteção do meio ambiente.
  c) apenas aos Estados, ao Distrito Federal e aos Municípios, por meio de ato administrativo editado em razão da competência material comum para proteção do meio ambiente.
  d) à União, aos Estados, ao Distrito Federal e aos Municípios, indistintamente, necessariamente por meio de lei do respectivo nível federativo, editada de acordo com as regras aplicáveis ao exercício das competências concorrentes.
  e) à União, aos Estados, ao Distrito Federal e aos Municípios, indistintamente, por meio de ato administrativo editado em razão da competência material comum para proteção do meio ambiente.

Resposta: a alternativa correta é "E".

(**FCC – 2006 – TRT – 24ª Região – Analista Judiciário – Área Judiciária – Execução de Mandados**) No que concerne à competência legislativa concorrente é correto afirmar:
  a) No âmbito da legislação concorrente, a competência da União limitar-se-á a estabelecer normas gerais.
  b) Compete à União, aos Estados e ao Distrito Federal legislar concorrentemente sobre educação, trânsito e transporte.
  c) Inexistindo lei federal sobre normas gerais, os Estados não poderão exercer competência legislativa plena.
  d) A competência da União para legislar sobre normas gerais exclui a competência suplementar dos Estados.
  e) A superveniência de lei federal sobre normas gerais sempre suspende a eficácia da lei estadual.

Resposta: a alternativa correta é "A".

(TJ/DFT – 2007 – Juiz) A repartição de competências prevista na Constituição permite afirma que:
a) a delegação de competência da União aos Estados-membros opera-se por meio de lei ordinária específica;
b) não há hierarquia entre os entes da Federação, podendo-se reconhecer preponderância de interesse mais abrangente;
c) a competência da União para editar normas gerais determina a revogação da norma estadual previamente editada que contrarie a disciplina federal;
d) a competência dos Municípios para legislar sobre horário de funcionamento de farmácias, estabelecimentos comerciais e bancários decorre da natureza local desses assuntos.

Resposta: a alternativa correta é "B".

(FCC – 2010 – PGM/PI – Procurador Municipal – Prova tipo 3) A poluição sonora e os problemas que os altos níveis de som ocasionam constituem uma preocupação das sociedades contemporâneas. Assim, o legislador constituinte brasileiro determinou que
a) os Estados-membros podem suplementar a legislação federal no que couber para adotar parâmetros mais restritivos em matéria de poluição sonora.
b) cabe à União estabelecer normas gerais sobre poluição sonora e, tanto os Estados e Distrito Federal como os Municípios podem complementar essa legislação com base em sua competência legislativa concorrente.
c) os Municípios podem legislar sobre poluição sonora com fundamento em sua competência para legislar sobre assuntos de interesse local e, assim, podem adotar legislação que permita níveis mais altos de som para atividades econômicas consideradas fundamentais para o próprio desenvolvimento do Município.
d) os Estados-membros têm competência legislativa residual ou remanescente em matéria de poluição sonora.
e) a União tem competência legislativa exclusiva em matéria de controle da poluição sonora e assim estabelece critérios e padrões nacionais específicos para aeronaves, veículos automo-

tores, bares e demais atividades que provocam ruídos, como também equipamentos industriais e domésticos.

Resposta: a alternativa correta é "A".

(FCC – 2010 – TRE/AC – Técnico Judiciário – Área Administrativa) Em matéria de competência legislativa concorrente relacionada à União, Estados e Distrito Federal, é correto afirmar que
- a) a competência da União para legislar sobre normas gerais não exclui a competência suplementar dos Estados.
- b) no âmbito da legislação concorrente, a competência da União estende-se ao estabelecimento de normas específicas.
- c) a superveniência de lei federal sobre normas gerais não suspende, em qualquer hipótese, a eficácia da lei estadual.
- d) a competência da União para legislar sobre normas gerais ou específicas exclui a competência suplementar dos Estados.
- e) inexistindo lei federal sobre normas de qualquer natureza, os Estados só podem exercer a competência limitada para atender suas peculiaridades.

Resposta: a alternativa correta é "A".

Capítulo 4

Zoneamento ambiental

Zoneamento é o resultado da organização do uso e ocupação do solo urbano ou rural, ou seja, é instrumento de gestão do qual dispõem o governo, o setor produtivo e a sociedade, cujo fim específico é delimitar geograficamente áreas territoriais com o objetivo de estabelecer regimes especiais de uso, gozo e fruição da propriedade, em nível regional, estadual ou municipal.

Podemos afirmar ainda que o zoneamento ambiental é instrumento de gestão do qual dispõem o governo, o setor produtivo e a sociedade, cujo fim específico é delimitar geograficamente áreas territoriais com o objetivo de estabelecer regimes especiais de uso, gozo e fruição da propriedade, em nível regional, estadual ou municipal.

O zoneamento define-se como um dispositivo legal complexo, empregado como ferramenta do planejamento territorial. Trata-se de um dos instrumentos da política nacional do meio ambiente, sendo, para o direito ambiental, o mais importante.

A referida organização agrega a utilização de variados recursos ambientais, motivo pelo qual se pode falar em diferentes zoneamentos, como zoneamento urbano, industrial, agrícola, de reserva ambiental etc.

Sua previsão legal é anterior à Constituição Federal de 1988, constando do art. 9º, inciso II, da Lei nº 6.938/81, sendo esta, integralmente recepcionada por aquela.

Tem por objeto, evitar a ocupação do solo de forma irregular proporcionando, por conseguinte, o bem-estar da população.

Para a viabilização da organização do solo, a Constituição atribui ao poder público, em seu art. 225, § 1º, III, a missão de "definir, em todas as unidades da Federação, espaços territoriais e seus componentes a serem especialmente protegidos, sendo a alteração e a supressão permitidas somente através de lei, vedada qualquer alteração que comprometa a integridade dos atributos que justifiquem sua proteção".

A Constituição definiu ainda, de forma individualizada, a competência de cada ente federado no que tange ao zoneamento, de maneira que à União, aos Estados e aos municípios, compete, respectivamente:

- Elaborar planos nacionais e regionais de ordenação do território e de desenvolvimento econômico e social (art. 21, IX, da CF); e articular sua ação em um mesmo complexo geoeconômico e social, visando ao seu desenvolvimento e à redução das desigualdades regionais (art. 43, *caput*, da CF).
- Mediante lei complementar, instituir regiões metropolitanas, aglomerações urbanas e microrregiões, constituídas por agrupamentos de municípios limítrofes, para integrar a organização, o planejamento e a execução de funções públicas de interesse comum. (art. 25, § 3º da CF).
- Promover, no que couber, adequado ordenamento territorial, mediante planejamento e controle do uso, do parcelamento e da ocupação do solo urbano; (art. 30, VIII da CF).

Dentre os diferentes tipos zoneamentos existentes, destaca-se o zoneamento industrial, cuja regulamentação encontra-se disposta na Lei nº 6.803/80 que discorre sobre diretrizes de zoneamento nas áreas de maior concentração de poluição, a fim de separar as atividades industriais de todas as outras atividades de determinada localidade.

A referida lei classifica as zonas industriais em: zonas de uso estritamente industrial, zonas de uso predominantemente industrial e zonas de uso diversificado.

As zonas de uso estritamente industrial foi definida pelo art. 2º, como áreas que "destinam-se, preferencialmente, à localização de estabelecimentos industriais cujos resíduos sólidos, líquidos e gasosos, ruídos, vibrações, emanações e radiações possam causar perigo à saúde, ao bem-estar e à segurança das populações, mesmo depois da aplicação de métodos adequados de controle e tratamento de efluentes, nos termos da legislação vigente".

As áreas definidas como zonas de uso predominantemente industrial destinam-se, preferencialmente, à instalação de indústrias cujos processos, submetidos a métodos adequados de controle e tratamento de efluentes, não causem incômodos sensíveis às demais atividades urbanas e nem perturbem o repouso noturno das populações, segundo o art. 3º.

Já as zonas de uso diversificado, destinam-se à localização de estabelecimentos industriais, cujo processo produtivo seja complementar das atividades do meio urbano ou rural que se situem, e com elas se compatibilizem, independentemente do uso de métodos especiais de controle da poluição, não ocasionando, em qualquer caso, inconvenientes à saúde, ao bem-estar e à segurança das populações vizinhas, conforme dispõe o art. 4º da Lei nº 6.803/80.

O zoneamento ambiental como um todo, foi regulamentado pelo Decreto nº 4.297/2002, que também estabelece o instituto do zoneamento ecológico-econômico, que segundo o art. 2º, trata-se de "instrumento de organização do território a ser obrigatoriamente seguido na implantação de planos, obras e atividades públicas e privadas, estabelece medidas e padrões de proteção ambiental destinados a assegurar a qualidade ambiental, dos recursos hídricos e do solo e a conservação da biodiversidade, garantindo o desenvolvimento sustentável e a melhoria das condições de vida da população".

Vale ressaltar que o zoneamento ambiental também é muito conhecido como zoneamento ecológico econômico e visa à tomada de decisões nos diferentes níveis hierárquicos do aparelho governamental, com vistas a viabilizar o desenvolvimento sustentável e harmônico do território brasileiro.

Nesse sentido, por tudo o que foi exposto, conclui-se que o poder público é competente para criar regras por meio de leis ou regulamentos para a ocupação do solo, impondo restrições ao direito de propriedade, de maneira que se estabeleça na extensão de determinado ente federado áreas diversificadas de ocupação, promovendo ao mesmo tempo a função social da propriedade e bem-estar dos cidadãos, e o desenvolvimento sustentável.

QUESTÕES DE CONCURSOS

(CESPE – 2010 – MPU – Analista – Geografia) O zoneamento define-se como um dispositivo legal complexo, empregado como ferramenta do planejamento territorial.

( ) Certo   ( ) Errado

Resposta: a alternativa é "Certo".

(CESPE – 2009 – DPE/PI – Defensor Público) Quanto aos instrumentos de indução do desenvolvimento urbano e direito à moradia, assinale a opção correta.
a) Lei municipal específica poderá determinar o parcelamento compulsório do solo urbano não edificado. Entretanto, é vedado ao poder público realizar a notificação da obrigação por edital.
b) A notificação do Poder Executivo municipal para edificação do solo urbano não utilizado, dispensa a averbação no cartório de registro de imóveis.
c) O prazo de uma utilização compulsória do solo urbano não edificado é de, no mínimo, 3 anos.
d) Se uma lei municipal determinar a edificação compulsória do solo urbano em determinado imóvel, caso ele venha a ser transmitido por ato *inter vivos*, as obrigações de edificação não se transferem.
e) No âmbito do planejamento municipal, o plano diretor, o zoneamento ambiental e a gestão orçamentária participativa figuram como instrumentos da política urbana.

Resposta: a alternativa correta é "E".

(CESPE – 2009 – TRF – 1ª Região – Juiz) O zoneamento ambiental
a) é instrumento de gestão do qual dispõem o governo, o setor produtivo e a sociedade, cujo fim específico é delimitar geograficamente áreas territoriais com o objetivo de estabelecer regimes especiais de uso, gozo e fruição da propriedade, em nível regional, estadual ou municipal.
b) é uma divisão analítica e disciplinadora da legislação ambiental do uso, gozo e fruição do solo, planejado com o objetivo de compartimentar a gestão dos recursos ambientais.
c) é espécie de controle estatal capaz de ordenar o funcionamento dos ecossistemas e a evolução das mudanças climáticas, de forma a compatibilizar as determinantes sistêmicas com os interesses e direitos ambientais e sociais e tornar possível o crescimento sustentável.

d) é instrumento de organização do território a ser obrigatoriamente seguido na implantação de planos, obras e atividades públicas e privadas, estabelecendo medidas e padrões de proteção ambiental destinados a assegurar a qualidade ambiental dos recursos hídricos e do solo e a conservação da biodiversidade, com objetivo de garantir o desenvolvimento sustentável e a melhoria das condições de vida da população.

e) é instrumento político de natureza punitiva que visa disciplinar as atividades antrópicas e a ocupação urbana.

Resposta: a alternativa correta é "A".

(FCC – 2007 – MPU – Analista Pericial – Engenharia Agronômica) Zoneamento Ecológico Econômico consiste em um instrumento de planejamento que gera indicadores sobre as potencialidades e fragilidades dos meios físico, biótico e socioeconômico capazes de subsidiar

a) a tomada de decisões nos diferentes níveis hierárquicos do aparelho governamental e das empresas privadas, com vistas a viabilizar a gestão ambiental de alguns dos estados brasileiros.

b) exclusivamente a tomada de decisões nos diferentes níveis hierárquicos das empresas privadas, com vistas a viabilizar o desenvolvimento econômico do território brasileiro.

c) a tomada de decisões nos diferentes níveis hierárquicos do aparelho governamental, com vistas a viabilizar o desenvolvimento social do território brasileiro.

d) a tomada de decisões nos diferentes níveis hierárquicos do aparelho governamental, com vistas a viabilizar o desenvolvimento urbano do território brasileiro.

e) a tomada de decisões nos diferentes níveis hierárquicos do aparelho governamental, com vistas a viabilizar o desenvolvimento sustentável e harmônico do território brasileiro.

Resposta: a alternativa correta é "E".

CAPÍTULO 5

Poder de polícia e direito ambiental. Licenciamento ambiental

1. LICENCIAMENTO AMBIENTAL (RES. Nº 237/97 DO CONAMA)

Em um sistema capitalista, a iniciativa privada é livre e tem, como objetivo, o lucro. Cabe ao Estado, como agente normativo e regulador da atividade econômica (art. 174 da CF/88), exercer a fiscalização do setor privado.

O desenvolvimento econômico é importante para o nosso país, mas a defesa do meio ambiente não deve ser vista como empecilho pelos empresários. Busca-se aqui a aplicação do princípio do desenvolvimento sustentável com o intuito do equilíbrio entre as nuances econômicas e as do meio ambiente, recorrendo ao instituto do licenciamento ambiental.

O Conama editou a Resolução nº 237/97 que regulamenta o licenciamento ambiental. É um procedimento administrativo (art. 1º, I), pelo qual o órgão ambiental competente licencia a localização, instalação, ampliação e a operação de empreendimentos e atividades utilizadoras de recursos ambientais consideradas efetiva ou potencialmente poluidoras ou daquelas que, sob qualquer forma, possam causar degradação ambiental, considerando as disposições legais e regulamentares e as normas técnicas aplicáveis ao caso.

Nas palavras de TRENNEPOHL[20] "em verdade, o que a Resolução nº 237/97 tentou fazer foi estabelecer um sistema racional de

---

20 TRENNEPOHL, Terence Dornelles. *Fundamentos de Direito Ambiental*. 2. ed. Salvador: Edições Juspodivm, 2007.

divisão das atribuições nas atividades de licenciamento entre as esferas federativas."

Ressalte-se que o licenciamento ambiental não afasta eventual responsabilidade civil por danos causados pelo empreendimento licenciado.

Recorremos ao processo mnemônico para lembrar que as atividades sujeitas ao licenciamento são: (LIÃO), de localização, implantação, ampliação e operação.

O licenciamento ambiental é um procedimento que engloba a solicitação de licenças ambientais. A Resolução nº 237/97 (art. 8º) as denomina como:

– Licença Prévia (LP): concedida na fase preliminar do planejamento do empreendimento ou atividade, aprova sua localização e concepção, atesta a viabilidade ambiental e estabelece os requisitos básicos e condicionantes atendidas nas próximas fases de sua implementação.

– Licença de Instalação (LI): autoriza a instalação do empreendimento ou atividade de acordo com as especificações constantes dos planos, programas e projetos aprovados, incluindo as medidas de controle ambiental e demais condicionantes, da qual constituem motivo determinante.

– Licença de Operação (LO): autoriza a operação da atividade ou empreendimento, após a verificação do efetivo cumprimento do que consta das licenças anteriores, com as medidas de controle ambiental e condicionantes para a operação.

Mais uma vez, recorremos ao processo mnemônico para lembrarmos quais são as licenças previstas na Resolução 237/97. As condições da ação no Processo Civil Individual são: possibilidade, interesse e legitimidade (PIL). As 3 licenças ambientais são: **p**révia, **i**nstalação e **o**peração (**PIO**).

Uma questão sempre cobrada em concursos é o prazo de duração de cada uma dessas licenças (art. 18). Como não somos muito afeitos à lembrança de números, construímos um método para não nos esquecermos. O prazo máximo da primeira licença (LP – licença prévia, licença primeira) é o número de dias úteis da semana, ou seja, 5 anos (cinco). A segunda licença é a de instalação e o número que vem depois do cinco é o seis. Portanto o prazo máximo da licença de instalação é de 6 anos (seis).

Essa matéria é dez. Isso! O prazo máximo da licença de operação você já adivinhou, 10 anos, e seu prazo mínimo de quatro anos.

1.1 Natureza jurídica da licença ambiental

Na doutrina, existem aqueles que consideram a licença ambiental como licença administrativa[21] e isso já foi requisitado em concursos públicos.

Paulo Affonso Leme MACHADO,[22] Vladimir Passos FREITAS[23] entendem que a licença ambiental é uma autorização administrativa, porque visa atribuir, ao proprietário, faculdade de que não dispunha antes.

Já Paulo de Bessa ANTUNES[24] e Edis MILARÉ[25] entendem que a licença ambiental se assemelha à licença administrativa, porque representa a anuência do poder público quanto ao exercício dos direitos de propriedade e exploração econômica.

Nós afirmamos que esse instituto tem características próprias e ora se aproxima de licença, ora de autorização. É sempre importante lembrar que o direito ambiental é um ramo inovador e que não se apega aos institutos clássicos, distantes da atual realidade.

Não confunda licenciamento ambiental com licença ambiental. O ato administrativo pelo qual o órgão ambiental competente estabelece as condições, restrições e medidas de controle ambiental que deverão ser obedecidas pelo empreendedor, pessoa física ou jurídica, para loca-

---

21 Ato definitivo que declara um direito que já existe, vinculado portanto. A invalidação só pode ocorrer por ilegalidade, descumprimento na execução da atividade ou por interesse público superveniente) fosse, e aqueles que denominam a licença ambiental de autorização administrativa (ato discricionário que constitui um direito ainda não existente e que admite revogação)

22 MACHADO, Paulo Affonso Leme. *Direito Ambiental Brasileiro*. São Paulo: Malheiros, 2006.

23 FREITAS, Vladimir Passos de. *A Constituição Federal e a efetividade de suas normas*. 2. ed. São Paulo: RT, 2002.

24 ANTUNES, Paulo Bessa. *Direito Ambiental*. 7. ed. Rio de Janeiro: Lúmen Júris, 2004.

25 MILARÉ, Edis. *Direito do Ambiente*. 3. ed. São Paulo: RT, 2004.

lizar, instalar, ampliar e operar empreendimentos ou atividades utilizadoras dos recursos ambientais consideradas efetiva ou potencialmente poluidoras ou aquelas que, sob qualquer forma, possam causar degradação ambiental, é denominado licença ambiental.

1.2 Competência para licenciamento ambiental (Res. nº 237/97)

O estudo dessa matéria nos remete à lembrança da competência executiva (material, administrativa) em matéria ambiental prevista no art. 23 da CF/88. Na inexistência de lei complementar que regulamente a cooperação entre os entes federados, a doutrina apresentou seus critérios (competência legislativa, domínio ou subsidiariedade). Fazemos nossas as palavras do professor Talden Farias:[26]

> [...] na ausência da lei complementar prevista no parágrafo único do art. 23 da Carta Magna, utilizar-se-á os princípios constitucionais da predominância do interesse e da subsiariedade, de maneira que a União se encarregará das atividades de impacto nacional e regional, os Estados de impacto estadual e intermunicipal e os Municípios de impacto local ou municipal.

A Resolução Conama nº 237/97 determina que o licenciamento será feito em um único nível de competência (art. 7º) e instrumentaliza as competências de cada ente federado (arts. 4º, 5º e 6º), baseando-se ora no critério da extensão geográfica do dano ambiental (art. 4º *caput*, primeira parte do inciso I e inciso III do art. 5, art. 6º), ora no critério da dominialidade do bem (incisos I e III do art. 4º., inciso II do art. 5º):

> Art. 4º – Compete ao Instituto Brasileiro do Meio Ambiente e dos Recursos Naturais Renováveis – IBAMA, órgão executor do SIS-

---

26 FARIAS, Talden. A repartição de competências para o licenciamento ambiental e a atuação dos municípios. *Revista de direito ambiental,* nº 42, Editora RT, 2006, p. 264.

NAMA, o licenciamento ambiental, a que se refere o artigo 10 da Lei nº 6.938, de 31 de agosto de 1981, de empreendimentos e atividades com significativo impacto ambiental de âmbito nacional ou regional, a saber:

I – localizadas ou desenvolvidas conjuntamente no Brasil e em país limítrofe; no mar territorial; na plataforma continental; na zona econômica exclusiva; em terras indígenas ou em unidades de conservação do domínio da União.

II – localizadas ou desenvolvidas em dois ou mais Estados;

III – cujos impactos ambientais diretos ultrapassem os limites territoriais do País ou de um ou mais Estados;

IV – destinados a pesquisar, lavrar, produzir, beneficiar, transportar, armazenar e dispor material radioativo, em qualquer estágio, ou que utilizem energia nuclear em qualquer de suas formas e aplicações, mediante parecer da Comissão Nacional de Energia Nuclear – CNEN;

V – bases ou empreendimentos militares, quando couber, observada a legislação específica.

§ 1º – O IBAMA fará o licenciamento de que trata este artigo após considerar o exame técnico procedido pelos órgãos ambientais dos Estados e Municípios em que se localizar a atividade ou empreendimento, bem como, quando couber, o parecer dos demais órgãos competentes da União, dos Estados, do Distrito Federal e dos Municípios, envolvidos no procedimento de licenciamento.

§ 2º – O IBAMA, ressalvada sua competência supletiva, poderá delegar aos Estados o licenciamento de atividade com significativo impacto ambiental de âmbito regional, uniformizando, quando possível, as exigências.

Art. 5º – Compete ao órgão ambiental estadual ou do Distrito Federal o licenciamento ambiental dos empreendimentos e atividades:

I – localizados ou desenvolvidos em mais de um Município ou em unidades de conservação de domínio estadual ou do Distrito Federal;

II – localizados ou desenvolvidos nas florestas e demais formas de vegetação natural de preservação permanente relacionadas no artigo 2º da Lei nº 4.771, de 15 de setembro de 1965, e em todas as que assim forem consideradas por normas federais, estaduais ou municipais;

III – cujos impactos ambientais diretos ultrapassem os limites territoriais de um ou mais Municípios;

IV – delegados pela União aos Estados ou ao Distrito Federal, por instrumento legal ou convênio.

Parágrafo Único. O órgão ambiental estadual ou do Distrito Federal fará o licenciamento de que trata este artigo após considerar o exame técnico procedido pelos órgãos ambientais dos Municípios em que se localizar a atividade ou empreendimento, bem como, quando couber, o parecer dos demais órgãos competentes da União, dos Estados, do Distrito Federal e dos Municípios, envolvidos no procedimento de licenciamento.

Art. 6º – Compete ao órgão ambiental municipal, ouvidos os órgãos competentes da União, dos Estados e do Distrito Federal, quando couber, o licenciamento ambiental de empreendimentos e atividades de impacto ambiental local e daquelas que lhe forem delegadas pelo Estado por instrumento legal ou convênio.

Afora o critério do impacto ambiental, a Resolução nº 237/97 previu a competência supletiva do IBAMA (art. 4 § 2º) para licenciamento ambiental, ou seja, quando o Estado se omitir ou quando o órgão seccional quedar inerte. Nesse sentido, decidiu o STJ:

> PROCESSUAL CIVIL E DIREITO AMBIENTAL. Ação civil. Nulidade de licenciamento. Instalação de relaminadora de aços. Leis 4.771/65 e 6.938/81. Atuação do Ibama. Competência supletiva.
> I – Em razão de sua competência supletiva, é legítima a presença do IBAMA em autos de ação civil pública movida com fins de decretação de nulidade de licenciamento ambiental que permitia a instalação de relaminadora de aços no Município de Araucária, não se caracterizando a apontada afronta às Leis 4.771/65 e 6.938/81.
> II – "A conservação do meio ambiente não se prende a situações geográficas ou referências históricas, extrapolando os limites impostos pelo homem. A natureza desconhece fronteiras políticas. Os bens ambientais são transnacionais" (Resp. nº 588.022/SC, Rel. Min. José Delgado, DJ de 5/4/2004).
> III – Recurso parcialmente conhecido e, nessa parte, improvido.
> ACÓRDÃO
> Vistos e relatados os autos em que são partes as acima indicadas, decide a Primeira Turma do Superior Tribunal de Justiça, por unanimidade,

conhecer parcialmente do Recurso Especial e, nessa parte, negar-lhe provimento, na forma do relatório e notas taquigráficas constantes dos autos, que ficam fazendo parte integrante do presente julgado. Os Srs. Ministros Luiz Fux, Teori Albino Zavascki e Denise Arruda votaram contra o Sr. Ministro Relator. Ausente, justificadamente, o Sr. Ministro José Delgado. Custas, como de lei.
Brasília, 25 de abril de 2006.
Ministro Francisco Falcao.

1.3 Rol exemplificativo de atividades sujeitas ao licenciamento ambiental

Para a leitura deste artigo, devemos prestar bastante atenção no dispositivo abaixo.

> Art. 225 – Todos têm direito ao meio ambiente ecologicamente equilibrado, bem de uso comum do povo e essencial à sadia qualidade de vida, impondo-se ao Poder Público e à coletividade o dever de defendê-lo e preservá-lo para as presentes e futuras gerações.
> § 1º – Para assegurar a efetividade desse direito, incumbe ao Poder Público:
> IV – exigir, na forma da lei, para instalação de obra ou atividade potencialmente causadora de significativa degradação do meio ambiente, estudo prévio de impacto ambiental, a que se dará publicidade;

Veja que a Constituição nada disse, expressamente, sobre o licenciamento ambiental. Ela exige a realização do EIA para obra ou atividade causadora de significativa degradação do meio ambiente.

A Resolução nº 237/97 trouxe em seus anexos um rol de diversas atividades que devem passar pelo licenciamento ambiental. Para o candidato, é sempre importante lembrar que o rol previsto em qualquer norma, inclusive a Resolução nº 237/97, sempre será exemplificativo, porque não conseguimos prever todas as atividades degradadoras exaustivamente.

Existem resoluções específicas para atividades que não foram mencionadas na Resolução nº 237. Um exemplo sempre importante é a necessidade da realização de atividades em zona costeira passar pelo licenciamento ambiental conforme previsão expressa na Lei da Política Nacional do Gerenciamento Costeiro (art. 6º da Lei nº 7.661 de 16/7/1998)

1.4 Estudos de impacto ambiental (EIA/RIMA. Art. 225, § 1º, IV, CF/88)

Para assegurar a efetividade do direito ao meio ambiente ecologicamente equilibrado cabe ao poder público (MDEU – Municípios, Distrito Federal, Estados e União) exigir, na forma da lei, para a instalação de obra ou atividade potencialmente causadora de significativa degradação do meio ambiente, estudo prévio de impacto ambiental, a que se dará publicidade.

Preste bastante atenção – o licenciamento é cabível em caso de obras e atividades efetiva ou potencialmente poluidoras, ao passo que o EIA será exigido quando houver possibilidade de significativa degradação, ficando a critério do órgão ambiental dispensá-lo, se esta não for verificada.

Na norma acima, existem alguns conceitos jurídicos indeterminados potencial e significativamente, o que nos leva a entender que não são todas as atividades que estão sujeitas ao estudo prévio de impacto ambiental. O rol previsto no anexo da Resolução 237/97 é taxativo (art. 2º, § 1º), pelas mesmas razões consideradas no item anterior, quanto ao licenciamento ambiental. O art. 2º da Resolução nº 1/86 também contém um rol exemplificativo em que o impacto ambiental é presumido.

O estudo de impacto ambiental (art. 5º da Resolução nº 1/86 do Conama) é vinculado ao licenciamento ambiental. Deve ser apresentado antes da licença prévia (LP) e visa a avaliar impactos e definir medidas mitigadoras e/ou compensatórias, e contemplar informações gerais do empreendimento, da empresa, descrevendo e diagnosticando a área de influência do empreendimento.

Ressaltamos que a Resolução nº 6/97 do Conama estabelece a exigência do EIA para obras de grande porte e que tenham sido instaladas ou estejam em operação antes da Resolução 001/86. Considerado um dos poucos casos de elaboração do EIA posterior à licença prévia (LP), não podemos nos esquecer das atividades que estão degradando o meio ambiente desde a descoberta do território brasileiro. Busca-se adequar ao máximo essas atividades ao atual contexto do desenvolvimento sustentável.

O EIA é um estudo técnico realizado por uma equipe multidisciplinar (profissionais de áreas diversas – engenheiros, arquitetos, geógrafos etc.) e tem como destinatário principal o órgão ambiental competente. A sociedade tem obrigação de defender e preservar o meio ambiente ecologicamente equilibrado, motivo pelo qual deve ser dada publicidade ao Estudo.

Como o EIA tem linguagem técnica, é necessário o esclarecimento de seu objeto, o que se dá através do Relatório do impacto ao meio ambiente (Rima), daí falarmos quase sempre em EIA-Rima como se fosse um instrumento único, o que não é verdade. O Rima (art. 9 parágrafo único da Resolução 001/86 do Conama) é, em uma linguagem simplificada, uma tradução do EIA, refletindo suas conclusões e têm como destinatária a sociedade. Deve, portanto, ser objetivo e em linguagem acessível, pois de nada adianta dar publicidade do EIA-Rima se a sociedade não conseguir entendê-lo.

Para tanto, poderá ser convocada audiência pública (art. 2º da Resolução nº 9/97 do Conama) não somente pelo órgão licenciador, como também pelo Ministério Público, pela sociedade civil organizada ou por 50 (cinquenta) ou mais cidadãos, buscando dar efetividade ao "princípio da participação" em matéria ambiental.

Com o intuito de evitar a realização de estudos de impacto ambientais de forma equivocada, para ser educado, a Lei nº 9.605/98 tipificou como crime o fato de se prestar informações falsas ou enganosas incluídas pela equipe multidisciplinar no EIA/Rima.

2. LEGISLAÇÃO[27]

RESOLUÇÃO Nº 237,
DE 19 DE DEZEMBRO DE 1997

O CONSELHO NACIONAL DO MEIO AMBIENTE – CONAMA, no uso das atribuições e competências que lhe são conferidas

---

27   Legislação importante para compreensão deste capítulo.

pela Lei nº 6.938, de 31 de agosto de 1981, regulamentadas pelo Decreto nº 99.274, de 6 de junho de 1990, e tendo em vista o disposto em seu Regimento Interno, e

CONSIDERANDO a necessidade de revisão dos procedimentos e critérios utilizados no licenciamento ambiental, de forma a efetivar a utilização do sistema de licenciamento como instrumento de gestão ambiental, instituído pela Política Nacional do Meio Ambiente;

CONSIDERANDO a necessidade de se incorporar ao sistema de licenciamento ambiental os instrumentos de gestão ambiental, visando o desenvolvimento sustentável e a melhoria contínua;

CONSIDERANDO as diretrizes estabelecidas na Resolução CONAMA nº 011/94, que determina a necessidade de revisão no sistema de licenciamento ambiental;

CONSIDERANDO a necessidade de regulamentação de aspectos do licenciamento ambiental estabelecidos na Política Nacional de Meio Ambiente que ainda não foram definidos;

CONSIDERANDO a necessidade de ser estabelecido critério para exercício da competência para o licenciamento a que se refere o artigo 10 da Lei nº 6.938, de 31 de agosto de 1981;

CONSIDERANDO a necessidade de se integrar a atuação dos órgãos competentes do Sistema Nacional de Meio Ambiente – SISNAMA na execução da Política Nacional do Meio Ambiente, em conformidade com as respectivas competências, resolve:

Art. 1º – Para efeito desta Resolução são adotadas as seguintes definições:

I – Licenciamento Ambiental: procedimento administrativo pelo qual o órgão ambiental competente licencia a localização, instalação, ampliação e a operação de empreendimentos e atividades utilizadoras de recursos ambientais, consideradas efetiva ou potencialmente poluidoras ou daquelas que, sob qualquer forma, possam causar degradação ambiental, considerando as disposições legais e regulamentares e as normas técnicas aplicáveis ao caso.

II – Licença Ambiental: ato administrativo pelo qual o órgão ambiental competente, estabelece as condições, restrições e medidas de controle ambiental que deverão ser obedecidas pelo empreendedor, pessoa física ou jurídica, para localizar, instalar, ampliar e operar empreendimentos ou atividades utilizadoras dos recursos ambientais consideradas efetiva ou potencialmente poluidoras ou aquelas que, sob qualquer forma, possam causar degradação ambiental.

III – Estudos Ambientais: são todos e quaisquer estudos relativos aos aspectos ambientais relacionados à localização, instalação, operação e ampliação de uma atividade ou empreendimento, apresentado como subsídio para a análise da licença requerida, tais como: relatório ambiental, plano e projeto de controle ambiental, relatório ambiental preliminar, diagnóstico ambiental, plano de manejo, plano de recuperação de área degradada e análise preliminar de risco.

IV – Impacto Ambiental Regional: é todo e qualquer impacto ambiental que afete diretamente (área de influência direta do projeto), no todo ou em parte, **o território de dois ou mais Estados**.

Art. 2º – A localização, construção, instalação, ampliação, modificação e operação de empreendimentos e atividades utilizadoras de recursos ambientais consideradas efetiva ou potencialmente poluidoras, bem como os empreendimentos capazes, sob qualquer forma, de causar degradação ambiental, dependerão de prévio licenciamento do órgão ambiental competente, sem prejuízo de outras licenças legalmente exigíveis.

§ 1º – Estão sujeitos ao licenciamento ambiental os empreendimentos e as atividades relacionadas no Anexo 1, parte integrante desta Resolução.

§ 2º – Caberá ao órgão ambiental competente definir os critérios de exigibilidade, o detalhamento e a complementação do Anexo 1, levando em consideração as especificidades, os riscos ambientais, o porte e outras características do empreendimento ou atividade.

Art. 3º – A licença ambiental para empreendimentos e atividades consideradas efetiva ou potencialmente causadoras de significativa degradação do meio dependerá de prévio estudo de impacto ambiental e respectivo relatório de impacto sobre o meio ambiente (EIA/RIMA), ao qual dar-se-á publicidade, garantida a realização de audiências públicas, quando couber, de acordo com a regulamentação.

Parágrafo Único. O órgão ambiental competente, verificando que a atividade ou empreendimento não é potencialmente causador de significativa degradação do meio ambiente, definirá os estudos ambientais pertinentes ao respectivo processo de licenciamento.

Art. 4º – Compete ao Instituto Brasileiro do Meio Ambiente e dos Recursos Naturais Renováveis – IBAMA, órgão executor do SISNAMA, o licenciamento ambiental, a que se refere o artigo 10 da Lei nº 6.938, de 31 de agosto de 1981, de empreendimentos e atividades com significativo impacto ambiental de âmbito nacional ou regional, a saber:

I – localizadas ou desenvolvidas conjuntamente no Brasil e em país limítrofe; no mar territorial; na plataforma continental; na zona econômica exclusiva; em terras indígenas ou em unidades de conservação do domínio da União.

II – localizadas ou desenvolvidas em dois ou mais Estados;

III – cujos impactos ambientais diretos ultrapassem os limites territoriais do País ou de um ou mais Estados;

IV – destinados a pesquisar, lavrar, produzir, beneficiar, transportar, armazenar e dispor material radioativo, em qualquer estágio, ou que utilizem energia nuclear em qualquer de suas formas e aplicações, mediante parecer da Comissão Nacional de Energia Nuclear – CNEN;

V – bases ou empreendimentos militares, quando couber, observada a legislação específica.

§ 1º – O IBAMA fará o licenciamento de que trata este artigo após considerar o exame técnico procedido pelos órgãos ambientais dos Estados e Municípios em que se localizar a atividade ou empreendimento, bem como, quando couber, o parecer dos demais órgãos competentes da União, dos Estados, do Distrito Federal e dos Municípios, envolvidos no procedimento de licenciamento.

§ 2º – O IBAMA, ressalvada sua competência supletiva, poderá delegar aos Estados o licenciamento de atividade com significativo impacto ambiental de âmbito regional, uniformizando, quando possível, as exigências.

Art. 5º – Compete ao órgão ambiental estadual ou do Distrito Federal o licenciamento ambiental dos empreendimentos e atividades:

I – localizados ou desenvolvidos em mais de um Município ou em unidades de conservação de domínio estadual ou do Distrito Federal;

II – localizados ou desenvolvidos nas florestas e demais formas de vegetação natural de preservação permanente relacionadas no artigo 2º da Lei nº 4.771, de 15 de setembro de 1965, e em todas as que assim forem consideradas por normas federais, estaduais ou municipais;

III – cujos impactos ambientais diretos ultrapassem os limites territoriais de um ou mais Municípios;

IV – delegados pela União aos Estados ou ao Distrito Federal, por instrumento legal ou convênio.

Parágrafo Único. O órgão ambiental estadual ou do Distrito Federal fará o licenciamento de que trata este artigo após considerar o exame técnico procedido pelos órgãos ambientais dos Municípios em que se localizar a atividade ou empreendimento, bem como, quando couber, oparecer dos demais órgãos competentes da União, dos Estados, do Distrito Federal e dos Municípios, envolvidos no procedimento de licenciamento.

Art. 6º – Compete ao órgão ambiental municipal, ouvidos os órgãos competentes da União, dos Estados e do Distrito Federal, quando couber, o licenciamento ambiental de empreendimentos e atividades de impacto ambiental local e daquelas que lhe forem delegadas pelo Estado por instrumento legal ou convênio.

Art. 7º – Os empreendimentos e atividades serão licenciados em um único nível de competência, conforme estabelecido nos artigos anteriores.

Art. 8º – O Poder Público, no exercício de sua competência de controle, expedirá as seguintes licenças:

I – Licença Prévia (LP) – concedida na fase preliminar do planejamento do empreendimento ou atividade aprovando sua localização e concepção, atestando a viabilidade ambiental e estabelecendo os requisitos básicos e condicionantes a serem atendidos nas próximas fases de sua implementação;

II – Licença de Instalação (LI) – autoriza a instalação do empreendimento ou atividade de acordo com as especificações constantes dos planos, programas e projetos aprovados, incluindo as medidas de controle ambiental e demais condicionantes, da qual constituem motivo determinante;

III – Licença de Operação (LO) – autoriza a operação da atividade ou empreendimento, após a verificação do efetivo cumprimento do que consta das licenças anteriores, com as medidas de controle ambiental e condicionantes determinados para a operação.

Parágrafo Único. As licenças ambientais poderão ser expedidas isolada ou sucessivamente, de acordo com a natureza, características e fase do empreendimento ou atividade.

Art. 9º – O CONAMA definirá, quando necessário, licenças ambientais específicas, observadas a natureza, características e peculiaridades da atividade ou empreendimento e, ainda, a compatibilização do processo de licenciamento com as etapas de planejamento, implantação e operação.

Art. 10 – O procedimento de licenciamento ambiental obedecerá às seguintes etapas:

I – Definição pelo órgão ambiental competente, com a participação do empreendedor, dos documentos, projetos e estudos ambientais, necessários ao início do processo de licenciamento correspondente à licença a ser requerida;

II – Requerimento da licença ambiental pelo empreendedor, acompanhado dos documentos, projetos e estudos ambientais pertinentes, dando-se a devida publicidade;

III – Análise pelo órgão ambiental competente, integrante do SISNAMA, dos documentos, projetos e estudos ambientais apresentados e a realização de vistorias técnicas, quando necessárias;

IV – Solicitação de esclarecimentos e complementações pelo órgão ambiental competente, integrante do SISNAMA, uma única vez, em decorrência da análise dos documentos, projetos e estudos ambientais apresentados, quando couber, podendo haver a reiteração da mesma solicitação caso os esclarecimentos e complementações não tenham sido satisfatórios;

V – Audiência pública, quando couber, de acordo com a regulamentação pertinente;

VI – Solicitação de esclarecimentos e complementações pelo órgão ambiental competente, decorrentes de audiências públicas, quando couber, podendo haver reiteração da solicitação quando os esclarecimentos e complementações não tenham sido satisfatórios;

VII – Emissão de parecer técnico conclusivo e, quando couber, parecer jurídico;

VIII – Deferimento ou indeferimento do pedido de licença, dando-se a devida publicidade.

§ 1º – No procedimento de licenciamento ambiental deverá constar, obrigatoriamente, a certidão da Prefeitura Municipal, declarando que o local e o tipo de empreendimento ou atividade estão em conformidade com a legislação aplicável ao uso e ocupação do solo e, quando for o caso, a autorização para supressão de vegetação e a outorga para o uso da água, emitidas pelos órgãos competentes.

§ 2º – No caso de empreendimentos e atividades sujeitos ao estudo de impacto ambiental – EIA, se verificada a necessidade de nova complementação em decorrência de esclarecimentos já prestados, conforme incisos IV e VI, o órgão ambiental competente, mediante decisão motivada e com a participação do empreendedor, poderá formular novo pedido de complementação.

Art. 11 – Os estudos necessários ao processo de licenciamento deverão ser realizados por profissionais legalmente habilitados, às expensas do empreendedor.

Parágrafo Único. O empreendedor e os profissionais que subscrevem os estudos previstos no caput deste artigo serão responsáveis pelas informações apresentadas, sujeitando-se às sanções administrativas, civis e penais.

Art. 12 – O órgão ambiental competente definirá, se necessário, procedimentos específicos para as licenças ambientais, observadas a natureza, características e peculiaridades da atividade ou empreendimento e, ainda, a compatibilização do processo de licenciamento com as etapas de planejamento, implantação e operação.

§ 1º – Poderão ser estabelecidos procedimentos simplificados para as atividades e empreendimentos de pequeno potencial de impacto ambiental, que deverão ser aprovados pelos respectivos Conselhos de Meio Ambiente.

§ 2º – Poderá ser admitido um único processo de licenciamento ambiental para pequenos empreendimentos e atividades similares e vizinhos ou para aqueles integrantes de planos de desenvolvimento aprovados, previamente, pelo órgão governamental competente, desde que definida a responsabilidade legal pelo conjunto de empreendimentos ou atividades.

§ 3º – Deverão ser estabelecidos critérios para agilizar e simplificar os procedimentos de licenciamento ambiental das atividades e empreendimentos que implementem planos e programas voluntários de gestão ambiental, visando a melhoria contínua e o aprimoramento do desempenho ambiental.

Art. 13 – O custo de análise para a obtenção da licença ambiental deverá ser estabelecido por dispositivo legal, visando o ressarcimento, pelo empreendedor, das despesas realizadas pelo órgão ambiental competente.

Parágrafo Único. Facultar-se-á ao empreendedor acesso à planilha de custos realizados pelo órgão ambiental para a análise da licença.

Art. 14 – O órgão ambiental competente poderá estabelecer prazos de análise diferenciados para cada modalidade de licença (LP, LI e LO), em função das peculiaridades da atividade ou empreendimento, bem como para a formulação de exigências complementares, desde que observado o prazo máximo de 6 (seis) meses a contar do ato de protocolar o requerimento até seu deferimento ou indeferimento, ressalvados os casos em que houver EIA/RIMA e/ou audiência pública, quando o prazo será de até 12 (doze) meses.

§ 1º – A contagem do prazo previsto no *caput* deste artigo será suspensa durante a elaboração dos estudos ambientais complementares ou preparação de esclarecimentos pelo empreendedor.

§ 2º – Os prazos estipulados no *caput* poderão ser alterados, desde que justificados e com a concordância do empreendedor e do órgão ambiental competente.

Art. 15 – O empreendedor deverá atender à solicitação de esclarecimentos e complementações, formuladas pelo órgão ambiental competente, dentro do prazo máximo de 4 (quatro) meses, a contar do recebimento da respectiva notificação

Parágrafo Único. O prazo estipulado no *caput* poderá ser prorrogado, desde que justificado e com a concordância do empreendedor e do órgão ambiental competente.

Art. 16 – O não cumprimento dos prazos estipulados nos artigos 14 e 15, respectivamente, sujeitará o licenciamento à ação do órgão que detenha competência para atuar supletivamente e o empreendedor ao arquivamento de seu pedido de licença.

Art. 17 – O arquivamento do processo de licenciamento não impedirá a apresentação de novo requerimento de licença, que deverá obedecer aos procedimentos estabelecidos no artigo 10, mediante novo pagamento de custo de análise.

Art. 18 – O órgão ambiental competente estabelecerá os prazos de validade de cada tipo de licença, especificando-os no respectivo documento, levando em consideração os seguintes aspectos:

I – O prazo de validade da Licença Prévia (LP) deverá ser, no mínimo, o estabelecido pelo cronograma de elaboração dos planos, programas e projetos relativos ao empreendimento ou atividade, não podendo ser superior a 5 (cinco) anos.

II – O prazo de validade da Licença de Instalação (LI) deverá ser, no mínimo, o estabelecido pelo cronograma de instalação do empreendimento ou atividade, não podendo ser superior a 6 (seis) anos.

III – O prazo de validade da Licença de Operação (LO) deverá considerar os planos de controle ambiental e será de, no mínimo, 4 (quatro) anos e, no máximo, 10 (dez) anos.

§ 1º – A Licença Prévia (LP) e a Licença de Instalação (LI) poderão ter os prazos de validade prorrogados, desde que não ultrapassem os prazos máximos estabelecidos nos incisos I e II.

§ 2º – O órgão ambiental competente poderá estabelecer prazos de validade específicos para a Licença de Operação (LO) de empreendimentos ou atividades que, por sua natureza e peculiaridades, estejam sujeitos a encerramento ou modificação em prazos inferiores.

§ 3º – Na renovação da Licença de Operação (LO) de uma atividade ou empreendimento, o órgão ambiental competente poderá, mediante decisão motivada, aumentar ou diminuir o seu prazo de validade, após avaliação do desempenho ambiental da atividade ou empreendimento no período de vigência anterior, respeitados os limites estabelecidos no inciso III.

§ 4º – A renovação da Licença de Operação(LO) de uma atividade ou empreendimento deverá ser requerida com antecedência mínima de 120 (cento e vinte) dias da expiração de seu prazo de validade, fixado na respectiva licença, ficando este automaticamente prorrogado até a manifestação definitiva do órgão ambiental competente.

Art. 19 – O órgão ambiental competente, mediante decisão motivada, poderá modificar os condicionantes e as medidas de controle e adequação, suspender ou cancelar uma licença expedida, quando ocorrer:

I – Violação ou inadequação de quaisquer condicionantes ou normas legais.

II – Omissão ou falsa descrição de informações relevantes que subsidiaram a expedição da licença.

III – superveniência de graves riscos ambientais e de saúde.

Art. 20 – Os entes federados, para exercerem suas competências licenciatórias, deverão ter implementados os Conselhos de Meio Ambiente, com caráter deliberativo e participação social e, ainda, possuir em seus quadros ou a sua disposição profissionais legalmente habilitados.

Art. 21 – Esta Resolução entra em vigor na data de sua publicação, aplicando seus efeitos aos processos de licenciamento em tramitação nos órgãos ambientais competentes, revogadas as disposições em contrário, em especial os artigos 3º e 7º da Resolução CONAMA nº 001, de 23 de janeiro de 1986.

GUSTAVO KRAUSE GONÇALVES SOBRINHO
Presidente
Raimundo Deusdará Filho
Secretário-Executivo

ANEXO 1
ATIVIDADES OU EMPREENDIMENTOS SUJEITAS
AO LICENCIAMENTO AMBIENTAL
(Lista Exemplificativa – Comentário nosso)

Extração e tratamento de minerais
– pesquisa mineral com guia de utilização
– lavra a céu aberto, inclusive de aluvião, com ou sem beneficiamento
– lavra subterrânea com ou sem beneficiamento
– lavra garimpeira
– perfuração de poços e produção de petróleo e gás natural

Indústria de produtos minerais não metálicos
– beneficiamento de minerais não metálicos, não associados à extração
– fabricação e elaboração de produtos minerais não metálicos tais como: produção de material cerâmico, cimento, gesso, amianto e vidro, entre outros.

Indústria metalúrgica
– fabricação de aço e de produtos siderúrgicos
– produção de fundidos de ferro e aço/forjados/arames/relaminados com ou sem tratamento de superfície, inclusive galvanoplastia
– metalurgia dos metais não-ferrosos, em formas primárias e secundárias, inclusive ouro
– produção de laminados/ligas/artefatos de metais não ferrosos com ou sem tratamento de superfície, inclusive galvanoplastia
– relaminação de metais não-ferrosos, inclusive ligas
– produção de soldas e anodos
– metalurgia de metais preciosos
– metalurgia do pó, inclusive peças moldadas
– fabricação de estruturas metálicas com ou sem tratamento de superfície, inclusive galvanoplastia
– fabricação de artefatos de ferro/aço e de metais não-ferrosos com ou sem tratamento de superfície, inclusive galvanoplastia

– têmpera e cementação de aço, recozimento de arames, tratamento de superfície

Indústria mecânica
– fabricação de máquinas, aparelhos, peças, utensílios e acessórios com e sem tratamento térmico e/ou de superfície

Indústria de material elétrico, eletrônico e comunicações
– fabricação de pilhas, baterias e outros acumuladores
– fabricação de material elétrico, eletrônico e equipamentos para telecomunicação e informática
– fabricação de aparelhos elétricos e eletrodomésticos

Indústria de material de transporte
– fabricação e montagem de veículos rodoviários e ferroviários, peças e acessórios
– fabricação e montagem de aeronaves
– fabricação e reparo de embarcações e estruturas flutuantes

Indústria de madeira
– serraria e desdobramento de madeira
– preservação de madeira
– fabricação de chapas, placas de madeira aglomerada, prensada e compensada
– fabricação de estruturas de madeira e de móveis

Indústria de papel e celulose
– fabricação de celulose e pasta mecânica
– fabricação de papel e papelão
– fabricação de artefatos de papel, papelão, cartolina, cartão e fibra prensada

Indústria de borracha
– beneficiamento de borracha natural
– fabricação de câmara de ar e fabricação e recondicionamento de pneumáticos
– fabricação de laminados e fios de borracha
– fabricação de espuma de borracha e de artefatos de espuma de borracha, inclusive látex

Indústria de couros e peles
– secagem e salga de couros e peles
– curtimento e outras preparações de couros e peles
– fabricação de artefatos diversos de couros e peles
– fabricação de cola animal

Indústria química
- produção de substâncias e fabricação de produtos químicos
- fabricação de produtos derivados do processamento de petróleo, de rochas betuminosas e da madeira
- fabricação de combustíveis não derivados de petróleo
- produção de óleos/gorduras/ceras vegetais-animais/óleos essenciais vegetais e outros produtos da destilação da madeira
- fabricação de resinas e de fibras e fios artificiais e sintéticos e de borracha e látex sintéticos
- fabricação de pólvora/explosivos/detonantes/munição para caça-desporto, fósforo de segurança e artigos pirotécnicos
- recuperação e refino de solventes, óleos minerais, vegetais e animais
- fabricação de concentrados aromáticos naturais, artificiais e sintéticos
- fabricação de preparados para limpeza e polimento, desinfetantes, inseticidas, germicidas e fungicidas
- fabricação de tintas, esmaltes, lacas, vernizes, impermeabilizantes, solventes e secantes
- fabricação de fertilizantes e agroquímicos
- fabricação de produtos farmacêuticos e veterinários
- fabricação de sabões, detergentes e velas
- fabricação de perfumarias e cosméticos
- produção de álcool etílico, metanol e similares

Indústria de produtos de matéria plástica
- fabricação de laminados plásticos
- fabricação de artefatos de material plástico

Indústria têxtil, de vestuário, calçados e artefatos de tecidos
- beneficiamento de fibras têxteis, vegetais, de origem animal e sintéticos
- fabricação e acabamento de fios e tecidos
- tingimento, estamparia e outros acabamentos em peças do vestuário e artigos diversos de tecidos
- fabricação de calçados e componentes para calçados

Indústria de produtos alimentares e bebidas
- beneficiamento, moagem, torrefação e fabricação de produtos alimentares
- matadouros, abatedouros, frigoríficos, charqueadas e derivados de origem animal
- fabricação de conservas

- preparação de pescados e fabricação de conservas de pescados
- preparação, beneficiamento e industrialização de leite e derivados
- fabricação e refinação de açúcar
- refino/preparação de óleo e gorduras vegetais
- produção de manteiga, cacau, gorduras de origem animal para alimentação
- fabricação de fermentos e leveduras
- fabricação de rações balanceadas e de alimentos preparados para animais
- fabricação de vinhos e vinagre
- fabricação de cervejas, chopes e maltes
- fabricação de bebidas não alcoólicas, bem como engarrafamento e gaseificação de águas minerais
- fabricação de bebidas alcoólicas

Indústria de fumo
- fabricação de cigarros/charutos/cigarrilhas e outras atividades de beneficiamento do fumo

Indústrias diversas
- usinas de produção de concreto
- usinas de asfalto
- serviços de galvanoplastia

Obras civis
- rodovias, ferrovias, hidrovias, metropolitanos
- barragens e diques
- canais para drenagem
- retificação de curso de água
- abertura de barras, embocaduras e canais
- transposição de bacias hidrográficas
- outras obras de arte

Serviços de utilidade
- produção de energia termoelétrica
- transmissão de energia elétrica
- estações de tratamento de água
- interceptores, emissários, estação elevatória e tratamento de esgoto sanitário
- tratamento e destinação de resíduos industriais (líquidos e sólidos)
- tratamento/disposição de resíduos especiais tais como: de agroquímicos e suas embalagens usadas e de serviço de saúde, entre outros

- tratamento e destinação de resíduos sólidos urbanos, inclusive aqueles provenientes de fossas
- dragagem e derrocamentos em corpos d'água
- recuperação de áreas contaminadas ou degradadas

Transporte, terminais e depósitos
- transporte de cargas perigosas
- transporte por dutos
- marinas, portos e aeroportos
- terminais de minério, petróleo e derivados e produtos químicos
- depósitos de produtos químicos e produtos perigosos

Turismo
- complexos turísticos e de lazer, inclusive parques temáticos e autódromos

Atividades diversas
- parcelamento do solo
- distrito e pólo industrial

Atividades agropecuárias
- projeto agrícola
- criação de animais
- projetos de assentamentos e de colonização

Uso de recursos naturais
- silvicultura
- exploração econômica da madeira ou lenha e subprodutos florestais
- atividade de manejo de fauna exótica e criadouro de fauna silvestre
- utilização do patrimônio genético natural
- manejo de recursos aquáticos vivos
- introdução de espécies exóticas e/ou geneticamente modificadas
- uso da diversidade biológica pela biotecnologia

RESOLUÇÃO CONAMA Nº 9,
DE 3 DE DEZEMBRO DE 1987

O CONSELHO NACIONAL DO MEIO AMBIENTE – CONAMA, no uso das atribuições que lhe conferem o Inciso II, do art. 7º do Decreto nº 88.351, de 1º de julho de 1983, e tendo em vista o disposto na RESOLUÇÃO/CONAMA nº 1, de 23 de janeiro de 1986.

RESOLVE:

Art. 1º – A Audiência Pública referida na RESOLUÇÃO CONAMA nº 1/86, tem por finalidade expor aos interessados o conteúdo do produto em análise e do seu referido RIMA, dirimindo dúvidas e recolhendo dos presentes as críticas e sugestões a respeito.

Art. 2º – Sempre que julgar necessário, ou quando for solicitado pôr entidade civil, pelo Ministério Público, ou por 50 (cinquenta) ou mais cidadãos, o Órgão do Meio Ambiente promoverá a realização de Audiência Pública.

§ 1º – O Órgão de Meio Ambiente, a partir da data do recebimento do RIMA, fixará em edital e anunciará pela imprensa local a abertura do prazo que será no mínimo de 45 dias para solicitação de audiência pública.

§ 2º – No caso de haver solicitação de audiência pública e na hipótese do Órgão Estadual não realizá-la, a licença não terá validade.

§ 3º – Após este prazo, a convocação será feita pelo Órgão licenciador, através de correspondência registrada aos solicitantes e da divulgação em órgãos da imprensa local.

§ 4º – A audiência pública deverá ocorrer em local acessível aos interessados.

§ 5º – Em função da localização geográfica dos solicitantes se da complexidade do tema, poderá haver mais de uma audiência pública sobre o mesmo projeto e respectivo Relatório de Impacto Ambiental – RIMA.

Art. 3º – A audiência pública será dirigida pelo representante do Órgão licenciador que, após a exposição objetiva do projeto e o seu respectivo RIMA, abrirá as discussões com os interessados presentes.

Art. 4º – Ao final de cada audiência pública lavrada uma ata sucinta.

Parágrafo Único. Serão anexadas à ata, todos os documentos escritos e assinados que forem entregues ao presidente dos trabalhos durante a seção.

Art. 5º – A ata da(s) Audiência(s) Pública(s) e seus anexos, servirão de base, juntamente com o RIMA, para a análise e parecer final do licenciador quanto à aprovação ou não do projeto.

Art. 6º – Esta resolução entra em vigor na data de sua publicação.

QUESTÕES DE CONCURSOS

(Defensoria Pública de São Paulo – 2006) O licenciamento ambiental é feito em três etapas distintas, conforme a outorga das li-

cenças prévia, de instalação e de operação. A licença de instalação não poderá ultrapassar:
a) 10 anos;
b) 6 anos;
c) 5 anos;
d) 3 anos;
e) 2 anos.

Resposta: a alternativa correta é "B".

(Defensoria Pública de São Paulo – 2006) A concessão de licença ambiental não prevê realização prévia de audiência Pública, exceto quando o órgão competente para a licença julgar necessário, quando assim o exigir o Ministério Público ou requerida ao órgão ambiental ou por:
a) pelo menos 0,5% dos cidadãos do Município atingido;
b) mais de 1% dos cidadãos residentes no Município atingido;
c) pelo menos 1% dos eleitores do Município atingido;
d) mais de 100 eleitores;
e) 50 ou mais cidadãos.

Resposta: a alternativa correta é "E".

(TJ/PR – 2010 – Juiz) Em um pequeno bairro, identifica-se a contaminação de um lago e do lençol freático (águas subterrâneas) em seu entorno. A população local também é afetada pela contaminação das águas devido a seu consumo. Nas proximidades existem 5 (cinco) indústrias/empresas que utilizam os mesmos produtos químicos identificados nas águas contaminadas. Considerando as regras aplicáveis à Ação Civil Pública e a responsabilidade civil em matéria ambiental, é CORRETO afirmar que:
a) Todas as indústrias/empresas deverão figurar no polo passivo de Ação Civil Pública, pois é necessário que sejam responsabilizadas na medida de sua culpa.
b) A população afetada pelas águas contaminadas terá de comprovar a existência de dolo ou culpa das indústrias/empresas, na contaminação, para que possa ser indenizada.

c) As indústrias/empresas que comprovarem que estavam operando dentro dos parâmetros legais e do Licenciamento Ambiental têm afastada sua responsabilidade civil diante da legalidade da operação.

d) A indústria/empresa acionada individualmente em Ação Civil Pública pode vir a ser condenada a reparar todos danos ambientais e individuais causados, desde que se demonstre sua participação na contaminação, ainda que outras tenham contribuído, restando-lhe direito de regresso.

Resposta: a alternativa correta é "C".

(TJ/PR – 2010 – Juiz) O processo de Licenciamento Ambiental de uma pequena fábrica é iniciado junto ao Órgão Ambiental Estadual. Questionamentos quanto ao Licenciamento são levantados. Após analisar quais das assertivas a seguir são verdadeiras e quais são falsas, de acordo com as regras inerentes aos instrumentos de Licenciamento Ambiental e EIA/RIMA, marque a alternativa CORRETA:

( ) A primeira Licença a ser requerida é a de Instalação.

( ) Para o Licenciamento Ambiental, será exigido Estudo Prévio de Impacto Ambiental e respectivo Relatório de Impacto ao Meio Ambiente – EIA/RIMA–, caso o empreendimento se enquadre nas hipóteses assim previstas em Resoluções CONAMA ou ainda caso o empreendimento possa apresentar significativo impacto ambiental.

( ) O EIA/RIMA é exigido pelo Órgão Ambiental competente para o licenciamento somente após o deferimento da Licença de Instalação.

( ) Informações falsas ou enganosas incluídas pela equipe multidisciplinar no EIA/RIMA caracterizam crime previsto expressamente na Lei nº 9.605/98.

a) V, F, F, V
b) F, V, V, F
c) V, V, V, F
d) F, V, F, V

Resposta: a alternativa correta é "D".

(FCC – 2010 – TCE/AP – Procurador) De acordo com a sistemática atualmente vigente relativamente ao licenciamento ambiental e ao estudo de impacto ambiental (EIA),
   a) ambos são exigíveis para qualquer obra ou atividade, por expressa disposição constitucional.
   b) ambos são exigíveis em obras ou atividades potencialmente causadoras de poluição, independentemente da decisão do órgão ambiental.
   c) o licenciamento é cabível em caso de obras e atividades efetiva ou potencialmente poluidoras, ao passo que o EIA será exigido quando houver possibilidade de significativa degradação, ficando a critério do órgão ambiental dispensá-lo, se esta não for verificada.
   d) o licenciamento é cabível em caso de obras e atividades efetiva ou potencialmente poluidoras, ao passo que o EIA será exigido quando houver possibilidade de significativa degradação, a critério do empreendedor.
   e) as hipóteses de licenciamento e de exigência do EIA são tipificadas em resoluções do Conselho Nacional do Meio Ambiente – CONAMA, sem espaço para decisões por parte do empreendedor ou do órgão ambiental.

Resposta: a alternativa correta é "C".

(FGV – 2010 – CAERN – Engenheiro Mecânico) A última etapa do licenciamento ambiental de um empreendimento é o(a)
   a) Estudo de Impacto Ambiental.
   b) Licença de Instalação.
   c) Licença de Operação.
   d) Licença Prévia.
   e) Relatório de Impacto Ambiental.

Resposta: a alternativa correta é "C".

(CESPE – 2009 – ANTAQ – Especialista em Regulação – Engenharia Civil) Compete ao IBAMA o licenciamento ambiental dos

empreendimentos e atividades localizados ou desenvolvidos nas florestas e demais formas de vegetação natural de preservação permanente, relacionadas em artigo de legislação específica, e em todas as que assim forem consideradas por normas federais, estaduais ou municipais.
( ) Certo ( ) Errado

Resposta: a alternativa é "Errado".

(CESPE – 2009 – ANTAQ – Especialista em Regulação – Engenharia Civil) O requerimento da licença ambiental pelo empreendedor, acompanhado dos documentos, projetos e estudos ambientais pertinentes, dando-se a devida publicidade, é uma das etapas requeridas no procedimento de licenciamento ambiental.
( ) Certo ( ) Errado

Resposta: a alternativa é "Certo".

(CESPE – 2009 – ANTAQ – Especialista em Regulação – Engenharia Civil) Com relação à Resolução CONAMA nº 237/1997, julgue os itens a seguir.
Entre outras atribuições, compete ao IBAMA o licenciamento ambiental a que se refere artigo de lei específica, relacionada a empreendimentos e atividades com significativo impacto ambiental, cujos impactos diretos ultrapassem os limites territoriais do país ou de um ou mais estados.
( ) Certo ( ) Errado

Resposta: a alternativa é "Certo".

(FUNIVERSA – 2010 – MPE/GO – Engenheiro Ambiental) O licenciamento ambiental, instrumento da Política Nacional do Meio Ambiente, é procedimento administrativo essencial para a proteção do meio ambiente. Nesse aspecto, nos termos da Lei de Política Nacional do Meio Ambiente e das Resoluções do CONAMA aplicáveis, assinale a alternativa correta.
    a) O licenciamento é uma atividade opcional para a construção de barragens de hidroeletricidade.

b) O licenciamento pode ser realizado por meio de uma única licença.
c) As licenças já concedidas não podem ser modificadas pelo poder público.
d) O licenciamento deve ser feito sempre por órgão federal.
e) A análise da viabilidade ambiental de um projeto de empreendimento é feita, em um primeiro momento, pela licença prévia.

Resposta: a alternativa correta é "E".

(VUNESP – 2009 – CETESB – Engenheiro Civil) O ato administrativo pelo qual o órgão ambiental competente estabelece as condições, restrições e medidas de controle ambiental que deverão ser obedecidas pelo empreendedor, pessoa física ou jurídica, para localizar, instalar, ampliar e operar empreendimentos ou atividades utilizadoras dos recursos ambientais consideradas efetiva ou potencialmente poluidoras ou aquelas que, sob qualquer forma, possam causar degradação ambiental, é denominado:
a) outorga de implantação de empreendimento.
b) plano de recursos hídricos.
c) licenciamento ambiental.
d) licença ambiental.
e) parecer técnico florestal.

Resposta: a alternativa correta é "D".

(VUNESP – 2009 – CETESB – Advogado) Diante da Resolução CONAMA nº 237, de 19 de dezembro de 1997, pode-se dizer que:
a) as licenças ambientais poderão ser expedidas isolada ou sucessivamente, de acordo com a natureza, características e fase do empreendimento ou atividade.
b) a licença prévia (LP) visa a autorizar a instalação do empreendimento ou atividade, de acordo com as especificações constantes dos planos, programas e projetos aprovados, incluindo as medidas de controle ambiental e demais condicionantes, da qual constituem motivo dominante.

c) a audiência pública é etapa obrigatória e inicial do processo de licenciamento ambiental.
d) os estudos necessários ao processo de licenciamento deverão ser realizados por profissionais credenciados no órgão ambiental competente e sob as expensas deste.
e) o órgão ambiental competente não poderá cancelar uma licença expedida se esta estiver dentro de seu prazo de validade.

Resposta: a alternativa correta é "A".

(FGV – 2008 – TJ/PA – Juiz) Analise as afirmativas a seguir:

I – Iniciar a construção, a instalação, a ampliação, a reforma ou o funcionamento de estabelecimentos, obras ou serviços potencialmente poluidores sem a prévia obtenção de licença ambiental constitui infração administrativa ambiental.

II – Compete aos órgãos ambientais estaduais competentes o licenciamento ambiental de atividades localizadas ou desenvolvidas em dois ou mais Estados.

III – O Estudo Prévio de Impacto Ambiental e seu respectivo Relatório de Impacto Ambiental (EIA/Rima) devem ser exigidos e apresentados antes da concessão da Licença Prévia, fase do licenciamento ambiental em que é analisada a localização e viabilidade ambiental do projeto.

IV – As audiências públicas realizadas no âmbito dos procedimentos de licenciamento ambiental destinam-se a fornecer informações sobre o projeto e seus impactos ambientais, bem como a possibilitar a discussão e o debate sobre o Relatório de Impacto Ambiental. As críticas e sugestões manifestadas durante as audiências públicas vinculam a decisão do órgão ambiental competente a respeito da concessão da licença ambiental ou do seu indeferimento.

Assinale:
a) se somente as afirmativas I e II estiverem corretas.
b) se somente as afirmativas I e III estiverem corretas.
c) se somente as afirmativas II e IV estiverem corretas.
d) se somente as afirmativas III e IV estiverem corretas.
e) se todas as afirmativas estiverem corretas.

Resposta: a alternativa correta é "B".

(FGV – 2008 – TJ/PA – Juiz) A respeito do licenciamento ambiental e do Estudo Prévio de Impacto Ambiental, assinale a afirmativa INCORRETA.

a) É possível a dispensa de licenciamento ambiental para obras públicas potencialmente poluidoras de relevante interesse social.

b) O Estudo Prévio de Impacto Ambiental é obrigatório somente nos procedimentos de licenciamento ambiental de atividades potencialmente causadoras de significativa degradação do meio ambiente.

c) A realização de audiência pública poderá ser requerida por entidade civil, pelo Ministério Público ou por 50 ou mais cidadãos.

d) No procedimento de licenciamento ambiental, são expedidas, em regra, licença prévia, licença de instalação e licença de operação.

e) Os estudos ambientais necessários à análise dos pedidos de licenciamento ambiental são realizados às expensas do empreendedor.

Resposta: a alternativa incorreta é "A".

(CESPE – 2009 – PGE/PE – Procurador de Estado) O licenciamento ambiental, instrumento da Política Nacional do Meio Ambiente, é procedimento administrativo pelo qual o órgão ambiental competente licencia a localização, instalação, ampliação e operação de empreendimentos e atividades utilizadoras de recursos ambientais. Acerca da configuração jurídica do licenciamento nos termos da Resolução nº 237/1997 do CONAMA, é correto afirmar que

a) o licenciamento é obrigatório somente para as atividades arroladas no anexo da Resolução nº 237/1997.

b) o licenciamento não consubstancia o exercício do poder de polícia.

c) o licenciamento pode ser realizado por meio de uma única licença que agregue a concepção, instalação e operação do empreendimento.

d) os prazos máximos de vigência para as licenças prévia, de instalação e de operação são distintos.

e) o órgão ambiental não pode, por decisão motivada, modificar licenças já concedidas.

Resposta: a alternativa correta é "D".

(FCC – 2010 – TCM/CE – Analista de Controle Externo – Inspeção de Obras Públicas) A Lei nº 6.938, de 31/8/1981, disciplina o sistema de licenciamento ambiental, em nível nacional, tornando-o obrigatório em todo o país. A referida lei deu origem ao chamado sistema da tríplice licença, instituído por meio da Resolução CONAMA nº 237, de 19/12/1997. A fase denominada Licença Prévia (LP) caracteriza-se por:

a) ser uma fase preliminar do planejamento da atividade, contendo requisitos básicos a serem atendidos nas fases de localização, instalação e operação, observando os planos municipais, estaduais e federais de uso do solo. É nessa fase que deve ser solicitado, quando necessário, o estudo de impacto ambiental (EIA).

b) autorizar o início da implantação, de acordo com as especificações constantes do projeto executivo aprovado segundo os planos municipais, estaduais e federais de uso do solo. É nessa fase que deve ser solicitado, quando necessário, o estudo de impacto ambiental (EIA).

c) autorizar o início da operação da atividade licenciada, de acordo com o estabelecimento das diretrizes prévias acerca do uso do solo nos âmbitos municipal, estadual e federal.

d) ser uma fase preliminar de levantamento de documentação e cadastro junto aos órgãos municipais, estaduais e federais, preocupando-se, principalmente, em autorizar o início de operação da atividade licenciada e, quando necessário, da quebra do sigilo industrial.

e) licenciar, exclusivamente, estabelecimentos destinados a produzir materiais nucleares ou a utilizar energia nuclear. É nessa fase que deve ser solicitado, quando necessário, o estudo de impacto ambiental (EIA).

Resposta: a alternativa correta é "A".

CAPÍTULO 6

Responsabilidade ambiental. Conceito de dano. A reparação do dano ambiental

1. RESPONSABILIDADE CIVIL. DANO

Dano é a lesão a algum bem jurídico. Segundo a doutrina, o dano pode ser caracterizado por duas teorias: a primeira trata da diferença no patrimônio do lesado, antes e após o acontecimento do dano; e a segunda, a do interesse,[28] trata de interesses juridicamente protegidos.

2. CONCEITUAÇÃO DE DANO AMBIENTAL

Existem várias definições de "dano ambiental", assim como várias definições do que seja "meio ambiente". A dúvida nesta última expressão leva à existência de ambivalência naquela. Os autores vão tentar expor as definições pertinentes à lesão dos bens jurídicos individuais que compõem o meio ambiente (água, fauna, flora), ou então ao meio ambiente como bem jurídico autônomo. Marcelo Abelha[29] afirma que existe o dano ambiental, quando há lesão ao equilíbrio ecológico decorrente de afetação adversa dos componentes ambientais. Para Morato[30] o dano ambiental apresenta duas acepções: dano ambiental significa,

---

28 Severo, Sérgio. *Os danos extrapatrimoniais*. São Paulo: Saraiva, 1996. p. 6.
29 Rodrigues, Marcelo Abelha. *Elementos de direito ambiental: parte geral*. 2. ed. São Paulo: RT, 2005. p. 300.
30 Morato Leite, José Rubens. *Dano Ambiental: do individual ao coletivo extrapatrimonial*. 2. ed. rev., atual. e ampl. São Paulo: RT, 2003. p. 94.

em uma primeira acepção, uma alteração indesejável ao conjunto de elementos chamado meio ambiente, como, por exemplo, a poluição atmosférica; seria, assim, a lesão ao direito fundamental que todos têm de gozar e aproveitar do meio ambiente apropriado. Contudo, em sua segunda conceituação, dano ambiental engloba os efeitos que esta modificação gera na saúde das pessoas e em seus interesses.

O próprio legislador reconheceu a existência do que MILARÉ[31] qualificou como dupla face na danosidade ambiental:

> [...] identificamos uma dupla face na danosidade ambiental, tendo em vista que os seus efeitos alcançam não apenas o homem, como, da mesma forma, o ambiente que o cerca. A Lei nº 6.938/81, ao fazer referência, no art. 14, § 1º, a danos causados ao meio ambiente e a terceiros, prevê expressamente as duas modalidades. É o que também vem consignado no art. 20 da Lei nº 11.105/05, conhecida como Lei da Biossegurança, ao averbar que os responsáveis pelos danos ao meio ambiente e a terceiros responderão, solidariamente, por sua indenização ou reparação integral.

Entendemos que melhor do que definir o dano ambiental é tentar ressaltar suas características e classificar as suas possibilidades, o que faremos a seguir.

3. CARACTERÍSTICAS DO DANO AMBIENTAL

Prezado leitor, anote aí as principais características, grife, decore, faça o que melhor lhe convier. Esse item é de extrema importância. São elas: *ampla dispersão de vítimas*, uma vez que o dano ambiental, como lesão a um bem difuso, naturalmente vai atingir número enorme de lesionados. E não menos importante característica é a *difícil reparação do dano ambiental*, pois qualquer valor atribuído a um bem ambiental lesionado será sempre simbólico, se comparado ao valor intrínseco da biodiversidade perdida, da espécime extinta, fazendo com que mais uma vez a prevenção seja a melhor alternativa.

---

31 MILARÉ, Edis. *Direito do Ambiente*. 5. ed. São Paulo: RT, 2007. p. 811.

Em se tratando de dano ambiental, a regra é a responsabilidade civil objetiva e solidária, pela qual basta a demonstração do nexo causal entre a conduta do poluidor e a lesão ao meio ambiente. Assim, para que haja a obrigatoriedade da reparação do dano, é suficiente que se demonstre o nexo causal entre a lesão infligida ao meio ambiente e a ação ou omissão do responsável pelo dano.

Além do mais, quais os parâmetros para valorar o meio ambiente?

4. CLASSIFICAÇÃO DOS DANOS AMBIENTAIS

4.1 Dano individual e coletivo

O primeiro, isto é, o individual, atinge uma pessoa ou conjunto individualizado de bens. Deste podemos citar, como exemplo, a mortandade de peixes e a perda da possibilidade de subsistência de uma família de pescadores que dependia daquele recurso da fauna local. Cada pescador terá que pleitear em ação individual a indenização pelo dano sofrido. Nesse caso, a coletividade estaria indiretamente afetada.

No que toca ao dano coletivo, há afetação de uma pluralidade difusa de bens, uma ofensa ao meio ambiente em seu aspecto macro. Como exemplo de dano coletivo, podemos colocar o incêndio de um casarão de reconhecido valor cultural para uma comunidade. A lesão ao bem jurídico implica a perda que determinada comunidade sentirá doravante na inexistência de seu patrimônio. Em virtude do caráter coletivo dos interesses lesados, a sua tutela pode ser realizada por ação civil pública ou outro instrumento processual coletivo. Isso não impede a propositura de ações individuais. Outra solução é que pela regra da coisa julgada *in utilibus* (art. 103, § 3º do CDC) os particulares poderão se aproveitar do resultado da ação coletiva, para liquidar os danos individualmente sofridos.

4.2 Dano patrimonial e moral

O dano patrimonial reflete uma lesão ao patrimônio economicamente valorizado. É o desfalque provocado ao patrimônio de um só indivíduo e/ou então da coletividade. No primeiro caso é o valor que o proprietário de uma fazenda perdeu decorrente da mortandade provocada pela poluição do rio que passa por dentro de sua propriedade fruto da morte dos elementos da fauna. Sem peixes o proprietário não poderá exercer mais sua atividade: a piscicultura. A luta será para restituir, recuperar, ou indenizar o patrimônio desfalcado.

Por sua vez, o dano moral diz respeito à sensação de dor, perda, experimentada. Pode ser individual e/ou coletivo. Citamos o mesmo exemplo acima. Quanto tempo a natureza levará para se recuperar diante da poluição do rio? E a sensação de dor dos ribeirinhos diante da mortandade dos peixes daquele rio?

Recentemente o Superior Tribunal de Justiça foi chamado a decidir, por meio de recurso especial, o pedido de indenização por dano moral coletivo formulado pelo Ministério Público de Minas Gerais. O relator do Recurso Especial, 598.281, ministro Luiz Fux, com muita perspicácia, reconheceu a possibilidade do pleito nos seguintes termos:

A decisão da turma, embora não tenha sido unânime – como vimos no voto do relator, por outro lado reconheceu a impossibilidade da indenização pelo dano moral coletivo, tendo a maioria infirmado que não existe dano moral à coletividade porque o dano moral está ligado à sensação de dor, o que somente um indivíduo pode ter, assim ementada:

> PROCESSUAL CIVIL. Ação Civil Pública. Dano ambiental. Dano moral coletivo. Necessária vinculação do dano moral à noção de dor, de sofrimento psíquico, de caráter individual. Incompatibilidade com a noção de transindividualidade (indeterminabilidade do sujeito passivo e indivisibilidade da ofensa e da reparação). Recurso Especial improvido.

Com todo respeito, não concordamos com a decisão majoritária. A sensação de dor é um dos elementos do dano moral, não o único. Portanto, pela teoria do interesse, se houver lesão a um bem jurídico que é difuso, em que os destinatários não são determinados, evidentemente que pode haver sim a condenação ao dano moral coletivo.

Ainda assim, entendemos que o Ministério Público de Minas agiu com inteligência ao não recorrer dessa decisão, uma vez que se o STJ decidiu-lhe de forma desfavorável. Vale a pena esperar que outros recursos ascendam a esse órgão (STJ), para ser consolidada jurisprudência, em um ou outro sentido, antes de se questionar o posicionamento do Supremo Tribunal Federal.

5. O DANO AMBIENTAL NA LEI DA AÇÃO CIVIL PÚBLICA E NO CÓDIGO CIVIL

A Lei nº 7.347/85 refere-se ao dano em diversos dispositivos. Em especial, mencionamos o art. 1º, porque sempre os examinadores de concursos públicos perguntam se existe, na legislação infraconstitucional, a prescrição expressa de dano moral.

Em seu art. 1º, a lei admite o pedido de responsabilidade por danos morais e patrimoniais. Essa não era sua redação original, que foi alterada, somente para incluir a expressão, em 1994 pela Lei nº 8.884 de 11 de junho daquele ano. Evidente que a Constituição de 1988 já previa essa possibilidade em seu art. 5º, incisos V e X, tendo o Superior Tribunal de Justiça (Súmulas 37 e 227) sumulado a possibilidade das pessoas jurídicas pleitearem dano moral e também a cumulatividade desse pedido junto ao dano patrimonial, também para as pessoas naturais.

Por sua vez, o Código Civil[32] vigente estabelece a previsão expressa para a existência do dano moral, ainda que exclusivo, independente da busca pelo dano material.

6. NOÇÕES GERAIS SOBRE RESPONSABILIDADE PELO DANO AMBIENTAL

O Código Civil de 2002 estabeleceu um regime dual de responsabilidade civil em seu texto: a tradicional responsabilidade com culpa no artigo 186[33] (não havendo culpa não haverá qualquer responsabilidade ressarcitória) e também a responsabilidade sem culpa no art. 927[34] (em que o elemento a ser analisado é o dano).

---

32 BRASIL, Lei nº 10.406 de 10 de janeiro de 2002. Art. 186. Aquele que, por ação ou omissão voluntária, negligência ou imprudência, violar direito e causar dano a outrem, ainda que exclusivamente moral, comete ato ilícito

33 Art. 186 – Aquele que, por ação ou omissão voluntária, negligência ou imprudência, violar direito e causar dano a outrem, ainda que exclusivamente moral, comete ato ilícito.

34 Art. 927. [...] Parágrafo Único. Haverá obrigação de reparar o dano, independentemente de culpa, nos casos especificados em lei, ou quando a atividade-

A responsabilidade com culpa não serviu para proteger as vítimas do dano ambiental por três razões: pela natureza difusa deste; pela dificuldade da prova da culpa do agente que provocou o dano; e ainda pela admissão das clássicas excludentes de culpabilidade, ou seja, caso fortuito, força maior. Sendo assim, o legislador previu, na Lei nº 6.938/81, a responsabilidade objetiva por danos ambientais em seu art. 14,[35] § 1º, o que posteriormente foi recepcionado pelo art. 225, § 3º da CF/88,[36] quando o legislador constitucional ratificou a tutela civil do meio ambiente.

O Superior Tribunal de Justiça reconhece a adoção da responsabilidade objetiva por danos ambientais e vem decidindo nesse sentido, REsp. 578.797, em acórdão relatado pelo ministro Luiz Fux:

> EMENTA: DANO AMBIENTAL. Corte de árvores nativas em área de proteção ambiental. Responsabilidade objetiva.
> 1. Controvérsia adstrita à legalidade da imposição de multa, por danos causados ao meio ambiente, com respaldo na responsabilidade objetiva,consubstanciada no corte de árvores nativas.
> 2. A Lei de Política Nacional do Meio Ambiente (Lei nº 6.938/81) adotou a sistemática da responsabilidade civil objetiva (art. 14, parágrafo 1º) e foi integralmente recepcionada pela ordem jurídica atual, de sorte que é irrelevante e impertinente a discussão da conduta do agente (culpa ou dolo) para atribuição do dever de indenizar.
> 3. A adoção pela lei da responsabilidade civil objetiva, significou apreciável avanço no combate a devastação do meio ambiente, uma vez que, sob esse

---

de normalmente desenvolvida pelo autor do dano implicar, por sua natureza, risco para os direitos de outrem.

35 Art. 14 – Parágrafo primeiro. Sem obstar a aplicação das penalidades previstas neste artigo, é o poluidor obrigado, independentemente da existência de culpa, a indenizar ou reparar os danos causados ao meio ambiente e a terceiros, afetados por sua atividade. O Ministério Público da União e dos Estados terá legitimidade para propor ação de responsabilidade civil e criminal, por danos causados ao meio ambiente.

36 Art. 225, § 3º: As condutas e atividades consideradas lesivas ao meio ambiente sujeitarão os infratores, pessoas físicas ou jurídicas, a sanções penais e administrativas, independente de reparar os danos causados.

sistema, não se leva em conta, subjetivamente, a conduta do causador do dano, mas a ocorrência do resultado prejudicial ao homem e ao ambiente. Assim sendo, para que se observe a obrigatoriedade da reparação do dano é suficiente, apenas, que se demonstre o nexo causal entre a lesão infligida ao meio ambiente e a ação ou omissão do responsável pelo dano.

4. O art. 4º, VII, da Lei nº 6.938/81 prevê expressamente o dever do poluidor ou predador de recuperar e/ou indenizar os danos causados, além de possibilitar o reconhecimento da responsabilidade, repise-se, objetiva, do poluidor em indenizar ou reparar os danos causados ao meio ambiente ou aos terceiros afetados por sua atividade, como dito, independentemente da existência de culpa., consoante se infere do art. 14, § 1º, da citada lei.

6. A aplicação de multa, na hipótese de dano ambiental, decorre do poder de polícia – mecanismo de frenagem de que dispõe a Administração Pública para conter ou coibir atividades dos particulares que se revelarem nocivas, inconvenientes ao bem-estar social, ao desenvolvimento e à segurança nacional, como sói acontecer na degradação ambiental.

7. Recurso especial provido.

7. COMPETÊNCIA PARA LEGISLAR SOBRE RESPONSABILIDADE CIVIL AMBIENTAL

A competência para legislar sobre direito civil é privativa da União.[37] No entanto, a competência para legislar sobre danos ambientais é concorrente entre os entes federados.[38] A maioria dos doutrinadores, opinião que comungo, afirma que a responsabilidade para legislar sobre responsabilidade civil por danos ambientais é da União face a competência privativa *para legislar sobre direito civil* constitucionalmente determinada. Como já foi cobrada essa questão em alguns concursos e a opção tida como correta não foi a da maioria, não posso deixar de citar que pelo menos dois doutrinadores do direito ambiental admitem que os de-

---

37 Art. 22 – Compete privativamente à União legislar sobre I – direito civil [...]
38 Art. 24 – Compete à União, aos Estados e ao Distrito Federal legislar concorrentemente sobre:
[...] VIII – responsabilidade por dano ao meio ambiente, ao consumidor, a bens e direitos de valor artístico, estético, histórico, turístico e paisagístico.

mais entes federados possam legislar sobre responsabilidade civil por dano ambiental. O primeiro deles é José Afonso da Silva.[39] Também Marcelo Abelha[40] admite essa possibilidade e assim sustenta:

> Definitivamente está ali na CF/88 uma permissão expressa para que os Estados suplementem concorrentemente a legislação federal sobre o tema (art. 24, §§ 1º e 2º) da responsabilidade civil ambiental. Destarte, deve-se deixar bem claro que a eventual lei estadual que disponha sobre a responsabilidade civil ambiental, não pode, em hipótese alguma, ofender os pilares que forem estabelecidos pela norma geral sobre o assunto (no caso o art. 14, § 1º, da Lei nº 6.938/81).

8. TEORIAS DO RISCO

A amplitude dos riscos que originam a responsabilidade civil ambiental não é pacífica na doutrina. Existem duas teorias que vêm dividindo os estudiosos: de um lado, a "teoria do risco integral", segundo a qual todo e qualquer risco conexo ao empreendimento deverá ser integralmente internalizado no processo produtivo; e, de outro, a "teoria do risco criado", que procura verificar qual ou quais dos riscos foram suficientes e/ou necessários para gerar o dano.

A doutrina majoritária brasileira adota a teoria do risco integral como fundamento para a responsabilidade civil objetiva por danos ambientais. Vários autores da área do direito ambiental consagram expressamente essa teoria. Édis Milaré afirma que "a terceira consequência da adoção do sistema de responsabilidade objetiva sob a modalidade do risco integral diz com a inaplicabilidade do caso fortuito, da força maior e do fato de terceiros como exonerativas, e com a impossibilidade de cláusula de não indenizar".[41] No mesmo sentido, manifesta Nélson Nery Júnior afirmando que "a adoção, pela lei, da teoria do risco da ati-

---

39 Silva, José Afonso da. *Direito Ambiental Constitucional*. São Paulo: Malheiros, 1994.

40 Abelha, Marcelo Rodrigues. *Elementos de Direito Ambiental. Parte Geral*. 2. ed. São Paulo: RT, 2005.

41 Milaré, Édis. *Direito do Ambiente*. 4. ed. São Paulo: RT, 2005. p. 836.

vidade ou da empresa, da qual decorre a responsabilidade objetiva, traz como consequências principais: [...] c) a inaplicação, em seu sistema das causas da exclusão da responsabilidade de indenizar (cláusulas de não indenizar, caso fortuito e força maior)".[42] Corrobora, ainda, com esse entendimento TRENNEPOHL, ao dispor que: "atualmente, a teoria do risco integral é dominante, sendo considerada a mais adequada para responsabilizar eventuais agressores do meio ambiente".[43]

A grande consequência da adoção da teoria do risco integral é a não admissão de excludentes da responsabilidade, como caso fortuito, força maior, fato de terceiros e ainda da própria vítima, já que a existência do risco implica responsabilização. Também a licitude da atividade do réu não o isenta da obrigação de reparar o dano.

Por sua vez, aqueles que adotam a teoria do risco criado afirmam que somente as atividades periculosas ensejam a responsabilização dos danos por elas causados, admitindo *as excludentes acima citadas*.

O Superior Tribunal de Justiça, REsp. 442.586 (DJU 24/2/2003) recentemente, admitiu a teoria do risco integral:

> EMENTA: ADMINISTRATIVO. DANO AMBIENTAL. Sanção administrativa. Imposição de multa. Execução fiscal.
> 1. Para fins da Lei nº 6.938, de 31 de agosto de 1981, art 3º, entende-se por:
> I – meio ambiente, o conjunto de condições, leis, influências e interações de ordem física, química e biológica, que permite, abriga e rege a vida em todas as suas formas;
> II – degradação da qualidade ambiental, a alteração adversa das características do meio ambiente;
> III – poluição, a degradação da qualidade ambiental resultante de atividades que direta ou indiretamente:
> a) prejudiquem a saúde, a segurança e o bem-estar da população;
> b) criem condições adversas às atividades sociais e econômicas;

---

42 JUNIOR, Nelson Nery. Responsabilidade civil, meio-ambiente e ação coletiva ambiental. *In*: Antonio Herman V. Benjamin (Coord.). *Dano ambiental*. vol. 2, São Paulo: RT, 1993. p. 280.

43 TRENNEPOHL, Terence Dornelles. *Fundamentos de Direito Ambiental*. 2. ed. Salvador: Edições Juspodivm, 2007. p. 113.

c) afetem desfavoravelmente a biota;
d) afetem as condições estéticas ou sanitárias do meio ambiente;
e) lancem matérias ou energia em desacordo com os padrões ambientais estabelecidos;
2. Destarte, é poluidor a pessoa física ou jurídica, de direito público ou privado, responsável, direta ou indiretamente, por atividade causadora de degradação ambiental;
3. O poluidor, por seu turno, com base na mesma legislação, art. 14 – "sem obstar a aplicação das penalidades administrativas" é obrigado, "independentemente da existência de culpa", a indenizar ou reparar os danos causados ao meio ambiente e a terceiros, "afetados por sua atividade".
4. Depreende-se do texto legal a sua responsabilidade pelo risco integral, por isso que em demanda infensa a administração, poderá, inter partes, discutir a culpa e o regresso pelo evento. (grifo meu)
5. Considerando que a lei legitima o Ministério Público da União e do Estados terá legitimidade para propor ação de responsabilidade civil e criminal, por danos causados ao meio ambiente, é inequívoco que o Estado não pode inscrever *sel-executing*, sem acesso à justiça, *quantum* indenizatório, posto ser imprescindível ação de cognição, mesmo para imposição de indenização, o que não se confunde com a multa, em obediência aos cânones do devido processo legal e da inafastabilidade da jurisdição.
6. *In casu*, discute-se tão-somente a aplicação da multa, vedada a incursão na questão da responsabilidade fática por força da Súmula 7/STJ.
5. Recurso improvido.

Vale ressaltar que há casos em que o autor se filia à teoria do risco integral e, mesmo assim, admite algumas excludentes, apesar de não admitir todas elas. Paulo Affonso Leme Machado, por exemplo, defende a possibilidade de, em certos casos, se admitir as excludentes de responsabilidade, mas não adota explicitamente a teoria do risco criado.[44]

---

44 LEME MACHADO, Paulo Affonso. *Direito ambiental brasileiro*. 14. ed. São Paulo: Malheiros, 2006. p. 353-355.

9. PRESSUPOSTOS DA RESPONSABILIDADE CIVIL POR DANO AMBIENTAL

Tendo sido adotada a "responsabilidade objetiva", analisemos agora seus pressupostos.

9.1 Dano ambiental

Vimos acima os aspectos mais importantes do dano ambiental, suas características. Faremos alguns comentários necessários para concursos públicos.

9.2 Formas de reparação do dano

Em se tratando de dano ambiental, o mais importante é tentar restabelecer o bem jurídico protegido assim como existia antes da lesão. Se possível, o restabelecimento deverá ser integral, *in natura*. Despoluição das nascentes, reflorestamento das áreas de preservação permanentes, tudo isso pode ser viabilizado em um termo de ajustamento de conduta com obrigações de fazer, como também obrigações de não fazer ou ainda em ação civil pública.

Se não for possível o restabelecimento *in natura*, tentaremos a condenação pecuniária, a indenização, mas sempre de forma subsidiária, o que também pode ser firmado via ajustamento de conduta ou ainda ação civil pública. É muito importante lembrar que o valor auferido em uma ação coletiva pleiteando indenização por danos ambientais, face à difusibilidade do dano, será revertido ao fundo de direitos difusos[45] e não a cada um dos lesados individuais, conforme previsão na Lei nº 7.347/85. Essa questão é sempre solicitada em concursos.

---

45 Art. 13 – Havendo condenação em dinheiro, a indenização pelo dano causado reverterá a um fundo gerido por um Conselho Federal ou por Conselhos Estaduais de que participarão necessariamente o Ministério Público e representantes da comunidade, sendo seus recursos destinados à reconstituição dos bens lesados.

9.3 Nexo causal

Nexo é a relação de causa e efeito entre a atividade e o dano dela decorrente. Esse pressuposto é imprescindível para se averiguar a responsabilidade pelo dano ambiental. Essa tem sido a jurisprudência do STJ, REsp. 327.254, relatora min. Eliana Calmon, DJU 3/12/2002:

> ADMINISTRATIVO. DANO AO MEIO-AMBIENTE. Indenização. Legitimação passiva do novo adquirente.
> 1. A responsabilidade pela preservação e recomposição do meio ambiente é objetiva, mas se exige nexo de causalidade entre a atividade do proprietário e o dano causado(Lei nº 6.938/81).
> 2. Em se tratando de reserva florestal, com limitação imposta por lei, o novo proprietário, ao adquirir a área, assume o ônus de manter a preservação, tornando-se responsável pela reposição, mesmo que não tenha contribuído para devastá-la.
> 3. Responsabilidade que independe de culpa ou nexo causal, porque imposta por lei.
> 4. Recursos especiais providos em parte.

Embora de simples definição, sua determinação na questão ambiental não é assim tão fácil. Marcelo Abelha[46] coloca alguns exemplos que ilustram essa afirmativa:

> [...] uma empresa lança um dado efluente num determinado reservatório, mas em decorrência de um caso fortuito, racha-se o reservatório e há a poluição da vegetação ribeirinha a uma nascente, causando morte da biota. Há nexo de causalidade?
> Ainda, imagine-se que uma pessoa polua em mínima quantidade um rio que já estava bastante poluído. Haveria aí nexo de causalidade entre a poluição e a atividade do indivíduo?
> Haveria responsabilidade para a firma que embarcou o óleo do navio de outra empresa que veio a afundar por falha de seu armador?

---

46 ABELHA, Marcelo Rodrigues. *Elementos de Direito Ambiental. Parte Geral.* 2. ed. São Paulo: RT, 2005.

São cinco as teorias mais adotadas no estudo do nexo causal.

A primeira é a teoria da equivalência das condições (*conditio sine qua non*) na qual duas perguntas são feitas: a causa foi condição necessária para o dano? Teria ocorrido o dano se a causa não acontecesse? Como a maioria dos doutrinadores em direito ambiental adota o risco integral, em que não se admite excludentes de responsabilidade, a teoria da equivalência das condições é a que melhor se encaixa no momento.

As demais teorias são aplicadas para aqueles que não adotam o risco integral clássico, ou seja, admitem a possibilidade de excludentes de responsabilização.

A segunda teoria é a teoria da causalidade adequada, segundo a qual deve-se identificar que causa foi suficiente para produzir o evento danoso. Na maioria das vezes, o órgão judicante recebe uma discrionariedade enorme para decidir qual foi, entre várias, a causa suficiente, se é que única, para produzir o dano, uma vez que pode existir mais de uma. Marcelo ABELHA[47] aventa algumas saídas para diminuir o subjetivismo:

a) não afasta a causalidade adequada à previsibilidade ou não pelo autor do dano de que o fato por ele produzido seria apto a provocar o dano (em sede de direito ambiental estamos diante da teoria do risco);

b) pouco importa se a causa foi lícita ou ilícita;

c) pouco importa se a causa é imediata ou mediata, o que significa dizer que o ato praticado por terceiro, ou até mesmo do próprio lesado, causador imediato do dano, não interrompe o nexo causal entre a causa mediata e o dano, desde que se possa dizer que a causa mediata é qualificada como adequada ao fato gerador da responsabilidade; a causa adequada poderá advir de um ato omissivo;

d) se entre a causa mediata e o dano interveio uma circunstância extraordinária que tenha sido determinante (adequada) para que ocorresse o dano;

e) em causa de causas cumulativas, se todas elas foram adequadas para a ocorrência do dano, responsabilizam-se todos os causadores [...];

---

47 ABELHA, Marcelo Rodrigues. *Elementos de Direito Ambiental. Parte Geral.* 2. ed. São Paulo: RT, 2005.

f) se nas causas acumuladas e adequadas houve participação de ato do próprio lesado, isso não inibe a responsabilidade, mas apenas limita o *quantum* na proporção do dano causado.

Entendemos que essa é a teoria que melhor se aplica aos ditames do direito ambiental, porque embora de subjetivismo elevado, pelo que já pontuamos dentro do critério do juízo de adequação, ainda permite a discussão das excludentes de responsabilidade. Para o réu arrolado em uma ação de responsabilização, fica a incumbência de demonstrar que a sua atividade não causou o dano, e ainda que o dano decorreu de outro evento lesivo. Se o réu não conseguir demonstrar, provar a existência de uma barreira que rompa a relação causa-efeito que lhe foi imputada, haverá o dever de indenizar.

A terceira teoria é intitulada dano direto e imediato, que em verdade se reparte em outras subteorias. A primeira delas é a da causalidade jurídica. Havendo entre as possíveis causas vários fatos ilícitos, o último deles é considerado causa direta e imediata e os demais causas indiretas e mediatas do dano. A segunda subteoria é a necessidade da causa, que deve ser necessária e exclusiva para determinar o dano.

10. EXCLUDENTES DE RESPONSABILIDADE

Para aqueles que adotam o risco integral não existem excludentes de responsabilidade. Os comentários que fazemos agora são para os que admitem essa possibilidade. A doutrina afirma que o caso fortuito e a força maior podem afastar ou excluir a responsabilidade pelo dano ambiental. Terence TRENNEPOHL[48] admite essas possibilidades, fazendo as seguintes ponderações:

> Terremotos, raios e inundações poderiam ser causas excludentes da responsabilização em matéria ambiental. Porém, somente os casos concretos poderão revelar se deve haver ou não responsabilização ambiental. Certas atividades de risco, independente da participação do agressor, podem gerar o dever de reparar ou indenizar o meio ambiente.

---

48 TRENNEPOHL, Terence Dornelles. *Fundamentos de Direito Ambiental.* 2. ed. Salvador: Edições Juspodivm, 2007. p. 109.

11. OS RESPONSÁVEIS PELO DANO AMBIENTAL

Se a discussão quanto ao nexo causal é interessante, as indagações quanto aos responsáveis pelo dano ambiental também o são. A Lei nº 6.938/81 atribui a responsabilidade objetiva por dano ambiental e em seu art. 3º, IV,[49] define o que é poluidor. Diante dessa definição, fazemos a seguinte pergunta: quem pode e quem deve ser arrolado no polo passivo de um termo de ajustamento de conduta ou ainda de uma ação civil pública pleiteando indenização ou outras obrigações pelo dano ambiental constatado? Apenas aquele que causou diretamente o dano? Ou ainda aquele que contribuiu para o dano, embora tenha poluído pouco, também pode ser responsabilizado?

Para aqueles que adotam a teoria do risco integral, havendo mais de um responsável pelo evento danoso, deve ser composta a solidariedade passiva. Nesse sentido, há jurisprudência do Superior Tribunal de Justiça, REsp. 18.567/SP, rel. min. Eliana Calmon, j. em 16/6/2000:

> PROCESSO CIVIL. AÇÃO CIVIL PÚBLICA. Legitimidade passiva. Solidariedade.
> 1. A solidariedade entre empresas que se situam em área poluída, na ação que visa preservar o meio ambiente, deriva da própria natureza da ação.
> 2. Para correção do meio ambiente, as empresas são responsáveis solidárias e, no plano interno, entre si, responsabiliza-se cada qual pela participação na conduta danosa.
> 3. Recurso especial não conhecido.

Sendo assim, como a responsabilidade solidária, veja o exemplo:

> Três indústrias estão instaladas ao longo de um mesmo rio. A primeira, localizada rio acima (a montante), e a segunda, localizada em ponto intermediário, expelem no rio substâncias poluentes em níveis de emis-

---

49 Lei nº 6.938/81, art. 3º [...].

IV – poluidor, a pessoa física ou jurídica, de direito público ou privado, responsável, direta ou indiretamente, por atividade causadora de degradação ambiental.

são tolerados pelas normas administrativas pertinentes. A terceira, localizada em ponto mais abaixo do rio (a jusante), também deságua no rio substância poluente da mesma espécie das anteriores, em níveis de emissão igualmente tolerados pelas normas administrativas pertinentes. Porém, com a emissão da terceira indústria, o rio passa a apresentar níveis de concentração da substância poluente superiores aos permitidos. Nessa situação as 3 indústrias são responsáveis.

12. RESPONSABILIDADE DO ESTADO

Quanto à responsabilidade do Estado por dano ambiental, já prevista na Lei nº 6.938/81, que inclui as pessoas jurídicas de direito público, recepcionada pela CF/88,[50] devemos verificar em que situações isso pode acontecer.

A primeira delas é quando o dano ocorre diretamente provocado pelo poder público ou por meio de concessionários de serviço público. Nessas situações, o nexo de causalidade impõe a responsabilização objetiva e o litisconsórcio é facultativo e simples.

A segunda situação é quando o dano ambiental decorre de omissão estatal, seja no exercício do poder de polícia, seja no funcionamento precário do serviço público. São situações nas quais o dano não foi causado diretamente pelo poder público, mas indiretamente, e assim este deve ser responsabilizado. Citamos, como exemplo, as licenças ambientais concedidas sem o estudo de impacto ambiental pertinente.

MELLO[51] afirma que a responsabilidade do Estado seria subjetiva, baseando-se na palavra "causar",[52] pois quem se omite não causa nada,

---

50 CF/88, art. 225 – Todos têm direito ao meio ambiente ecologicamente equilibrado, bem de uso comum do povo e essencial à sadia qualidade de vida, impondo-se ao Poder Público e a coletividade o dever de defendê-lo e preservá-lo para as presentes e futuras gerações.
51 MELLO, Celso Antonio Bandeira de. *Curso de Direito Administrativo*. 11. ed. São Paulo: Malheiros, 1999.
52 CF/88, art. 37 [...]
    § 6º – as pessoas jurídicas de direito público e as de direito privado prestadoras de serviço públicos responderão pelos danos que seus agentes, nessa

somente quem age. Não concordamos. Entendemos que o Estado, conforme determinação constitucional prevista no art. 23, VI,[53] é um dos obrigados a garantir a preservação do meio ambiente e assim deve ser cobrado. Nesses casos, a responsabilidade do Estado continua sendo objetiva.

O Estado tem o dever de preservar e fiscalizar o meio ambiente. Para tanto, deve requerer os estudos de impacto ambientais e seus relatórios, realização de audiências públicas ou, ainda, a paralisação da obra que causou o dano ambiental, a fim de demonstrar que sua atividade não causou nenhum prejuízo-dano.

Em acórdão pendente de publicação,[54] em decisão inédita, a 2ª turma do STJ decidiu que a União deverá responder solidariamente com uma série de empresas pelos danos que estas causaram ao meio ambiente. No julgamento, foi destacado que, em razão da sua omissão em fiscalizar as atividades das empresas, a União deve responder solidariamente pelos danos causados ao meio ambiente.

Por fim, analisaremos a situação em que a omissão estatal é a única causa do dano ambiental. São as situações que o poder público, sempre que acionado, alega discricionariedade no exercício de suas funções para se desobrigar. Isso não pode ser admitido em direito ambiental. Em se tratando de um direito fundamental, não há discricionariedade permitida para desonerar o Estado. Assim se posiciona a jurisprudência do STJ, REsp. 429.570, 2ª turma, relatora min. Eliana Calmon, DJU 22/3/2004:

> ADMINISTRATIVO E PROCESSO CIVIL. Ação Civil Pública. Obras de recuperação em prol do meio ambiente. Ato administrativo discricionário.

---

qualidade, causarem a terceiros, assegurado o direito de regresso contra o responsável nos casos de dolo ou culpa.

53 CF/88, art. 23. É competência comum da União, dos Estados, do Distrito Federal e dos Municipios:
[...]
VI – proteger o meio ambiente e combater a poluição em qualquer de suas formas.

54 REsp. 647.493. Disponível em: http://www.stj.gov.br/webstj/Processo/Justica/detalhe.asp?numreg=200400327854&pv=101000000000&tp=51. Acesso em 11 jul. 2007.

1. Na atualidade, a Administração pública está submetida ao império da lei, inclusive quanto à conveniência e oportunidade do ato administrativo.
2. Comprovado tecnicamente ser imprescindível, para o meio ambiente, a realização de obras de recuperação do solo, tem o Ministério Público legitimidade para exigi-la.
3. O Poder Judiciário não mais se limita a examinar os aspectos extrínsecos da administração, pois pode analisar, ainda, as razões de conveniência e oportunidade, uma vez que essas razões devem observar critérios de moralidade e razoabilidade.
4. Outorga de tutela específica para que a Administração destine do orçamento verba própria para cumpri-la.
5. Recurso especial provido.

13. RESPONSABILIDADE CIVIL NO ART. 21, XXIII, *D*, DA CF/88 E DA LEI Nº 6.453/77 – TEORIA DO RISCO INTEGRAL ABSOLUTA

Existem situações em que a teoria do risco adotada é a teoria do risco integral, sem discussões. São duas pelo menos: a primeira, prevista em nossa Constituição,[55] trata da responsabilidade civil decorrente da exploração de serviços e instalações nucleares; e a segunda, decorrente de danos nucleares[56] (não apenas em instalações).

---

55 Art. 21. Compete à União:
[...]
XXIII – explorar os serviços e instalações nucleares de qualquer natureza e exercer monopólio estatal sobre a pesquisa, a lavra, o enriquecimento e o reprocessamento, a industrialização e o comércio de minérios nucleares e seus derivados, atendidos os seguintes princípios e condições:
[...]
d) a responsabilidade civil por danos nucleares independe da existência de culpa.

56 Art. 4º – Será exclusiva do operador da instalação nuclear, nos termos desta lei, independente da existência de culpa, a responsabilidade civil pela reparação de dano nuclear causado por acidente nuclear.

14. RESPONSABILIDADE CIVIL POR DANOS AMBIENTAIS NO CÓDIGO CIVIL DE 2002

O Código Civil de 2002 previu duas fontes de responsabilidade por dano ambiental em seu art. 927, parágrafo único. A primeira nas hipóteses previstas em lei,[57] consagrando a adoção da teoria do risco integral, e a segunda nas atividades que gerarem riscos para outrem,[58] adotando-se aqui a teoria do risco criado.

Vale a pena lembrar, porque sempre é pedido em concursos, que o art. 186, do Código Civil de 2002, admite a possibilidade expressa do pedido de indenização por danos morais, ainda que exclusivo.

15. RESPONSABILIDADE CIVIL NA LEI DA AÇÃO CIVIL PÚBLICA

A ação civil pública tem seu início ligado à Lei nº 6.938/81 que instituiu a política nacional do meio ambiente e conferiu legitimidade ao Ministério Público para ajuizar ação de responsabilidade civil contra o poluidor por danos causados ao meio ambiente. A Lei nº 7.347 disciplinou a ação civil pública de responsabilidade por danos materiais e morais causados ao meio ambiente, ao consumidor, a bens e direitos de valor artístico, estético, turístico e paisagístico.

A CF/88, art. 129, III, recepcionou ambas previsões e aumentou o leque para proteção e defesa de outras interesses difusos. Por sua vez, a Lei Complementar nº 75/83 estabelece a competência do Ministério Público[59] para promover o inquérito civil público e a ação civil pública.

---

57 Art. 927 [...]
Parágrafo Único. Haverá obrigação de reparar o dano, independente de culpa, nos casos especificados em lei [...]
58 Art. 927 [...]
Parágrafo Único. Haverá obrigação de reparar o dano, independente de culpa, [...], ou quando a atividade normalmente desenvolvida pelo autor do dano implicar, por sua natureza, risco para os direitos de outrem.
59 Art. 6º – Compete ao Ministério Público da União:
VII – promover o inquérito civil e a ação civil pública para:

O objeto imediato da ação civil pública está expresso no art. 3°[60] da Lei nº 7.347/85, limitado às possibilidades alternativas ali previstas. No entanto, face à causa de pedir, o objeto imediato não pode ser considerado nessas hipóteses alternativas apenas. As 3 (três) podem ser cumulativas. Uma obrigação de fazer pode não implementar a recuperação ambiental necessária. Imagine a seguinte situação: uma área de preservação permanente foi desmatada e foi objeto de uma obrigação de fazer para reflorestamento da área em um período de 10 (dez) anos. Fazemos a seguinte pergunta: e o não uso, desfruto do oxigênio, da beleza natural, durante esse período? Aventamos, portanto, a possibilidade da cumulação de uma obrigação pecuniária nesse caso.

Inicialmente o Superior Tribunal de Justiça decidia pela literalidade do art. 3º da Lei nº 7.347/85, no entanto, essa orientação alterou-se, STJ, REsp. 625.249, rel. ministro Luiz Fux, tendo o Tribunal reconhecido a importância de se implementar todas as medidas protetivas possíveis:

> PROCESSO CIVIL. Direito ambiental. Ação Civil Pública para tutela do meio ambiente. Obrigações de fazer, de não fazer e de pagar quantia. Possibilidade de cumulação de pedidos art. 3º da Lei nº 7.347/85. Interpretação sistemática. Art. 225, § 3º, da CF/88, arts. 2º e 4º da Lei nº 6.938/81, Art. 25, IV, da Lei nº 8.625/93 e art. 83 do CDC. Princípios da prevenção, do poluidor-pagador e da reparação integral.
> A Lei nº 7.347/85, em seu art. 5º, autoriza a propositura de ações civis públicas por associações que incluam entre suas finalidades institucionais, a proteção ao meio ambiente, ao consumidor, ao patrimônio artístico, estético, histórico, turístico e paisagístico, ou a qualquer outro interesse difuso ou coletivo.
> 2. O sistema jurídico de proteção ao meio ambiente, disciplinado em normas constitucionais (CF, art. 225, § 3º) e infraconstitucionais (Lei nº 6.938/81, arts. 2º e 4º), está fundado, entre outros, nos princípios da prevenção, do poluidor-pagador e da reparação integral.

---

a) a proteção do patrimônio público e social, do meio ambiente, dos bens e direitos de valor artístico, estético, histórico, turístico e paisagístico.

60 Art. 3º – A ação civil pública poderá ter por objeto a condenação em dinheiro ou o cumprimento de obrigação de fazer ou não fazer.

3. Deveras, decorrem para os destinatários (Estado e comunidade), deveres e obrigações de variada natureza, comportando prestações pessoais, positivas e negativas (fazer e não fazer), bem como de pagar quantia (indenização dos danos insuscetíveis de recomposição *in natura*), prestações essas que não se excluem, mas, pelo contrário, se cumulam, se for o caso.
4. A ação civil pública é o instrumento processual destinado a propiciar a tutela ao meio ambiente (CF, art. 129, III) e submete-se ao princípio da adequação, a significar que deve ter aptidão suficiente para operacionalizar, no plano jurisdicional, a devida e integral proteção do direito material, a fim de ser instrumento adequado e útil.
5. A exegese do art. 3º da Lei nº 7.347/85 ("*A ação civil poderá ter por objeto a condenação em dinheiro **ou** o cumprimento de obrigação de fazer ou não fazer*"), a conjunção "ou" deve ser considerada com o sentido de adição (permitindo, com a cumulação dos pedidos, a tutela integral do meio ambiente) e não o de alternativa excludente (o que tornaria a ação civil pública instrumento inadequado a seus fins).
6. Interpretação sistemática do art. 21 da mesma lei, combinado com o art. 83 do Código de Defesa do Consumidor ("*Art. 83. Para a defesa dos direitos e interesses protegidos por este código são admissíveis todas as espécies de ações capazes de propiciar sua adequada e efetiva tutela*".) bem como o art. 25 da Lei nº 8.625/1993, segundo o qual incumbe ao Ministério Público "*IV – promover o inquérito civil e a ação civil pública, na forma da lei: a) para a proteção, prevenção e reparação dos danos causados ao meio ambiente [...]*".
7. A exigência para cada espécie de prestação, da propositura de uma ação civil pública autônoma, além de atentar contra os princípios da instrumentalidade e da economia processual, ensejaria a possibilidade de sentenças contraditórias para demandas semelhantes, entre as mesmas partes, com a mesma causa de pedir e com finalidade comum (medidas de tutela ambiental), cuja única variante seriam os pedidos mediatos, consistentes em prestações de natureza diversa.
8. Ademais, a proibição de cumular pedidos dessa natureza não encontra sustentáculo nas regras do procedimento comum, restando ilógico negar à ação civil pública, criada especialmente como alternativa para melhor viabilizar a tutela dos direitos difusos, o que se permite, pela via ordinária, para a tutela de todo e qualquer outro direito.
9. Recurso especial desprovido.

O próprio legislador infraconstitucional reconheceu a necessidade de outros instrumentos de tutela desses direitos especiais. Conforme previsão no art. 21[61] da Lei nº 7.347/85, aplicam-se subsidiariamente os dispositivos do Código de Defesa do Consumidor. Em seus arts. 83 e 84,[62] o CDC confirma a utilização de outros meios para se assegurar a tutela do bem jurídico, o que é sempre muito solicitado em concursos. O mais importante nisso tudo é o objeto tutelado e não o instrumento de tutela, portanto, que sejam muitos para melhor garantia dos bens difusos.

Sempre recorrente em concursos são os institutos e sua competência exclusiva. O art. 8, § 1º,[63] da Lei nº 7.347/85, atribui legitimidade exclusiva (dos legitimados para ajuizar ação civil pública, é o único que detém essa competência), ao Ministério Público para instaurar inquérito civil, o que foi recepcionado no texto constitucional.[64]

---

61 Art. 21 – Aplicam-se à defesa dos direitos e interesses difusos, coletivos e individuais, no que for cabível, os dispositivos do título III da Lei que instituiu o Código de Defesa do Consumidor.

62 Art. 83 – Para a defesa dos direitos e interesses protegidos por este Código são admissíveis todas as espécies de ações capazes de propiciar sua adequada e efetiva tutela.
    Art. 84 – Na ação que tenha por objeto o cumprimento da obrigação de fazer ou não fazer, o Juiz concederá a tutela específica da obrigação ou determinará providências que assegurem o resultado prático equivalente ao do adimplemento.

63 Art. 8º – Para instruir a inicial, o interessado poderá requerer às autoridades competentes as certidões e informações que julgar necessárias, a serem fornecidas no prazo de 15 (quinze) dias.
    §1º – O Ministério Público poderá instaurar, sob sua presidência, inquérito civil, ou requisitar, de qualquer organismo público ou particular, certidões, informações, exames ou perícias, no prazo que assinalar, o qual não poderá ser inferior a 10 (dez) dias úteis.

64 Art. 129. São funções institucionais do Ministério Público:
    [...]
    III – promover o inquérito civil e a ação civil pública, para a proteção do patrimônio público e social, do meio ambiente e de outros interesses difusos e coletivos.

Por sua vez, antes ou durante o inquérito civil público ou ainda durante a própria ação civil pública, as partes conflitantes podem firmar termo de ajustamento de conduta (cuja legitimidade é disjuntiva – ou seja – não é exclusiva tal como o inquérito civil), ocasião em que o infrator se obrigará a cumprir algumas determinações: de fazer, não fazer, condenação em dinheiro, entre outras.

Não tratamos aqui de transação face ao caráter de indisponibilidade do bem protegido. O art. 5º, § 6º,[65] dispõe a respeito e confere eficácia de título executivo extrajudicial. Ressaltamos que o TAC. deve ser homologado pelo conselho superior do Ministério Público. Toda vez que for proposto por um legitimado público (as associações de direito privado possuem legitimidade para ajuizar a ação civil pública, mas não têm para propor o TAC) que não o *parquet*, a atuação do Ministério Público como *custus legis* é imprescindível.

16. RESPONSABILIDADE CIVIL NA LEI DA AÇÃO POPULAR

Vale a pena lembrar: é previsto expressamente a legitimidade exclusiva do cidadão para ajuizar *ação popular* em face de danos ambientais, sejam eles de ordem patrimonial ou moral, exigindo-se o *título de eleitor* como prova de *cidadania*:

> Art. 1º – Qualquer cidadão será parte legítima para pleitear a anulação ou declaração de nulidade [...]
> §1º – consideram-se patrimônio público, para os fins referidos neste artigo, os bens e direitos de valor econômico, artístico, estético, histórico ou turístico. [...]
> §3º – a prova da cidadania, para ingresso em juízo, será feita com o título eleitoral, ou com documento que a ele corresponda.

---

65 Art. 5º – Têm legitimidade para propor a ação principal e a cautelar:
[...]
§ 6º – Os órgãos públicos legitimados poderão tomar dos interessados compromisso de ajustamento de sua conduta às exigências legais, mediante cominações, que terá eficácia de título executivo extrajudicial.

Quanto à comprovação da cidadania para o ajuizamento da ação popular[66], a 1ª turma do STJ, REsp. 802.378/SP, rel. ministro Luiz Fux, DJU 4/6/2007, posicionou-se favorável à exigência prevista na Lei da Ação Popular:

AÇÃO POPULAR. CONTRATO ADMINISTRATIVO EMERGENCIAL. Dispensa de licitação. Nulidade. Prestação de serviço. Dano efetivo. Inocorrência. Vedação ao enriquecimento ilícito.

1. Ação popular proposta em razão da ocorrência de lesão ao erário público decorrente da contratação de empresa para a execução de serviço de transporte coletivo urbano de passageiros, sem observância do procedimento licitatório, circunstância que atenta contra os princípios da Administração Pública, por não se tratar de situação subsumível à regra constante do art. 24, IV da Lei nº 8.666/93, que versa acerca de contrato emergencial.

2. A ilegalidade que conduz à lesividade presumida admite, quanto a esta, a prova em contrário, reservando-a ao dispositivo, o condão de inverter o onus probandi.

3. Acórdão recorrido calcado na assertiva de que, "se a co-ré prestou regularmente o serviço contratado, e isso restou demonstrado nos autos, não há razão para negar-lhe a contraprestação, até porque não se aduziu exagero no pagamento, sendo vedado à Administração locupletar-se indevidamente em detrimento de terceiros. Ao lado do locupletamento indevido, injusto seria para os co-réus impor-lhes a devolução dos valores despendidos pela Municipalidade por um serviço efetivamente prestado à população e que atendeu ao fim colimado."

4. *In casu*, restou incontroverso nos autos a ausência de lesividade, posto que os contratados efetivamente prestaram os serviços "emergenciais", circunstância que impede as sanções econômicas preconizadas no presente recurso, pena de ensejar locupletamento ilícito do Município, máxime, por que, não há causa petendi autônoma visando a afronta à moralidade e seus consectários.

---

66   Lei nº 4.771/65, art. 1º [...].

§ 3º – a prova da cidadania, para ingresso em juízo, será feita com o título eleitoral, ou com documento que a ele corresponda.

5. É cediço que, em sede de ação popular, a lesividade legal deve ser acompanhada de um prejuízo em determinadas situações e, a despeito da irregular contratação de servidores públicos, houve a prestação dos serviços, motivo pelo qual não poderia o Poder Público perceber de volta a quantia referente aos vencimentos pagos sob pena de locupletamento ilícito. (REsp. nº 557551/SP – Relatoria originária Ministra Denise Arruda, Rel. para acórdão Ministro José Delgado, julgado em 6/2/2007, noticiado no Informativo nº 309/STJ)
[...]
7. Ademais, a doutrina mais abalizado sobre o tema aponta, verbis: "O primeiro requisito para o ajuizamento da ação popular é o de que o autor seja cidadão brasileiro, isto é, pessoa humana, no gozo de seus direitos cívicos e políticos, requisito, esse, que se traduz na sua qualidade de eleitor. Somente o indivíduo (pessoa física) munido de seu título eleitoral poderá propor ação popular, sem o quê será carecedor dela. Os inalistáveis ou inalistados, bem como os partidos políticos, entidades de classe ou qualquer outra pessoa jurídica, não têm qualidade para propor ação popular (STF, Súmula nº 365). Isso porque tal ação se funda essencialmente no direito político do cidadão, que, tendo o poder de escolher os governantes, deve ter, também, a faculdade de lhes fiscalizar os atos de administração.
[...]
8. Assentando o aresto recorrido que não houve dano e que impor o ressarcimento por força de ilegalidade de contratação conduziria ao enriquecimento sem causa, tendo em vista não ter se comprovado que outras empresas do ramo poderiam prestar o mesmo serviço por preço menor, mormente quando se tem notícia nos autos de que a tarifa prevista no contrato tido por ilegal é inferior àquela praticada pela empresa antecessora, o que não foi negado pelo autor, resta insindicável a este STJ apreciar a alegação do recorrente no que pertine a boa ou má-fé do contratado (Súmula 7/STJ).
9. Recurso especial do Ministério Público Estadual não conhecido.

Respeitamos, mas não concordamos. Se o que importa é o bem jurídico tutelado, discordamos daqueles que tentam limitar a legitimidade ativa dos legitimados para ação popular ao conceito de cidadania eleitoral. O conceito de cidadania nos remete ao Estado democrático de Direito que tem por base a manutenção dos direitos fundamentais, no caso o meio ambiente, nele consagrados.

17. LEGISLAÇÃO[67]

CONSTITUIÇÃO FEDERAL

Art. 225 – Todos têm direito ao meio ambiente ecologicamente equilibrado, bem de uso comum do povo e essencial à sadia qualidade de vida, impondo-se ao Poder Público e à coletividade o dever de defendê-lo e preservá-lo para as presentes e futuras gerações.

§ 3º – As condutas e atividades consideradas lesivas ao meio ambiente sujeitarão os infratores, pessoas físicas ou jurídicas, a sanções penais e administrativas, independentemente da obrigação de reparar os danos causados.

CÓDIGO CIVIL

Art. 186 – Aquele que, por ação ou omissão voluntária, negligência ou imprudência, violar direito e causar dano a outrem, ainda que exclusivamente moral, comete ato ilícito.

Art. 927 – Aquele que, por ato ilícito (arts. 186 e 187), causar dano a outrem, fica obrigado a repará-lo.

Parágrafo Único. Haverá obrigação de reparar o dano, independentemente de culpa, nos casos especificados em lei, ou quando a atividade normalmente desenvolvida pelo autor do dano implicar, por sua natureza, risco para os direitos de outrem

LEI DA POLÍTICA NACIONAL DO MEIO AMBIENTE
LEI Nº 6.938/81

Art 3º – Para os fins previstos nesta Lei, entende-se por:

I – meio ambiente, o conjunto de condições, leis, influências e interações de ordem física, química e biológica, que permite, abriga e rege a vida em todas as suas formas;

---

67 Legislação importante para compreensão deste capítulo.

II – degradação da qualidade ambiental, a alteração adversa das características do meio ambiente;

III – poluição, a degradação da qualidade ambiental resultante de atividades que direta ou indiretamente:

a) prejudiquem a saúde, a segurança e o bem-estar da população;
b) criem condições adversas às atividades sociais e econômicas;
c) afetem desfavoravelmente a biota;
d) afetem as condições estéticas ou sanitárias do meio ambiente;
e) lancem matérias ou energia em desacordo com os padrões ambientais estabelecidos;

IV – poluidor, a pessoa física ou jurídica, de direito público ou privado, responsável, direta ou indiretamente, por atividade causadora de degradação ambiental;

Art 14 – Sem prejuízo das penalidades definidas pela legislação federal, estadual e municipal, o não cumprimento das medidas necessárias à preservação ou correção dos inconvenientes e danos causados pela degradação da qualidade ambiental sujeitará os transgressores:

§ 1º – Sem obstar a aplicação das penalidades previstas neste artigo, é o poluidor obrigado, independentemente da existência de culpa, a indenizar ou reparar os danos causados ao meio ambiente e a terceiros, afetados por sua atividade. O Ministério Público da União e dos Estados terá legitimidade para propor ação de responsabilidade civil e criminal, por danos causados ao meio ambiente.

LEI DA AÇÃO POPULAR
LEI Nº 4.717, DE 29 DE JUNHO DE 1965
Regula a ação popular

O PRESIDENTE DA REPÚBLICA, Faço saber que o Congresso Nacional decreta e eu sanciono a seguinte Lei:

Art. 1º – Qualquer cidadão será parte legítima para pleitear a anulação ou a declaração de nulidade de atos lesivos ao patrimônio da União, do Distrito Federal, dos Estados, dos Municípios, de entidades autárquicas, de sociedades de economia mista (Constituição, art. 141, § 38), de sociedades mútuas de seguro nas quais a União represente os segurados ausentes, de empresas públicas, de serviços sociais autônomos, de instituições ou fundações para cuja criação ou custeio o tesouro público haja concorrido ou concorra com mais de cinquenta por cento do patrimônio ou da receita ânua, de empresas incorporadas ao patrimônio da União, do Distrito Federal, dos Estados e dos Municípios, e de quaisquer pessoas jurídicas ou entidades subvencionadas pelos cofres públicos.

LEI DA AÇÃO CIVIL PÚBLICA
LEI Nº 7.347, DE 24 DE JULHO DE 1985

Disciplina a ação civil pública de responsabilidade por danos causados ao meio ambiente, ao consumidor, a bens e direitos de valor artístico, estético, histórico, turístico e paisagístico (VETADO) e dá outras providências.

O PRESIDENTE DA REPÚBLICA, faço saber que o Congresso Nacional decreta e eu sanciono a seguinte Lei:

Art. 1º – Regem-se pelas disposições desta Lei, sem prejuízo da ação popular, as ações de responsabilidade por danos morais e patrimoniais causados: *(Redação dada pela Lei nº 8.884, de 11/6/1994)*

I – ao meio-ambiente;

II – ao consumidor;

III – à ordem urbanística;

IV – a bens e direitos de valor artístico, estético, histórico, turístico e paisagístico; *(Renumerado do Inciso III, pela Lei nº 10.257, de 10/7/2001)*

V – por infração da ordem econômica e da economia popular; *(Redação dada pela Medida provisória nº 2.180-35, de 2001)*

VI – à ordem urbanística. *(Redação dada pela Medida provisória nº 2.180-35, de 2001)*

Parágrafo Único. Não será cabível ação civil pública para veicular pretensões que envolvam tributos, contribuições previdenciárias, o Fundo de Garantia do Tempo de Serviço – FGTS ou outros fundos de natureza institucional cujos beneficiários podem ser individualmente determinados. *(Incluído pela Medida provisória nº 2.180-35, de 2001)*

Art. 2º – As ações previstas nesta Lei serão propostas no foro do local onde ocorrer o dano, cujo juízo terá competência funcional para processar e julgar a causa.

Parágrafo Único. A propositura da ação prevenirá a jurisdição do juízo para todas as ações posteriormente intentadas que possuam a mesma causa de pedir ou o mesmo objeto. *(Incluído pela Medida provisória nº 2.180-35, de 2001)*

Art. 3º – A ação civil poderá ter por objeto a condenação em dinheiro ou o cumprimento de obrigação de fazer ou não fazer.

Art. 4º – Poderá ser ajuizada ação cautelar para os fins desta Lei, objetivando, inclusive, evitar o dano ao meio ambiente, ao consumidor, à ordem urbanística ou aos bens e direitos de valor artístico, estético, histórico, turístico e paisagístico (VETADO). *(Redação dada pela Lei nº 10.257, de 10/7/2001)*

Art. 5º – Têm legitimidade para propor a ação principal e a ação cautelar: *(Redação dada pela Lei nº 11.448, de 2007)*

I – o Ministério Público; *(Redação dada pela Lei nº 11.448, de 2007)*

II – a Defensoria Pública; *(Redação dada pela Lei nº 11.448, de 2007)*

III – a União, os Estados, o Distrito Federal e os Municípios; *(Incluído pela Lei nº 11.448, de 2007)*

IV – a autarquia, empresa pública, fundação ou sociedade de economia mista; *(Incluído pela Lei nº 11.448, de 2007)*

V – a associação que, concomitantemente: *(Incluído pela Lei nº 11.448, de 2007)*

a) esteja constituída há pelo menos 1 (um) ano nos termos da lei civil; *(Incluído pela Lei nº 11.448, de 2007)*

b) inclua, entre suas finalidades institucionais, a proteção ao meio ambiente, ao consumidor, à ordem econômica, à livre concorrência ou ao patrimônio artístico, estético, histórico, turístico e paisagístico. *(Incluído pela Lei nº 11.448, de 2007)*

§ 1º – O Ministério Público, se não intervier no processo como parte, atuará obrigatoriamente como fiscal da lei.

§ 2º – Fica facultado ao Poder Público e a outras associações legitimadas nos termos deste artigo habilitar-se como litisconsortes de qualquer das partes.

§ 3º – Em caso de desistência infundada ou abandono da ação por associação legitimada, o Ministério Público ou outro legitimado assumirá a titularidade ativa. *(Redação dada pela Lei nº 8.078, de 1990)*

§ 4º – O requisito da pré-constituição poderá ser dispensado pelo juiz, quando haja manifesto interesse social evidenciado pela dimensão ou característica do dano, ou pela relevância do bem jurídico a ser protegido. *(Incluído pela Lei nº 8.078, de 11/9/1990)*

§ 5º – Admitir-se-á o litisconsórcio facultativo entre os Ministérios Públicos da União, do Distrito Federal e dos Estados na defesa dos interesses e direitos de que cuida esta lei. *(Incluído pela Lei nº8.078, de 11/9/1990) (Vide Mensagem de veto) (Vide REsp 222582/MG – STJ)*

§ 6º – Os órgãos públicos legitimados poderão tomar dos interessados compromisso de ajustamento de sua conduta às exigências legais, mediante cominações, que terá eficácia de título executivo extrajudicial. *(Incluído pela Lei nº 8.078, de 11/9/1990) (Vide Mensagem de veto) (Vide REsp 222582/MG – STJ)*

Art. 6º – Qualquer pessoa poderá e o servidor público deverá provocar a iniciativa do Ministério Público, ministrando-lhe informações sobre fatos que constituam objeto da ação civil e indicando-lhe os elementos de convicção.

Art. 7º – Se, no exercício de suas funções, os juízes e tribunais tiverem conhecimento de fatos que possam ensejar a propositura da ação civil, remeterão peças ao Ministério Público para as providências cabíveis.

Art. 8º – Para instruir a inicial, o interessado poderá requerer às autoridades competentes as certidões e informações que julgar necessárias, a serem fornecidas no prazo de 15 (quinze) dias.

§ 1º – O Ministério Público poderá instaurar, sob sua presidência, inquérito civil, ou requisitar, de qualquer organismo público ou particular, certidões, informações, exames ou perícias, no prazo que assinalar, o qual não poderá ser inferior a 10 (dez) dias úteis.

§ 2º – Somente nos casos em que a lei impuser sigilo, poderá ser negada certidão ou informação, hipótese em que a ação poderá ser proposta desacompanhada daqueles documentos, cabendo ao juiz requisitá-los.

Art. 9º – Se o órgão do Ministério Público, esgotadas todas as diligências, se convencer da inexistência de fundamento para a propositura da ação civil, promoverá o arquivamento dos autos do inquérito civil ou das peças informativas, fazendo-o fundamentadamente.

§ 1º – Os autos do inquérito civil ou das peças de informação arquivadas serão remetidos, sob pena de se incorrer em falta grave, no prazo de 3 (três) dias, ao Conselho Superior do Ministério Público.

§ 2º – Até que, em sessão do Conselho Superior do Ministério Público, seja homologada ou rejeitada a promoção de arquivamento, poderão as associações legitimadas apresentar razões escritas ou documentos, que serão juntados aos autos do inquérito ou anexados às peças de informação.

§ 3º – A promoção de arquivamento será submetida a exame e deliberação do Conselho Superior do Ministério Público, conforme dispuser o seu Regimento.

§ 4º – Deixando o Conselho Superior de homologar a promoção de arquivamento, designará, desde logo, outro órgão do Ministério Público para o ajuizamento da ação.

Art. 10 – Constitui crime, punido com pena de reclusão de 1 (um) a 3 (três) anos, mais multa de 10 (dez) a 1.000 (mil) Obrigações Reajustáveis do Tesouro Nacional – ORTN, a recusa, o retardamento ou a omissão de dados técnicos indispensáveis à propositura da ação civil, quando requisitados pelo Ministério Público.

Art. 11 – Na ação que tenha por objeto o cumprimento de obrigação de fazer ou não fazer, o juiz determinará o cumprimento da prestação da atividade devida ou a cessação da atividade nociva, sob pena de execução específica, ou de cominação de multa diária, se esta for suficiente ou compatível, independentemente de requerimento do autor.

Art. 12 – Poderá o juiz conceder mandado liminar, com ou sem justificação prévia, em decisão sujeita a agravo.

§ 1º – A requerimento de pessoa jurídica de direito público interessada, e para evitar grave lesão à ordem, à saúde, à segurança e à economia pública, poderá o Presidente do Tribunal a que competir o conhecimento do respectivo recurso suspender a execução da liminar, em decisão fundamentada, da qual caberá agravo para uma das turmas julgadoras, no prazo de 5 (cinco) dias a partir da publicação do ato.

§ 2º – A multa cominada liminarmente só será exigível do réu após o trânsito em julgado da decisão favorável ao autor, mas será devida desde o dia em que se houver configurado o descumprimento.

Art. 13 – Havendo condenação em dinheiro, a indenização pelo dano causado reverterá a um fundo gerido por um Conselho Federal ou por Conselhos Estaduais de que participarão necessariamente o Ministério Público e representantes da comunidade, sendo seus recursos destinados à reconstituição dos bens lesados.

§ 1º – Enquanto o fundo não for regulamentado, o dinheiro ficará depositado em estabelecimento oficial de crédito, em conta com correção monetária. *(Renumerado do parágrafo único pela Lei nº 12.288, de 2010)*

§ 2º – Havendo acordo ou condenação com fundamento em dano causado por ato de discriminação étnica nos termos do disposto no art. 1º desta Lei, a prestação em dinheiro reverterá diretamente ao fundo de que trata o *caput* e será utilizada para ações de promoção da igualdade étnica, conforme definição do Conselho Nacional de Promoção da Igualdade Racial, na hipótese de extensão nacional, ou dos Conselhos de Promoção de Igualdade Racial estaduais ou locais, nas hipóteses de danos com extensão regional ou local, respectivamente. *(Incluído pela Lei nº 12.288, de 2010)*

Art. 14. – O juiz poderá conferir efeito suspensivo aos recursos, para evitar dano irreparável à parte.

Art. 15 – Decorridos sessenta dias do trânsito em julgado da sentença condenatória, sem que a associação autora lhe promova a execução, deverá fazê-lo o Ministério Público, facultada igual iniciativa aos demais legitimados. *(Redação dada pela Lei nº 8.078, de 1990)*

Art. 16 – A sentença civil fará coisa julgada *erga omnes*, nos limites da competência territorial do órgão prolator, exceto se o pedido for julgado improcedente por insuficiência de provas, hipótese em que qualquer legitimado poderá intentar outra ação com idêntico fundamento, valendo-se de nova prova. *(Redação dada pela Lei nº 9.494, de 10/9/1997)*

Art. 17 – Em caso de litigância de má-fé, a associação autora e os diretores responsáveis pela propositura da ação serão solidariamente condenados em honorários advocatícios e ao décuplo das custas, sem prejuízo da responsabilidade por perdas e danos. *(Renumerado do Parágrafo Único com nova redação pela Lei nº 8.078, de 1990)*

Art. 18 – Nas ações de que trata esta lei, não haverá adiantamento de custas, emolumentos, honorários periciais e quaisquer outras despesas, nem condenação da associação autora, salvo comprovada má-fé, em honorários de advogado, custas e despesas processuais. *(Redação dada pela Lei nº 8.078, de 1990)*

Art. 19 – Aplica-se à ação civil pública, prevista nesta Lei, o Código de Processo Civil, aprovado pela Lei nº 5.869, de 11 de janeiro de 1973, naquilo em que não contrarie suas disposições.

Art. 20 – O fundo de que trata o art. 13 desta Lei será regulamentado pelo Poder Executivo no prazo de 90 (noventa) dias.

Art. 21 – Aplicam-se à defesa dos direitos e interesses difusos, coletivos e individuais, no que for cabível, os dispositivos do Título III da lei que instituiu o Código de Defesa do Consumidor. *(Incluído Lei nº 8.078, de 1990)*

Art. 22 – Esta lei entra em vigor na data de sua publicação. *(Renumerado do art. 21, pela Lei nº 8.078, de 1990)*

Art. 23 – Revogam-se as disposições em contrário. (Renumerado do art. 22, pela Lei nº 8.078, de 1990)

Brasília, em 24 de julho de 1985; 164º da Independência e 97º da República.

QUESTÕES DE CONCURSOS

(TRF – 1ª Região) Em relação à Responsabilidade Civil por Danos Ambientais:
a) a causa indireta como determinante de responsabilidade é expressamente prevista em lei, ou seja, não resulta somente dos princípios pertinentes a matéria;
b) libera o empreendedor de que a atividade, uma vez licenciada pelo órgão competente, e de acordo com o devido processo legal, foi fixada dentro dos padrões fixados;
c) pode-se dizer que é predominantemente objetiva, o que não exclui nem atenua a exigência de demonstração do nexo de causalidade;
d) todas as alternativas anteriores estão corretas.

Resposta: a alternativa correta é "C".

(CESPE – 2008 – MPE/RO – Promotor de Justiça) Por meio de inquérito civil público, apurou-se dano ambiental em córrego que corta o município A (a montante) e o município B (a jusante). O promotor de justiça do município A entrou com ação civil pública (ACP) para reparação do dano e cessação da atividade poluidora. Dois dias depois, o promotor de justiça do município B também entrou com ACP com o mesmo conteúdo e objetivo.

Considerando a situação hipotética apresentada e à luz da legislação federal da ACP, bem como da jurisprudência dominante, assinale a opção CORRETA.

a) Como o dano ocorreu no território de mais de uma comarca, as duas comarcas são competentes para julgamento da questão, que deverá ter pronunciamento duplo.

b) Como o dano ocorreu no território de mais de uma comarca, resolve-se a questão da competência pela prevenção, sendo competente para o trato da questão o juiz que primeiro receber a inicial.

c) Como o primeiro promotor de justiça que ajuizou a ACP foi o do município A, a ação deverá ser julgada nesse município somente.

d) O tribunal de justiça deve avocar e julgar essa questão.

e) Nesse caso, a matéria torna-se de competência do STJ.

Resposta: a alternativa correta é "B".

(FCC – 2005 – PGE/SE – Procurador de Estado) Três indústrias estão instaladas ao longo de um mesmo rio. A primeira, localizada rio acima (a montante), e a segunda, localizada em ponto intermediário, expelem no rio substâncias poluentes em níveis de emissão tolerados pelas normas administrativas pertinentes. A terceira, localizada em ponto mais abaixo do rio (a jusante), também deságua no rio substância poluente da mesma espécie das anteriores, em níveis de emissão igualmente tolerados pelas normas administrativas pertinentes. Porém, com a emissão da terceira indústria, o rio passa a apresentar níveis de concentração da substância poluente superiores aos permitidos. Nessa situação:

a) a emissão de poluentes não se enquadra no conceito jurídico de poluição.

b) a terceira indústria passa automaticamente a estar proibida de jogar substâncias poluentes no rio, por força do princípio da precaução.

c) as três indústrias respondem solidariamente pelos danos causados ao meio ambiente, independentemente de não terem concorrido, individualmente, com culpa para o resultado danoso.

d) apenas a terceira indústria responde civilmente pelos danos causados ao meio ambiente, porque as outras duas não se enquadram no conceito jurídico de poluidor.

e) inexistiu dano ambiental, porque cada uma das três indústrias observou rigorosamente as normas administrativas relativas à emissão de poluentes.

Resposta: a alternativa correta é "C".

(MPE/SC – 2010 – Promotor de Justiça – Vespertina)
I – O dano ambiental, quando de impossível reparação, deve ser evitado através de medidas judiciais urgentes, invocando-se para tanto o "princípio da prevenção".

II – Em que pese certa relutância jurisprudencial, ainda arraigada ao cunho civilista do instituto, é possível admitir-se o dano moral, ainda que difuso, em consequência de lesão ao meio ambiente.

III – A responsabilidade por dano ambiental no Brasil, diversamente de outros sistemas legais é objetiva, logo, independe da aferição de culpa do causador do dano.

IV – No caso de omissão fiscalizatória no âmbito do meio ambiente, a culpa do ente estatal ou de seu preposto, não tem influência na definição da responsabilidade de tal ente.

V – Segundo o "princípio da responsabilidade" em matéria ambiental, se pode afirmar que a indenização pelo dano causado deve restringir-se ao maior valor de avaliação da área degradada.

a) apenas I e V estão corretos.
b) apenas III e IV estão corretos.
c) apenas I, II e III estão corretos.
d) apenas I e II estão corretos.
e) apenas III, IV e V estão corretos.

Resposta: a alternativa correta é "C".

(CESGRANRIO – 2005 – Petrobrás – Advogado) Em relação ao dano ambiental e à responsabilidade ambiental, pode-se afirmar que:
I – a responsabilidade por dano ambiental é objetiva;
II – a reparação espontânea do dano ambiental pelo seu causador exclui a possibilidade de aplicação das sanções administrativas;
III – a reparação espontânea do dano ambiental pelo seu causador exclui a possibilidade de aplicação das sanções penais;

IV – a responsabilidade por dano ambiental depende da comprovação da culpa ou do dolo do causador.
Está(ão) correta(s) a(s) afirmativa(s):
a) I, apenas.
b) I e II, apenas.
c) II e IV, apenas.
d) III e IV, apenas.
e) IV, apenas.

Resposta: a alternativa correta é "A".

(CESPE – 2007 – Petrobrás – Advogado) Em se tratando de dano ambiental, a regra é a responsabilidade civil objetiva e solidária, pela qual basta a demonstração do nexo causal entre a conduta do poluidor e a lesão ao meio ambiente. Assim, para que haja a obrigatoriedade da reparação do dano, é suficiente que se demonstre o nexo causal entre a lesão infligida ao meio ambiente e a ação ou omissão do responsável pelo dano.
(   ) Certo   (   ) Errado

Resposta: a alternativa é "Correto".

(FCC – 2009 – PGE/SP – Procurador) Nos termos da Lei da Ação Civil Pública,
    a) nas Ações Civis Públicas, o litisconsórcio entre os Ministérios Públicos da União e dos Estados é necessário quando se tratar de dano ambiental de abrangência regional.
    b) a Defensoria Pública não tem legitimidade para o ajuizamento de Ação Civil Pública.
    c) os órgãos públicos legitimados para o ingresso de Ação Civil Pública poderão tomar dos interessados compromisso de ajustamento de conduta, que terá eficácia de título executivo judicial.
    d) o arquivamento dos autos de inquérito civil, por inexistência de fundamento para propositura da Ação Civil Pública, independe de aprovação do Conselho Superior do Ministério Público.

e) nas Ações Civis Públicas com fundamento em interesses difusos, a sentença faz coisa julgada erga omnes, se o pedido for julgado procedente.

Resposta: a alternativa correta é "E".

(FCC – 2008 – MPE/PE – Promotor de Justiça) O inquérito civil é um procedimento:
   a) judicial com finalidade investigativa sob a presidência do órgão do Ministério Público, destinado a colher provas para instrução de ação popular.
   b) extraprocessual de natureza judicial, com finalidade de apurar dano ambiental e condenar o causador do dano na esfera civil.
   c) administrativo obrigatório com finalidade investigativa sob a presidência do órgão do Ministério Público, destinado a instruir ação civil pública.
   d) judicial e extraprocessual composto por duas fases, instauração e instrução, somente podendo ser concluído em sede de ação civil pública, se houver uma transação.
   e) administrativo com finalidade investigativa e extra-processual, sob a presidência do órgão do Ministério Público, destinado a colher provas para instruir ação civil pública.

Resposta: a alternativa correta é "E".

Capítulo 7

Sistema nacional do meio ambiente. Política nacional do meio ambiente

A Lei nº 6.938/81, recepcionada pela CF/88, instituiu a Política Nacional do Meio Ambiente (PNMA) e criou o Sistema Nacional do Meio Ambiente (Sisnama), uma estrutura administrativa constituída por órgãos governamentais dos entes federados (MDEU, Municípios, Distrito Federal, Estados e União), além de órgãos não governamentais, conforme o disposto em seu art. 6º.

O Conselho de Governo é o órgão superior (art. 6º, I) com funções de assessorar o presidente da República na formulação da política nacional e diretrizes gerais.

O Conselho Nacional do Meio Ambiente (Conama) é o órgão consultivo e deliberativo (art. 6º, II) e vem se destacando especialmente pelo exercício de sua função deliberativa, por ocasião da edição de diversas resoluções sobre normas e padrões ambientais. A presidência do Conama será ocupada pelo ministro do meio ambiente.

O Ministério do Meio Ambiente é o órgão central (art. 6º, III) e tem as funções de planejamento, coordenação, supervisão e controle da política nacional do meio ambiente.

O Instituto Brasileiro do Meio Ambiente e dos Recursos Naturais Renováveis (Ibama) é o órgão executor do Sisnama (art. 6º, IV) e tem como função a execução da política nacional do meio ambiente.

Os Estados federados ao instituir suas políticas ambientais têm criado órgãos para gerenciamento destas, denominados, no gênero, órgãos seccionais (art. 6º, V). Em Minas Gerais, a Secretaria do Meio Ambiente e Desenvolvimento Sustentável (Semad) é o órgão seccional desse Estado.

Os municípios têm instituído os órgãos locais (art. 6º, VI) com a função de gerenciar o meio ambiente municipal.

1. LEGISLAÇÃO[68]

LEI Nº 6.938, DE 31 DE AGOSTO DE 1981

Dispõe sobre a Política Nacional do Meio Ambiente, seus fins e mecanismos de formulação e aplicação, e dá outras providências.

O PRESIDENTE DA REPÚBLICA, faço saber que o CONGRESSO NACIONAL decreta e eu sanciono a seguinte Lei:

Art 1º – Esta lei, com fundamento nos incisos VI e VII do art. 23 e no art. 235 da Constituição, estabelece a Política Nacional do Meio Ambiente, seus fins e mecanismos de formulação e aplicação, constitui o Sistema Nacional do Meio Ambiente (Sisnama) e institui o Cadastro de Defesa Ambiental. *(Redação dada pela Lei nº 8.028, de 1990)*

DA POLÍTICA NACIONAL DO MEIO AMBIENTE

Art 2º – A Política Nacional do Meio Ambiente tem por objetivo a preservação, melhoria e recuperação da qualidade ambiental propícia à vida, visando assegurar, no País, condições ao desenvolvimento sócio-econômico, aos interesses da segurança nacional e à proteção da dignidade da vida humana, atendidos os seguintes princípios:

I – ação governamental na manutenção do equilíbrio ecológico, considerando o meio ambiente como um patrimônio público a ser necessariamente assegurado e protegido, tendo em vista o uso coletivo;

II – racionalização do uso do solo, do subsolo, da água e do ar;

III – planejamento e fiscalização do uso dos recursos ambientais;

IV – proteção dos ecossistemas, com a preservação de áreas representativas;

V – controle e zoneamento das atividades potencial ou efetivamente poluidoras;

---

68   Legislação importante para compreensão deste capítulo.

VI – incentivos ao estudo e à pesquisa de tecnologias orientadas para o uso racional e a proteção dos recursos ambientais;

VII – acompanhamento do estado da qualidade ambiental;

VIII – recuperação de áreas degradadas;

IX – proteção de áreas ameaçadas de degradação;

X – educação ambiental a todos os níveis de ensino, inclusive a educação da comunidade, objetivando capacitá-la para participação ativa na defesa do meio ambiente.

Art 3º – Para os fins previstos nesta Lei, entende-se por:

I – meio ambiente, o conjunto de condições, leis, influências e interações de ordem física, química e biológica, que permite, abriga e rege a vida em todas as suas formas;

II – degradação da qualidade ambiental, a alteração adversa das características do meio ambiente;

III – poluição, a degradação da qualidade ambiental resultante de atividades que direta ou indiretamente:

a) prejudiquem a saúde, a segurança e o bem-estar da população;

b) criem condições adversas às atividades sociais e econômicas;

c) afetem desfavoravelmente a biota;

d) afetem as condições estéticas ou sanitárias do meio ambiente;

e) lancem matérias ou energia em desacordo com os padrões ambientais estabelecidos;

IV – poluidor, a pessoa física ou jurídica, de direito público ou privado, responsável, direta ou indiretamente, por atividade causadora de degradação ambiental;

V – recursos ambientais: a atmosfera, as águas interiores, superficiais e subterrâneas, os estuários, o mar territorial, o solo, o subsolo, os elementos da biosfera, a fauna e a flora. *(Redação dada pela Lei nº 7.804, de 1989)*

DO SISTEMA NACIONAL DO MEIO AMBIENTE

Art 6º – Os órgãos e entidades da União, dos Estados, do Distrito Federal, dos Territórios e dos Municípios, bem como as fundações instituídas pelo Poder Público, responsáveis pela proteção e melhoria da qualidade ambiental, constituirão o Sistema Nacional do Meio Ambiente – SISNAMA, assim estruturado:

I – órgão superior: o Conselho de Governo, com a função de assessorar o Presidente da República na formulação da política nacional e nas diretrizes governamentais para o meio ambiente e os recursos ambientais; *(Redação dada pela Lei nº 8.028, de 1990)*

II – órgão consultivo e deliberativo: o Conselho Nacional do Meio Ambiente (CONAMA), com a finalidade de assessorar, estudar e propor ao Conselho de Governo, diretrizes de políticas governamentais para o meio ambiente e os recursos naturais e deliberar, no âmbito de sua competência, sobre normas e padrões compatíveis com o meio ambiente ecologicamente equilibrado e essencial à sadia qualidade de vida; *(Redação dada pela Lei nº 8.028, de 1990)*

III – órgão central: a Secretaria do Meio Ambiente da Presidência da República, com a finalidade de planejar, coordenar, supervisionar e controlar, como órgão federal, a política nacional e as diretrizes governamentais fixadas para o meio ambiente; *(Redação dada pela Lei nº 8.028, de 1990)*

IV – órgão executor: o Instituto Brasileiro do Meio Ambiente e dos Recursos Naturais Renováveis, com a finalidade de executar e fazer executar, como órgão federal, a política e diretrizes governamentais fixadas para o meio ambiente; *(Redação dada pela Lei nº 8.028, de 1990)*

V – Órgãos Seccionais: os órgãos ou entidades estaduais responsáveis pela execução de programas, projetos e pelo controle e fiscalização de atividades capazes de provocar a degradação ambiental; *(Redação dada pela Lei nº 7.804, de 1989)*

VI – Órgãos Locais: os órgãos ou entidades municipais, responsáveis pelo controle e fiscalização dessas atividades, nas suas respectivas jurisdições; *(Incluído pela Lei nº 7.804, de 1989)*

§ 1º – Os Estados, na esfera de suas competências e nas áreas de sua jurisdição, elaboração normas supletivas e complementares e padrões relacionados com o meio ambiente, observados os que forem estabelecidos pelo CONAMA.

§ 2º – Os Municípios, observadas as normas e os padrões federais e estaduais, também poderão elaborar as normas mencionadas no parágrafo anterior.

§ 3º – Os órgãos central, setoriais, seccionais e locais mencionados neste artigo deverão fornecer os resultados das análises efetuadas e sua fundamentação, quando solicitados por pessoa legitimamente interessada.

§ 4º – De acordo com a legislação em vigor, é o Poder Executivo autorizado a criar uma Fundação de apoio técnico científico às atividades do IBAMA. *(Redação dada pela Lei nº 7.804, de 1989)*

DO CONSELHO NACIONAL DO MEIO AMBIENTE DOS INSTRUMENTOS DA POLÍTICA NACIONAL DO MEIO AMBIENTE

Art 9º – São instrumentos da Política Nacional do Meio Ambiente:

I – o estabelecimento de padrões de qualidade ambiental;

II – o zoneamento ambiental;

III – a avaliação de impactos ambientais;

IV – o licenciamento e a revisão de atividades efetiva ou potencialmente poluidoras;

V – os incentivos à produção e instalação de equipamentos e a criação ou absorção de tecnologia, voltados para a melhoria da qualidade ambiental;

VI – a criação de espaços territoriais especialmente protegidos pelo Poder Público federal, estadual e municipal, tais como áreas de proteção ambiental, de relevante interesse ecológico e reservas extrativistas; *(Redação dada pela Lei nº 7.804, de 1989)*

VII – o sistema nacional de informações sobre o meio ambiente;

VIII – o Cadastro Técnico Federal de Atividades e Instrumentos de Defesa Ambiental;

IX – as penalidades disciplinares ou compensatórias ao não cumprimento das medidas necessárias à preservação ou correção da degradação ambiental.

X – a instituição do Relatório de Qualidade do Meio Ambiente, a ser divulgado anualmente pelo Instituto Brasileiro do Meio Ambiente e Recursos Naturais Renováveis – IBAMA; *(Incluído pela Lei nº 7.804, de 1989)*

XI – a garantia da prestação de informações relativas ao Meio Ambiente, obrigando-se o Poder Público a produzí-las, quando inexistentes; *(Incluído pela Lei nº 7.804, de 1989)*

XII – o Cadastro Técnico Federal de atividades potencialmente poluidoras e/ou utilizadoras dos recursos ambientais. *(Incluído pela Lei nº 7.804, de 1989)*

XIII – instrumentos econômicos, como concessão florestal, servidão ambiental, seguro ambiental e outros. *(Incluído pela Lei nº 11.284, de 2006)*

Art. 9º – A. Mediante anuência do órgão ambiental competente, o proprietário rural pode instituir servidão ambiental, pela qual voluntariamente renuncia, em caráter permanente ou temporário, total ou parcialmente, a direito de uso, exploração ou supressão de recursos naturais existentes na propriedade. *(Incluído pela Lei nº 11.284, de 2006)*

§ 1º – A servidão ambiental não se aplica às áreas de preservação permanente e de reserva legal. *(Incluído pela Lei nº 11.284, de 2006)*

§ 2º – A limitação ao uso ou exploração da vegetação da área sob servidão instituída em relação aos recursos florestais deve ser, no mínimo, a mesma estabelecida para a reserva legal. *(Incluído pela Lei nº 11.284, de 2006)*

§ 3º – A servidão ambiental deve ser averbada no registro de imóveis competente. *(Incluído pela Lei nº 11.284, de 2006)*

§ 4º – Na hipótese de compensação de reserva legal, a servidão deve ser averbada na matrícula de todos os imóveis envolvidos. *(Incluído pela Lei nº 11.284, de 2006)*

§ 5º – É vedada, durante o prazo de vigência da servidão ambiental, a alteração da destinação da área, nos casos de transmissão do imóvel a qualquer título, de desmembramento ou de retificação dos limites da propriedade. *(Incluído pela Lei nº 11.284, de 2006)*

Art 12 – As entidades e órgãos de financiamento e incentivos governamentais condicionarão a aprovação de projetos habilitados a esses benefícios ao licenciamento, na forma desta Lei, e ao cumprimento das normas, dos critérios e dos padrões expedidos pelo CONAMA.

Parágrafo Único. As entidades e órgãos referidos no *caput* deste artigo deverão fazer constar dos projetos a realização de obras e aquisição de equipamentos destinados ao controle de degradação ambiental e à melhoria da qualidade do meio ambiente.

Art 14 – Sem prejuízo das penalidades definidas pela legislação federal, estadual e municipal, o não cumprimento das medidas necessárias à preservação ou correção dos inconvenientes e danos causados pela degradação da qualidade ambiental sujeitará os transgressores:

§ 1º – Sem obstar a aplicação das penalidades previstas neste artigo, é o poluidor obrigado, independentemente da existência de culpa, a indenizar ou reparar os danos causados ao meio ambiente e a terceiros, afetados por sua atividade. O Ministério Público da União e dos Estados terá legitimidade para propor ação de responsabilidade civil e criminal, por danos causados ao meio ambiente.

QUESTÕES DE CONCURSOS

(VUNESP – 2009 – CETESB – Analista Ambiental – Engenheiro Ambiental) De acordo com a Lei nº 6.938, de 31 de Agosto de 1981, do Sistema Nacional do Meio Ambiente (SISNAMA), o órgão federal que tem a finalidade de assessorar, estudar e propor ao Conselho de Governo diretrizes de políticas governamentais para o meio ambiente e os recursos naturais, deliberar, no âmbito de sua competência, sobre normas e padrões com o meio ambiente ecologicamente equilibrado e essencial à qualidade sadia de vida é:
    a) o Instituto Brasileiro do Meio Ambiente e dos Recursos Renováveis (IBAMA).
    b) o Conselho Superior de Meio Ambiente.
    c) o Órgão Seccional.
    d) o Conselho Nacional do Meio Ambiente (CONAMA).
    e) a Secretaria do Meio Ambiente da Presidência da República.

Resposta: a alternativa correta é "D".

(VUNESP – 2010 – MPE/SP – Analista de Promotoria 1) Sobre a estrutura do Sistema Nacional do Meio Ambiente (SISNAMA), é correto afirmar que caberá:
    a) ao órgão central, formado pela Secretaria do Meio Ambiente da Presidência da República, planejar, coordenar, supervisionar e controlar a política nacional e diretrizes governamentais fixadas para o meio ambiente.
    b) ao órgão superior, formado pelo CONAMA (Conselho Nacional do Meio Ambiente), propor e estudar diretrizes e políticas governamentais para o meio ambiente.
    c) ao órgão executor, formado pelo Conselho do Governo, a função de assessorar o Presidente da República na formulação da política nacional para o meio ambiente e recursos ambientais.
    d) aos órgãos seccionais, compostos basicamente pelo Instituto Brasileiro do Meio Ambiente e dos Recursos Naturais, executar e fazer executar como órgão federal, as políticas e diretrizes fixadas para o meio ambiente.
    e) ao órgão executor, composto pelos órgãos municipais, controlar e verificar a correta execução das políticas ambientais.

Resposta: a alternativa correta é "A".

(CESGRANRIO – 2010 – BNDES – Advogado) Sobre a Política Nacional do Meio Ambiente e a responsabilidade civil ambiental, analise as afirmações a seguir.

I – Até a promulgação da Constituição da República Federativa do Brasil de 1988, a responsabilidade civil ambiental era subjetiva, ou seja, dependia da existência de culpa para que houvesse a obrigação de reparação dos danos causados ao meio ambiente.

II – A responsabilidade civil por danos ambientais no Brasil é objetiva, sendo considerados poluidores somente as pessoas físicas ou jurídicas, de direito público ou privado, diretamente responsáveis por atividade causadora de degradação ambiental.

III – A aprovação de projetos habilitados a benefícios concedidos por entidades e órgãos de financiamento e incentivos governamentais deve ser condicionada ao licenciamento ambiental e ao cumprimento das normas, dos critérios e dos padrões expedidos pelo Conselho Nacional do Meio Ambiente.

IV – O Sistema Nacional do Meio Ambiente é composto por órgãos e entidades da União, dos Estados, do Distrito Federal e dos Municípios, dentre os quais se encontra o Conselho Nacional do Meio Ambiente, órgão consultivo e deliberativo a quem compete estabelecer normas, critérios e padrões relativos ao controle e à manutenção da qualidade do meio ambiente, com vistas ao uso racional dos recursos ambientais.

Está correto APENAS o que se afirma em
a) II.
b) I e III.
c) II e IV.
d) III e IV.
e) I, II e IV.

Resposta: a alternativa correta é "D".

(FCC – 2010 – PGE/AM – Procurador) Considere as seguintes afirmações a respeito das funções e competências legais do Conselho Nacional do Meio Ambiente – CONAMA, no âmbito do Sistema Nacional do Meio Ambiente:

I – Compete ao CONAMA expedir normas sobre critérios e padrões para controle e manutenção da qualidade do meio ambiente.

II – O CONAMA exerce função consultiva e de assessoramento ao Presidente da República na formulação de diretrizes e políticas de proteção do meio ambiente.

III – Compete ao CONAMA expedir licenças ambientais e fiscalizar obras e empreendimentos relativamente a sua adequação à legislação ambiental, no âmbito federal.

Está correto SOMENTE o que se afirma em:
a) II e III.
b) I.
c) II.
d) I e II.
e) I e III.

Resposta: a alternativa correta é "B".

(FCC – 2010 – AL/SP – Agente Técnico Legislativo Especializado) Com relação ao Sistema Nacional do Meio Ambiente, a Secretaria do Meio Ambiente da Presidência da República é classificada como órgão:
a) executor.
b) central.
c) consultivo.
d) deliberativo.
e) seccional.

Resposta: a alternativa correta é "B".

(MPE/MG – 2010 – Promotor de Justiça) Considere as seguintes assertivas a respeito da Lei Federal nº 6.938, de 31 de agosto de 1981, que instituiu a Política Nacional do Meio Ambiente:

I – São princípios da Política Nacional do Meio Ambiente a proteção dos ecossistemas, com a preservação de áreas representativas, a proteção das áreas ameaçadas de degradação, bem como a recuperação das áreas degradadas.

II – O poluidor é obrigado, independentemente da existência de culpa, a indenizar ou reparar os danos causados ao meio ambiente e a terceiros afetados por sua atividade, sendo que as medidas de responsabilização civil e a recuperação ambiental podem eximir o poluidor de sanções administrativas.

III – As diretrizes da Política Nacional do Meio Ambiente obrigam não apenas as atividades empresariais públicas, mas também as privadas.

IV – São instrumentos da PNMA o zoneamento ambiental, a avaliação de impactos ambientais, as penalidades disciplinares ou compensatórias ao não-cumprimento das medidas necessárias à preservação ou correção da degradação ambiental, a criação de espaços territoriais especialmente protegidos pelo Poder Público, assim como instrumentos econômicos, inclusive o seguro ambiental.

V – A construção, instalação, ampliação e funcionamento de estabelecimentos e atividades utilizadoras de recursos ambientais, considerados efetiva e potencialmente poluidores, bem como os capazes, sob qualquer forma, de causar degradação ambiental, dependerão de prévio licenciamento de órgão estadual competente, integrante do Sistema Nacional do Meio Ambiente (SISNAMA), e do Instituto Brasileiro do Meio Ambiente e Recursos Naturais Renováveis (IBAMA), em caráter supletivo, sem prejuízo de outras licenças exigíveis.

Assinale a opção CORRETA.
a) I, II, III e IV estão corretas.
b) I, II, III e V estão corretas.
c) I, III, IV e V estão corretas.
d) I, III e V estão corretas.
e) Todas estão corretas.

Resposta: a alternativa correta é "C".

(CESPE – 2007 – Petrobrás – Advogado) O Conselho Nacional do Meio Ambiente (CONAMA) integra o Sistema Nacional do Meio Ambiente (SISNAMA), previsto na legislação infraconstitucional, sendo órgão superior com a função de assessorar o presidente da República na formulação da política nacional do meio ambiente.
( ) Certo   ( ) Errado

Resposta: a alternativa é "Errado".

CAPÍTULO 8

Estudo de impacto ambiental. Conceito. Competências. Natureza jurídica. Requisitos

Para assegurar a efetividade do direito ao meio ambiente ecologicamente equilibrado cabe ao poder público (MDEU – Municípios, Distrito Federal, Estados e União) exigir, na forma da lei, para a instalação de obra ou atividade potencialmente causadora de significativa degradação do meio ambiente, estudo prévio de impacto ambiental, a que se dará publicidade.

Na norma acima, existem alguns conceitos jurídicos indeterminados potencial e significativamente, o que nos leva a entender que não são todas as atividades que estão sujeitas ao estudo prévio de impacto ambiental. O rol previsto no anexo da Resolução nº 237/97 é taxativo (art. 2º, § 1º), pelas mesmas razões consideradas no item anterior, quanto ao licenciamento ambiental. O art. 2º da Resolução nº 1/86 também contém um rol exemplificativo em que o impacto ambiental é presumido.

O estudo de impacto ambiental (art. 5º da Resolução nº 1/86 do Conama) é vinculado ao licenciamento ambiental. Deve ser apresentado antes da licença prévia (LP) e visa a avaliar impactos e definir medidas mitigadoras e/ou compensatórias, e contemplar informações gerais do empreendimento, da empresa, descrevendo e diagnosticando a área de influência do empreendimento.

Vale ressaltar que considerando a Resolução do Conama (Conselho Nacional do Meio Ambiente) nº 1, de 23 de janeiro de 1986, e a Resolução Conama nº 11, de 18 de março de 1986, o estudo de impacto ambiental desenvolverá, entre outras atividades técnicas, o diagnóstico ambiental da área de influência do projeto, considerando o meio físico, o meio biológico e o meio sócioeconômico.

Ressaltamos que a Resolução nº 6/97 do Conama estabelece a exigência do EIA para obras de grande porte e que tenham sido instaladas ou estejam em operação antes da Resolução nº 1/86. Considerado um dos poucos casos de elaboração do EIA posterior à licença prévia (LP), não podemos nos esquecer das atividades que estão degradando o meio ambiente desde a descoberta do território brasileiro. Busca-se adequar ao máximo essas atividades ao atual contexto do desenvolvimento sustentável.

A administração pública exerce seu poder disciplinar quando exige do particular a entrega de estudo de impacto ambiental para a liberação de determinado empreendimento.

O EIA é um estudo técnico realizado por uma equipe multidisciplinar (profissionais de áreas diversas – engenheiros, arquitetos, geógrafos etc.) e tem como destinatário principal o órgão ambiental competente. Essa equipe multidisciplinar habilitada, não pode ser dependente direta ou indiretamente do proponente do projeto e será responsável tecnicamente pelos resultados apresentados.

A sociedade tem obrigação de defender e preservar o meio ambiente para que seja ecologicamente equilibrado, motivo pelo qual deve ser dada publicidade ao estudo.

Seja ressaltado, portanto, que o estudo de impacto ambiental (EIA) e o seu relatório (Rima) não são documentos técnicos de caráter sigiloso.

Ao final desse item, lembramos que o EIA não anula o EIV (Estudo de Impacto de Vizinhança – previsto no Estatuto da Cidade, conforme já vimos).

1. LEGISLAÇÃO[69]

CONSTITUIÇÃO FEDERAL

Art. 225 – Todos têm direito ao meio ambiente ecologicamente equilibrado, bem de uso comum do povo e essencial à sadia qualidade de vida, impondo-se ao Poder Público e à coletividade o dever de defendê-lo e preservá-lo para as presentes e futuras gerações.

---

69 Legislação importante para compreensão deste capítulo. Preste atenção nos destaques.

§ 1º – Para assegurar a efetividade desse direito, incumbe ao Poder Público:

IV – exigir, na forma da lei, para instalação de obra ou atividade potencialmente causadora de significativa degradação do meio ambiente, estudo prévio de impacto ambiental, a que se dará publicidade:

RESOLUÇÃO CONAMA Nº 1, DE 23 DE JANEIRO DE 1986
Publicado no DOU de 17/2/1986.

O CONSELHO NACIONAL DO MEIO AMBIENTE – IBAMA, no uso das atribuições que lhe confere o artigo 48 do Decreto nº 88.351, de 1º de junho de 1983, para efetivo exercício das responsabilidades que lhe são atribuídas pelo artigo 18 do mesmo decreto, e Considerando a necessidade de se estabelecerem as definições, as responsabilidades, os critérios básicos e as diretrizes gerais para uso e implementação da Avaliação de Impacto Ambiental como um dos instrumentos da Política Nacional do Meio Ambiente, RESOLVE:

Artigo 1º – Para efeito desta Resolução, considera-se impacto ambiental qualquer alteração das propriedades físicas, químicas e biológicas do meio ambiente, causada por qualquer forma de matéria ou energia resultante das atividades humanas que, direta ou indiretamente, afetam:

I – a saúde, a segurança e o bem-estar da população;

II – as atividades sociais e econômicas;

III – a biota;

IV – as condições estéticas e sanitárias do meio ambiente;

V – a qualidade dos recursos ambientais.

Artigo 2º – Dependerá de elaboração de estudo de impacto ambiental e respectivo relatório de impacto ambiental – RIMA, a serem submetidos à aprovação do órgão estadual competente, e do IBAMA em caráter supletivo, o licenciamento de atividades modificadoras do meio ambiente, tais como:

I – Estradas de rodagem com duas ou mais faixas de rolamento;

II – Ferrovias;

III – Portos e terminais de minério, petróleo e produtos químicos;

IV – Aeroportos, conforme definidos pelo inciso 1, artigo 48, do Decreto-Lei nº 32, de 18/11/66;

V – Oleodutos, gasodutos, minerodutos, troncos coletores e emissários de esgotos sanitários;

VI – Linhas de transmissão de energia elétrica, acima de 230KV;

VII – Obras hidráulicas para exploração de recursos hídricos, tais como: barragem para fins hidrelétricos, acima de 10MW, de saneamento ou de irrigação, abertura de canais para navegação, drenagem e irrigação, retificação de cursos d'água, abertura de barras e embocaduras, transposição de bacias, diques;

VIII – Extração de combustível fóssil (petróleo, xisto, carvão);

IX – Extração de minério, inclusive os da classe II, definidas no Código de Mineração;

X – Aterros sanitários, processamento e destino final de resíduos tóxicos ou perigosos;

Xl – Usinas de geração de eletricidade, qualquer que seja a fonte de energia primária, acima de 10MW;

XII – Complexo e unidades industriais e agro-industriais (petroquímicos, siderúrgicos, cloroquímicos, destilarias de álcool, hulha, extração e cultivo de recursos hídricos);

XIII – Distritos industriais e zonas estritamente industriais – ZEI;

XIV – Exploração econômica de madeira ou de lenha, em áreas acima de 100 hectares ou menores, quando atingir áreas significativas em termos percentuais ou de importância do ponto de vista ambiental;

XV – Projetos urbanísticos, acima de 100ha. ou em áreas consideradas de relevante interesse ambiental a critério da SEMA e dos órgãos municipais e estaduais competentes;

XVI – Qualquer atividade que utilize carvão vegetal, em quantidade superior a dez toneladas por dia.

Artigo 3º – Dependerá de elaboração de estudo de impacto ambiental e respectivo RIMA, a serem submetidos à aprovação do IBAMA, o licenciamento de atividades que, por lei, seja de competência federal.

Artigo 4º – Os órgãos ambientais competentes e os órgãos setoriais do SISNAMA deverão compatibilizar os processos de licenciamento com as etapas de planejamento e implantação das atividades modificadoras do meio Ambiente, respeitados os critérios e diretrizes estabelecidos por esta Resolução e tendo por base a natureza o porte e as peculiaridades de cada atividade.

Artigo 5º – O estudo de impacto ambiental, além de atender à legislação, em especial os princípios e objetivos expressos na Lei de Política Nacional do Meio Ambiente, obedecerá às seguintes diretrizes gerais:

I – Contemplar todas as alternativas tecnológicas e de localização de projeto, confrontando-as com a hipótese de não execução do projeto;

II – Identificar e avaliar sistematicamente os impactos ambientais gerados nas fases de implantação e operação da atividade;

III – Definir os limites da área geográfica a ser direta ou indiretamente afetada pelos impactos, denominada área de influência do projeto, considerando, em todos os casos, a bacia hidrográfica na qual se localiza;

IV – Considerar os planos e programas governamentais, propostos e em implantação na área de influência do projeto, e sua compatibilidade.

Parágrafo Único. Ao determinar a execução do estudo de impacto ambiental o órgão estadual competente, ou o IBAMA ou, quando couber, o Município, fixará as diretrizes adicionais que, pelas peculiaridades do projeto e características ambientais da área, forem julgadas necessárias, inclusive os prazos para conclusão e análise dos estudos.

Artigo 6º – O estudo de impacto ambiental desenvolverá, no mínimo, as seguintes atividades técnicas:

I – Diagnóstico ambiental da área de influência do projeto completa descrição e análise dos recursos ambientais e suas interações, tal como existem, de modo a caracterizar a situação ambiental da área, antes da implantação do projeto, considerando:

a) o meio físico – o subsolo, as águas, o ar e o clima, destacando os recursos minerais, a topografia, os tipos e aptidões do solo, os corpos d'água, o regime hidrológico, as correntes marinhas, as correntes atmosféricas;

b) o meio biológico e os ecossistemas naturais – a fauna e a flora, destacando as espécies indicadoras da qualidade ambiental, de valor científico e econômico, raras e ameaçadas de extinção e as áreas de preservação permanente;

c) o meio sócio-econômico – o uso e ocupação do solo, os usos da água e a sócio-economia, destacando os sítios e monumentos arqueológicos, históricos e culturais da comunidade, as relações de dependência entre a sociedade local, os recursos ambientais e a potencial utilização futura desses recursos.

II – Análise dos impactos ambientais do projeto e de suas alternativas, através de identificação, previsão da magnitude e interpretação da importância dos prováveis impactos relevantes, discriminando: os impactos positivos e negativos (benéficos e adversos), diretos e indiretos, imediatos e a médio e longo prazos, temporários e permanentes; seu grau de reversibilidade; suas propriedades cumulativas e sinérgicas; a distribuição dos ônus e benefícios sociais.

III – Definição das medidas mitigadoras dos impactos negativos, entre elas os equipamentos de controle e sistemas de tratamento de despejos, avaliando a eficiência de cada uma delas.

IV – Elaboração do programa de acompanhamento e monitoramento (os impactos positivos e negativos, indicando os fatores e parâmetros a serem considerados.

Parágrafo Único. Ao determinar a execução do estudo de impacto Ambiental o órgão estadual competente; ou o IBAMA ou quando couber, o Município fornecerá as instruções adicionais que se fizerem necessárias, pelas peculiaridades do projeto e características ambientais da área.

Artigo 7º – O estudo de impacto ambiental será realizado por equipe multidisciplinar habilitada, não dependente direta ou indiretamente do proponente do projeto e que será responsável tecnicamente pelos resultados apresentados.

Artigo 8º – Correrão por conta do proponente do projeto todas as despesas e custos referentes á realização do estudo de impacto ambiental, tais como: coleta e aquisição dos dados e informações, trabalhos e inspeções de campo, análises de laboratório, estudos técnicos e científicos e acompanhamento e monitoramento dos impactos, elaboração do RIMA e fornecimento de pelo menos 5 (cinco) cópias,

Artigo 9º – O relatório de impacto ambiental – RIMA refletirá as conclusões do estudo de impacto ambiental e conterá, no mínimo:

I – Os objetivos e justificativas do projeto, sua relação e compatibilidade com as políticas setoriais, planos e programas governamentais;

II – A descrição do projeto e suas alternativas tecnológicas e locacionais, especificando para cada um deles, nas fases de construção e operação a área de influência, as matérias primas, e mão-de-obra, as fontes de energia, os processos e técnica operacionais, os prováveis efluentes, emissões, resíduos de energia, os empregos diretos e indiretos a serem gerados;

III – A síntese dos resultados dos estudos de diagnósticos ambiental da área de influência do projeto;

IV – A descrição dos prováveis impactos ambientais da implantação e operação da atividade, considerando o projeto, suas alternativas, os horizontes de tempo de incidência dos impactos e indicando os métodos, técnicas e critérios adotados para sua identificação, quantificação e interpretação;

V – A caracterização da qualidade ambiental futura da área de influência, comparando as diferentes situações da adoção do projeto e suas alternativas, bem como com a hipótese de sua não realização;

VI – A descrição do efeito esperado das medidas mitigadoras previstas em relação aos impactos negativos, mencionando aqueles que não puderam ser evitados, e o grau de alteração esperado;

VII – O programa de acompanhamento e monitoramento dos impactos;

VIII – Recomendação quanto à alternativa mais favorável (conclusões e comentários de ordem geral).

Parágrafo Único. O RIMA deve ser apresentado de forma objetiva e adequada a sua compreensão. As informações devem ser traduzidas em linguagem acessível, ilustradas por mapas, cartas, quadros, gráficos e demais técnicas de comunicação visual, de modo que se possam entender as vantagens e desvantagens do projeto, bem como todas as consequências ambientais de sua implementação.

Artigo 10 – O órgão estadual competente, ou o IBAMA ou, quando couber, o Município terá um prazo para se manifestar de forma conclusiva sobre o RIMA apresentado.

Parágrafo Único. O prazo a que se refere o *caput* deste artigo terá o seu termo inicial na data do recebimento pelo estadual competente ou pela SEMA do estudo do impacto ambiental e seu respectivo RIMA.

Artigo 11 – Respeitado o sigilo industrial, assim solicitando e demonstrando pelo interessado o RIMA será acessível ao público. Suas cópias permanecerão à disposição dos interessados, nos centros de documentação ou bibliotecas da SEMA e do estadual de controle ambiental correspondente, inclusive o período de análise técnica,

§ 1º – Os órgãos públicos que manifestarem interesse, ou tiverem relação direta com o projeto, receberão cópia do RIMA, para conhecimento e manifestação,

§ 2º – Ao determinar a execução do estudo de impacto ambiental e apresentação do RIMA, o estadual competente ou o IBAMA ou, quando couber o Município, determinará o prazo para recebimento dos comentários a serem feitos pelos órgãos públicos e demais interessados e, sempre que julgar necessário, promoverá a realização de audiência pública para informação sobre o projeto e seus impactos ambientais e discussão do RIMA,

Artigo 12 – Esta Resolução entra em vigor na data de sua publicação.

FLÁVIO PEIXOTO DA SILVEIRA

(Alterada pela Resolução nº 11/86)

(Vide item I – 3º da Resolução nº 5/87)

RESOLUÇÃO Nº 237, DE 19 DE DEZEMBRO DE 1997 DO CONAMA

O CONSELHO NACIONAL DO MEIO AMBIENTE – CONAMA, no uso das atribuições e competências que lhe são conferidas pela Lei nº 6.938, de 31 de agosto de 1981, regulamentadas pelo Decreto nº 99.274, de 6 de junho de 1990, e tendo em vista o disposto em seu Regimento Interno, e

CONSIDERANDO a necessidade de revisão dos procedimentos e critérios utilizados no licenciamento ambiental, de forma a efetivar a utilização do sistema de licenciamento como instrumento de gestão ambiental, instituído pela Política Nacional do Meio Ambiente;

CONSIDERANDO a necessidade de se incorporar ao sistema de licenciamento ambiental os instrumentos de gestão ambiental, visando o desenvolvimento sustentável e a melhoria contínua;

CONSIDERANDO as diretrizes estabelecidas na Resolução CONAMA nº 011/94, que determina a necessidade de revisão no sistema de licenciamento ambiental;

Considerando a necessidade de regulamentação de aspectos do licenciamento ambiental estabelecidos na Política Nacional de Meio Ambiente que ainda não foram definidos;

CONSIDERANDO a necessidade de ser estabelecido critério para exercício da competência para o licenciamento a que se refere o artigo 10 da Lei nº 6.938, de 31 de agosto de 1981;

CONSIDERANDO a necessidade de se integrar a atuação dos órgãos competentes do Sistema Nacional de Meio Ambiente – SISNAMA na execução da Política Nacional do Meio Ambiente, em conformidade com as respectivas competências, resolve:

Art. 1º – Para efeito desta Resolução são adotadas as seguintes definições:

I – Licenciamento Ambiental: procedimento administrativo pelo qual o órgão ambiental competente licencia a localização, instalação, ampliação e a operação de empreendimentos e atividades utilizadoras de recursos ambientais, consideradas efetiva ou potencialmente poluidoras ou daquelas que, sob qualquer forma, possam causar degradação ambiental, considerando as disposições legais e regulamentares e as normas técnicas aplicáveis ao caso.

II – Licença Ambiental: ato administrativo pelo qual o órgão ambiental competente, estabelece as condições, restrições e medidas de controle ambiental que deverão ser obedecidas pelo empreendedor, pessoa física ou jurídica, para localizar, instalar, ampliar e operar empreendimentos ou atividades utilizadoras dos recursos ambientais consideradas efetiva ou potencialmente poluidoras ou aquelas que, sob qualquer forma, possam causar degradação ambiental.

III – Estudos Ambientais: são todos e quaisquer estudos relativos aos aspectos ambientais relacionados à localização, instalação, operação e ampliação de uma atividade ou empreendimento, apresentado como subsídio para a análise da licença requerida, tais como: relatório ambiental, plano e projeto de controle ambiental, relatório ambiental preliminar, diagnóstico ambiental, plano de manejo, plano de recuperação de área degradada e análise preliminar de risco.

IV – Impacto Ambiental Regional: é todo e qualquer impacto ambiental que afete diretamente (área de influência direta do projeto), no todo ou em parte, o território de dois ou mais Estados.

Art. 2º – A localização, construção, instalação, ampliação, modificação e operação de empreendimentos e atividades utilizadoras de recursos ambientais consideradas efetiva ou potencialmente poluidoras, bem como os empreendimentos capazes, sob qualquer forma, de causar degradação ambiental, dependerão de prévio licenciamento do órgão ambiental competente, sem prejuízo de outras licenças legalmente exigíveis.

§ 1º – Estão sujeitos ao licenciamento ambiental os empreendimentos e as atividades relacionadas no Anexo 1, parte integrante desta Resolução.

§ 2º – Caberá ao órgão ambiental competente definir os critérios de exigibilidade, o detalhamento e a complementação do Anexo 1, levando em consideração as especificidades, os riscos ambientais, o porte e outras características do empreendimento ou atividade.

Art. 3º – A licença ambiental para empreendimentos e atividades consideradas efetiva ou potencialmente causadoras de significativa degradação do meio dependerá de prévio estudo de impacto ambiental e respectivo relatório de impacto sobre o meio ambiente (EIA/RIMA), ao qual dar-se-á publicidade, garantida a realização de audiências públicas, quando couber, de acordo com a regulamentação.

Parágrafo Único. O órgão ambiental competente, verificando que a atividade ou empreendimento não é potencialmente causador de significativa degradação do meio ambiente, definirá os estudos ambientais pertinentes ao respectivo processo de licenciamento.

Art. 4º – Compete ao Instituto Brasileiro do Meio Ambiente e dos Recursos Naturais Renováveis – IBAMA, órgão executor do SISNAMA, o licenciamento ambiental, a que se refere o artigo 10 da Lei nº 6.938, de 31 de agosto de 1981, de empreendimentos e atividades com significativo impacto ambiental de âmbito nacional ou regional, a saber:

I – localizadas ou desenvolvidas conjuntamente no Brasil e em país limítrofe; no mar territorial; na plataforma continental; na zona econômica exclusiva; em terras indígenas ou em unidades de conservação do domínio da União.

II – localizadas ou desenvolvidas em dois ou mais Estados;

III – cujos impactos ambientais diretos ultrapassem os limites territoriais do País ou de um ou mais Estados;

IV – destinados a pesquisar, lavrar, produzir, beneficiar, transportar, armazenar e dispor material radioativo, em qualquer estágio, ou que utilizem energia nuclear em qualquer de suas formas e aplicações, mediante parecer da Comissão Nacional de Energia Nuclear – CNEN;

V – bases ou empreendimentos militares, quando couber, observada a legislação específica.

§ 1º – O IBAMA fará o licenciamento de que trata este artigo após considerar o exame técnico procedido pelos órgãos ambientais dos Estados e Municípios em que se localizar a atividade ou empreendimento, bem como, quando couber, o parecer dos demais órgãos competentes da União, dos Estados, do Distrito Federal e dos Municípios, envolvidos no procedimento de licenciamento.

§ 2º – O IBAMA, ressalvada sua competência supletiva, poderá delegar aos Estados o licenciamento de atividade com significativo impacto ambiental de âmbito regional, uniformizando, quando possível, as exigências.

Art. 5º – Compete ao órgão ambiental estadual ou do Distrito Federal o licenciamento ambiental dos empreendimentos e atividades:

I – localizados ou desenvolvidos em mais de um Município ou em unidades de conservação de domínio estadual ou do Distrito Federal;

II – localizados ou desenvolvidos nas florestas e demais formas de vegetação natural de preservação permanente relacionadas no artigo 2º da Lei nº 4.771, de 15 de setembro de 1965, e em todas as que assim forem consideradas por normas federais, estaduais ou municipais;

III – cujos impactos ambientais diretos ultrapassem os limites territoriais de um ou mais Municípios;

IV – delegados pela União aos Estados ou ao Distrito Federal, por instrumento legal ou convênio.

Parágrafo Único. O órgão ambiental estadual ou do Distrito Federal fará o licenciamento de que trata este artigo após considerar o exame técnico procedido pelos órgãos ambientais dos Municípios em que se localizar a atividade ou empreendimento, bem como, quando couber, o parecer dos demais órgãos competentes da União, dos Estados, do Distrito Federal e dos Municípios, envolvidos no procedimento de licenciamento.

Art. 6º – Compete ao órgão ambiental municipal, ouvidos os órgãos competentes da União, dos Estados e do Distrito Federal, quando couber, o licenciamento ambiental de empreendimentos e atividades de impacto ambiental local e daquelas que lhe forem delegadas pelo Estado por instrumento legal ou convênio.

Art. 7º – Os empreendimentos e atividades serão licenciados em um único nível de competência, conforme estabelecido nos artigos anteriores.

Art. 8º – O Poder Público, no exercício de sua competência de controle, expedirá as seguintes licenças:

I – Licença Prévia (LP) – concedida na fase preliminar do planejamento do empreendimento ou atividade aprovando sua localização e concepção, atestando a viabilidade ambiental e estabelecendo os requisitos básicos e condicionantes a serem atendidos nas próximas fases de sua implementação;

II – Licença de Instalação (LI) – autoriza a instalação do empreendimento ou atividade de acordo com as especificações constantes dos planos, programas e projetos aprovados, incluindo as medidas de controle ambiental e demais condicionantes, da qual constituem motivo determinante;

III – Licença de Operação (LO) – autoriza a operação da atividade ou empreendimento, após a verificação do efetivo cumprimento do que consta das licenças anteriores, com as medidas de controle ambiental e condicionantes determinados para a operação.

Parágrafo Único. As licenças ambientais poderão ser expedidas isolada ou sucessivamente, de acordo com a natureza, características e fase do empreendimento ou atividade.

Art. 9º – O CONAMA definirá, quando necessário, licenças ambientais específicas, observadas a natureza, características e peculiaridades da atividade ou empreendimento e, ainda, a compatibilização do processo de licenciamento com as etapas de planejamento, implantação e operação.

Art. 10 – O procedimento de licenciamento ambiental obedecerá às seguintes etapas:

I – Definição pelo órgão ambiental competente, com a participação do empreendedor, dos documentos, projetos e estudos ambientais, necessários ao início do processo de licenciamento correspondente à licença a ser requerida;

II – Requerimento da licença ambiental pelo empreendedor, acompanhado dos documentos, projetos e estudos ambientais pertinentes, dando-se a devida publicidade;

III – Análise pelo órgão ambiental competente, integrante do SISNAMA, dos documentos, projetos e estudos ambientais apresentados e a realização de vistorias técnicas, quando necessárias;

IV – Solicitação de esclarecimentos e complementações pelo órgão ambiental competente, integrante do SISNAMA, uma única vez, em decorrência da análise dos documentos, projetos e estudos ambientais apresentados, quando couber, podendo haver a reiteração da mesma solicitação caso os esclarecimentos e complementações não tenham sido satisfatórios;

V – Audiência pública, quando couber, de acordo com a regulamentação pertinente;

VI – Solicitação de esclarecimentos e complementações pelo órgão ambiental competente, decorrentes de audiências públicas, quando couber, podendo haver reiteração da solicitação quando os esclarecimentos e complementações não tenham sido satisfatórios;

VII – Emissão de parecer técnico conclusivo e, quando couber, parecer jurídico;

VIII – Deferimento ou indeferimento do pedido de licença, dando-se a devida publicidade.

§ 1º – No procedimento de licenciamento ambiental deverá constar, obrigatoriamente, a certidão da Prefeitura Municipal, declarando que o local e o tipo de empreendimento ou atividade estão em conformidade com a legislação aplicável ao uso e ocupação do solo e, quando for o caso, a autorização para supressão de vegetação e a outorga para o uso da água, emitidas pelos órgãos competentes.

§ 2º – No caso de empreendimentos e atividades sujeitos ao estudo de impacto ambiental - EIA, se verificada a necessidade de nova complementação em decorrência de esclarecimentos já prestados, conforme incisos IV e VI, o órgão ambiental competente, mediante decisão motivada e com a participação do empreendedor, poderá formular novo pedido de complementação.

Art. 11 – Os estudos necessários ao processo de licenciamento deverão ser realizados por profissionais legalmente habilitados, às expensas do empreendedor.

Parágrafo Único. O empreendedor e os profissionais que subscrevem os estudos previstos no *caput* deste artigo serão responsáveis pelas informações apresentadas, sujeitando-se às sanções administrativas, civis e penais.

Art. 12 – O órgão ambiental competente definirá, se necessário, procedimentos específicos para as licenças ambientais, observadas a natureza, características e peculiaridades da atividade ou empreendimento e, ainda, a compatibilização do processo de licenciamento com as etapas de planejamento, implantação e operação.

§ 1º – Poderão ser estabelecidos procedimentos simplificados para as atividades e empreendimentos de pequeno potencial de impacto ambiental, que deverão ser aprovados pelos respectivos Conselhos de Meio Ambiente.

§ 2º – Poderá ser admitido um único processo de licenciamento ambiental para pequenos empreendimentos e atividades similares e vizinhos ou para aqueles integrantes de planos de desenvolvimento aprovados, previamente, pelo órgão governamental competente, desde que definida a responsabilidade legal pelo conjunto de empreendimentos ou atividades.

§ 3º – Deverão ser estabelecidos critérios para agilizar e simplificar os procedimentos de licenciamento ambiental das atividades e empreendimentos que implementem planos e programas voluntários de gestão ambiental, visando a melhoria contínua e o aprimoramento do desempenho ambiental.

Art. 13 – O custo de análise para a obtenção da licença ambiental deverá ser estabelecido por dispositivo legal, visando o ressarcimento, pelo empreendedor, das despesas realizadas pelo órgão ambiental competente.

Parágrafo Único. Facultar-se-á ao empreendedor acesso à planilha de custos realizados pelo órgão ambiental para a análise da licença.

Art. 14 – O órgão ambiental competente poderá estabelecer prazos de análise diferenciados para cada modalidade de licença (LP, LI e LO), em função das peculiaridades da atividade ou empreendimento, bem como para a formulação de exigências complementares, desde que observado o prazo máximo de 6 (seis) meses a contar do ato de protocolar o requerimento até seu deferimento ou indeferimento, ressalvados os casos em que houver EIA/RIMA e/ou audiência pública, quando o prazo será de até 12 (doze) meses.

§ 1º – A contagem do prazo previsto no *caput* deste artigo será suspensa durante a elaboração dos estudos ambientais complementares ou preparação de esclarecimentos pelo empreendedor.

§ 2º – Os prazos estipulados no *caput* poderão ser alterados, desde que justificados e com a concordância do empreendedor e do órgão ambiental competente.

Art. 15 – O empreendedor deverá atender à solicitação de esclarecimentos e complementações, formuladas pelo órgão ambiental competente, dentro do prazo máximo de 4 (quatro) meses, a contar do recebimento da respectiva notificação

Parágrafo Único. O prazo estipulado no *caput* poderá ser prorrogado, desde que justificado e com a concordância do empreendedor e do órgão ambiental competente.

Art. 16 – O não cumprimento dos prazos estipulados nos artigos 14 e 15, respectivamente, sujeitará o licenciamento à ação do órgão que detenha competência para atuar supletivamente e o empreendedor ao arquivamento de seu pedido de licença.

Art. 17 – O arquivamento do processo de licenciamento não impedirá a apresentação de novo requerimento de licença, que deverá obedecer aos procedimentos estabelecidos no artigo 10, mediante novo pagamento de custo de análise.

Art. 18 – O órgão ambiental competente estabelecerá os prazos de validade de cada tipo de licença, especificando-os no respectivo documento, levando em consideração os seguintes aspectos:

I – O prazo de validade da Licença Prévia (LP) deverá ser, no mínimo, o estabelecido pelo cronograma de elaboração dos planos, programas e projetos relativos ao empreendimento ou atividade, não podendo ser superior a 5 (cinco) anos.

II – O prazo de validade da Licença de Instalação (LI) deverá ser, no mínimo, o estabelecido pelo cronograma de instalação do empreendimento ou atividade, não podendo ser superior a 6 (seis) anos.

III – O prazo de validade da Licença de Operação (LO) deverá considerar os planos de controle ambiental e será de, no mínimo, 4 (quatro) anos e, no máximo, 10 (dez) anos.

§ 1º – A Licença Prévia (LP) e a Licença de Instalação (LI) poderão ter os prazos de validade prorrogados, desde que não ultrapassem os prazos máximos estabelecidos nos incisos I e II.

§ 2º – O órgão ambiental competente poderá estabelecer prazos de validade específicos para a Licença de Operação (LO) de empreendimentos ou atividades que, por sua natureza e peculiaridades, estejam sujeitos a encerramento ou modificação em prazos inferiores.

§ 3º – Na renovação da Licença de Operação (LO) de uma atividade ou empreendimento, o órgão ambiental competente poderá, mediante decisão motivada, aumentar ou diminuir o seu prazo de validade, após avaliação do desempenho ambiental da atividade ou empreendimento no período de vigência anterior, respeitados os limites estabelecidos no inciso III.

§ 4º – A renovação da Licença de Operação (LO) de uma atividade ou empreendimento deverá ser requerida com antecedência mínima de 120 (cento e vinte) dias da expiração de seu prazo de validade, fixado na respectiva licença, ficando este automaticamente prorrogado até a manifestação definitiva do órgão ambiental competente.

Art. 19 – O órgão ambiental competente, mediante decisão motivada, poderá modificar os condicionantes e as medidas de controle e adequação, suspender ou cancelar uma licença expedida, quando ocorrer:

I – Violação ou inadequação de quaisquer condicionantes ou normas legais.

II – Omissão ou falsa descrição de informações relevantes que subsidiaram a expedição da licença.

III – superveniência de graves riscos ambientais e de saúde.

Art. 20 – Os entes federados, para exercerem suas competências licenciatórias, deverão ter implementados os Conselhos de Meio Ambiente, com caráter deliberativo e participação social e, ainda, possuir em seus quadros ou a sua disposição profissionais legalmente habilitados.

Art. 21 – Esta Resolução entra em vigor na data de sua publicação, aplicando seus efeitos aos processos de licenciamento em tramitação nos órgãos ambientais competentes, revogadas as disposições em contrário, em especial os artigos 3º e 7º da Resolução CONAMA nº 001, de 23 de janeiro de 1986.

GUSTAVO KRAUSE GONÇALVES SOBRINHO
Raimundo Deusdará Filho

QUESTÕES DE CONCURSOS

(CESPE – 2008 – Procurador do Estado do Espírito Santo) Julgue o item abaixo:

A Constituição Federal dispôs sobre a proteção do meio ambiente, exigindo, em um de seus dispositivos, na forma da lei, estudo prévio de impacto ambiental para a instalação de obra ou atividade potencialmente causadora de significativa degradação ao meio ambiente. A lei em questão é a Lei da Política Nacional do Meio Ambiente, que prevê o chamado estudo de impacto ambiental e o consequente relatório de impacto ao meio ambiente (EIA/RIMA).

Resposta: a alternativa está "Correta".

(CESPE – 2008 – Procurador do Estado do Espírito Santo) Julgue o item abaixo:
Com a finalidade de resguardar o meio ambiente, a legislação prevê controles prévios por parte de autoridades públicas, materializados mediante licenças, autorizações, permissões, estudos e relatórios de impactos ambientais destinados a verificar a observância das normas de direito ambiental pelos respectivos destinatários. Assim, a aprovação da atividade e a outorga de licença pela autoridade competente liberam o empreendedor da responsabilidade pelo eventual dano que vier a causar ao meio ambiente e a terceiros.

Resposta: a alternativa está "Errada".

(CESPE – Promotor de Justiça de RO) O governador do estado de Rondônia deseja construir uma estrada estadual que corta a floresta amazônica. Tal obra pública, que será causadora de significativa degradação do meio ambiente, deve ser objeto de concorrência para escolha da empresa que irá executar a obra. Considerando essa situação hipotética, assinale a opção correta à luz da CF, do SISNAMA e dos princípios ligados à poluição e à degradação ambiental.
   a) Nesse caso, a licença deve ser dada pelos órgãos dos municípios que serão cruzados pela rodovia.
   b) A obra, por ser pública, não exige EIA/RIMA.
   c) A obra não pode ser realizada por particulares, por se tratar de bem de uso comum.
   d) A licitação deve ser feita pelo governo federal.
   e) É obrigatório o licenciamento ambiental antes da licitação.

Resposta: a alternativa correta é "E".

(CESPE – 2011 – MMA – Analista Ambiental III) Para o licenciamento da atividade de "pesque e pague", exigem-se a elaboração de estudo de impacto ambiental e a apresentação do respectivo relatório de impacto ambiental, devidamente aprovado.
   ( ) Certo   ( ) Errado

Resposta: a alternativa é "Certo".

(CESPE – 2010 – MPU – Analista – Processual) A administração pública exerce seu poder disciplinar quando exige do particular a entrega de estudo de impacto ambiental para a liberação de determinado empreendimento.
( ) Certo ( ) Errado

Resposta: a alternativa é "Errado".

(CESPE – 2009 – ANTAQ – Especialista em Regulação – Engenharia Civil) Dependerá de elaboração de estudo de impacto ambiental e respectivo relatório de impacto ambiental (RIMA), a serem submetidos à aprovação do órgão estadual competente, e do IBAMA em caráter supletivo, a execução de qualquer obra de geração de energia elétrica.
( ) Certo ( ) Errado

Resposta: a alternativa é "Errado".

(CESPE – 2009 – ANTAQ – Especialista em Regulação – Engenharia Civil) O estudo de impacto ambiental será realizado por equipe multidisciplinar habilitada, não dependente direta ou indiretamente do proponente do projeto e que será responsável tecnicamente pelos resultados apresentados.
( ) Certo ( ) Errado

Resposta: a alternativa é "Certo".

(VUNESP – 2009 – CETESB – Engenheiro Civil) Considere os itens de I a IV.
I – Diagnóstico ambiental da área de influência do projeto.
II – Análise dos impactos ambientais do projeto e de suas alternativas.
III – Definição das medidas mitigadoras dos impactos negativos.
IV – Elaboração do programa de acompanhamento e monitoramento dos impactos positivos e negativos.
O estudo de impacto ambiental desenvolverá, no mínimo, as atividades técnicas:
a) I e II.

b) I, II e III.
c) I, II e IV.
d) II, III e IV.
e) I, II, III e IV.

Resposta: a alternativa correta é "E".

(FCC – 2007 – MPU – Analista Pericial. Engenharia Florestal) O Relatório de Impacto Ambiental deve ser apresentado de forma objetiva e adequada à sua compreensão. As informações devem ser traduzidas em linguagem acessível, ilustradas por mapas, cartas, quadros, gráficos e demais técnicas de comunicação visual, de modo que possam ser entendidas as vantagens e desvantagens do projeto, bem como todas as consequências ambientais de sua implementação. O RIMA refletirá as conclusões do Estudo de Impacto Ambiental e conterá, no mínimo:

I – Os objetivos e justificativas do projeto, sua relação e compatibilidade com as políticas setoriais, planos e programas governamentais.

II – A descrição do projeto e suas alternativas tecnológicas e educacionais, especificando para cada uma delas, nas fases de construção e operação a área de influência, as matérias primas e a mão-de-obra.

III – A síntese dos resultados dos estudos de diagnósticos ambiental da área de influência do projeto.

IV – A descrição dos prováveis passivos ambientais da implantação e operação da atividade, considerando o projeto, suas alternativas, os horizontes de tempo de incidência dos passivos e indicando os métodos, técnicas e critérios adotados para sua identificação, quantificação e interpretação.

V – A caracterização da qualidade ambiental futura da área de influência, comparando as diferentes situações da adoção do projeto e suas alternativas, bem como com a hipótese de sua não realização.

VI. A descrição da consequência das medidas adotadas em relação aos impactos negativos, mencionando aqueles que não puderam ser evitados, e o grau de alteração esperado.

VII. O programa de acompanhamento e monitoramento dos impactos.

VIII. Recomendação quanto à alternativa mais favorável (conclusões e comentários de ordem geral).

É correto o que se afirma APENAS em:
a) I, II, III, VII e VIII.
b) I, III, IV, VI e VIII.
c) I, III, V, VII e VIII.
d) II, IV, V, VII e VIII.
e) III, IV, V, VI e VII.

Resposta: a alternativa correta é "C".

(FCC – 2007 – MPU – Analista Pericial – Engenharia Agronômica) Considerando a Resolução CONAMA (Conselho Nacional do Meio Ambiente) nº 1, de 23 de janeiro de 1986, e a Resolução CONAMA nº 11, de 18 de março de 1986, o Estudo de Impacto Ambiental desenvolverá, entre outras atividades técnicas, o diagnóstico ambiental da área de influência do projeto, considerando:
a) o meio físico e o meio biológico.
b) o meio físico, o meio biológico e o meio sócio-econômico.
c) apenas o meio físico.
d) apenas o meio biológico.
e) apenas o meio sócio-econômico.

Resposta: a alternativa correta é "B".

(FCC – 2007 – MPU – Analista Pericial – Biologia) O diagnóstico ambiental é uma das atividades técnicas que deve ser contemplada em um estudo de impacto ambiental. Devem ser objeto de diagnóstico
a) os ecossistemas naturais e os meios físico, socioeconômico e biológico.
b) os ecossistemas naturais, as medidas mitigadoras e o meio biológico.
c) o monitoramento dos impactos positivos e negativos e o meio biológico.
d) a análise de alternativas para o projeto e o meio físico.
e) a avaliação das medidas mitigadoras e o meio socioeconômico.

Resposta: a alternativa correta é "A".

(CESPE – 2007 – AGU – Procurador Federal) O estudo de impacto ambiental (EIA) e o seu relatório (RIMA) são documentos técnicos de caráter sigiloso, de forma a impedir danos às empresas concorrentes da obra pública em estudo.
( ) Certo ( ) Errado

Resposta: a alternativa é "Errado".

CAPÍTULO 9

Biossegurança

O direito ao meio ambiente foi consagrado como direito fundamental pela CF/88, vez que se configura como bem de uso comum do povo, indispensável à sadia qualidade de vida, ou seja, é um bem jurídico transindividual, pertencente a todos os cidadãos.

Para legislar sobre o assunto, tem competência a União e de forma concorrente suplementar, os Estados, conforme art. 24 da CF/88.

O meio ambiente no ordenamento jurídico brasileiro, assim como é protegido pela lei constitucional, também o é por leis infraconstitucionais.

No âmbito constitucional, destaca-se os ditames do artigo 225 da CF/88 que afirma que "todos têm direito ao meio ambiente ecologicamente equilibrado, bem de uso comum do povo e essencial à sadia qualidade de vida, impondo-se ao poder público e à coletividade o dever de defendê-lo e preservá-lo, para as presentes e futuras gerações".

No âmbito infraconstitucional, dentre as legislações existentes, destaca-se a Lei de Biossegurança, de nº 11.105/2005, sendo esta apenas uma das leis que regulam questões diversas que envolvem o meio ambiente.

Segundo seu 1º artigo "esta Lei estabelece normas de segurança e mecanismos de fiscalização sobre a construção, o cultivo, a produção, a manipulação, o transporte, a transferência, a importação, a exportação, o armazenamento, a pesquisa, a comercialização, o consumo, a liberação no meio ambiente e o descarte de organismos geneticamente modificados – OGM e seus derivados, tendo como diretrizes o estímulo ao avanço científico na área de biossegurança e biotecnologia, a proteção à vida e à saúde humana, animal e vegetal, e a observância do princípio da precaução para a proteção do meio ambiente".

A Lei de Biossegurança possui caráter de norma geral, em razão da dificuldade de se regular, especificamente, todos os casos que envolvem as questões ambientais.

Assim, por meio da competência concorrente prevista no artigo 24 da CF/88, tem-se a suplementação legislativa dos Estados e municípios, a fim de sanar omissões que a Lei de Biossegurança apresenta, não podendo estas serem contrária ao dispositivo federal.

1. LEGISLAÇÃO[70]

LEI Nº 11.105, DE 24 DE MARÇO DE 2005

Regulamenta os incisos II, IV e V do § 1º do art. 225 da Constituição Federal, estabelece normas de segurança e mecanismos de fiscalização de atividades que envolvam organismos geneticamente modificados – OGM e seus derivados, cria o Conselho Nacional de Biossegurança – CNBS, reestrutura a Comissão Técnica Nacional de Biossegurança – CTNBio, dispõe sobre a Política Nacional de Biossegurança – PNB, revoga a Lei nº 8.974, de 5 de janeiro de 1995, e a Medida Provisória nº 2.191-9, de 23 de agosto de 2001, e os arts. 5º, 6º, 7º, 8º, 9º, 10 e 16 da Lei nº 10.814, de 15 de dezembro de 2003, e dá outras providências.

O PRESIDENTE DA REPÚBLICA faço saber que o Congresso Nacional decreta e eu sanciono a seguinte Lei:

CAPÍTULO I
Disposições Preliminares e Gerais

Art. 1º – Esta Lei estabelece normas de segurança e mecanismos de fiscalização sobre a construção, o cultivo, a produção, a manipulação, o transporte, a transferência, a importação, a exportação, o armazenamento, a pesquisa, a comercialização, o consumo, a liberação no

---

70   Legislação importante para compreensão deste capítulo.

meio ambiente e o descarte de organismos geneticamente modificados – OGM e seus derivados, tendo como diretrizes o estímulo ao avanço científico na área de biossegurança e biotecnologia, a proteção à vida e à saúde humana, animal e vegetal, e a observância do princípio da precaução para a proteção do meio ambiente.

§ 1º – Para os fins desta Lei, considera-se atividade de pesquisa a realizada em laboratório, regime de contenção ou campo, como parte do processo de obtenção de OGM e seus derivados ou de avaliação da biossegurança de OGM e seus derivados, o que engloba, no âmbito experimental, a construção, o cultivo, a manipulação, o transporte, a transferência, a importação, a exportação, o armazenamento, a liberação no meio ambiente e o descarte de OGM e seus derivados.

§ 2º – Para os fins desta Lei, considera-se atividade de uso comercial de OGM e seus derivados a que não se enquadra como atividade de pesquisa, e que trata do cultivo, da produção, da manipulação, do transporte, da transferência, da comercialização, da importação, da exportação, do armazenamento, do consumo, da liberação e do descarte de OGM e seus derivados para fins comerciais.

Art. 2º – As atividades e projetos que envolvam OGM e seus derivados, relacionados ao ensino com manipulação de organismos vivos, à pesquisa científica, ao desenvolvimento tecnológico e à produção industrial ficam restritos ao âmbito de entidades de direito público ou privado, que serão responsáveis pela obediência aos preceitos desta Lei e de sua regulamentação, bem como pelas eventuais consequências ou efeitos advindos de seu descumprimento.

§ 1º – Para os fins desta Lei, consideram-se atividades e projetos no âmbito de entidade os conduzidos em instalações próprias ou sob a responsabilidade administrativa, técnica ou científica da entidade.

§ 2º – *As atividades e projetos de que trata este artigo são vedados a pessoas físicas em atuação autônoma e independente*, ainda que mantenham vínculo empregatício ou qualquer outro com pessoas jurídicas.

§ 3º – Os interessados em realizar atividade prevista nesta Lei deverão requerer autorização à Comissão Técnica Nacional de Biossegurança – CTNBio, que se manifestará no prazo fixado em regulamento.

§ 4º – As organizações públicas e privadas, nacionais, estrangeiras ou internacionais, financiadoras ou patrocinadoras de atividades ou de projetos referidos no *caput* deste artigo devem exigir a apresentação de

Certificado de Qualidade em Biossegurança, emitido pela CTNBio, sob pena de se tornarem co-responsáveis pelos eventuais efeitos decorrentes do descumprimento desta Lei ou de sua regulamentação.

Art. 3º – Para os efeitos desta Lei, considera-se:

I – organismo: toda entidade biológica capaz de reproduzir ou transferir material genético, inclusive vírus e outras classes que venham a ser conhecidas;

II – ácido desoxirribonucléico – ADN, ácido ribonucléico – ARN: material genético que contém informações determinantes dos caracteres hereditários transmissíveis à descendência;

III – moléculas de ADN/ARN recombinante: as moléculas manipuladas fora das células vivas mediante a modificação de segmentos de ADN/ARN natural ou sintético e que possam multiplicar-se em uma célula viva, ou ainda as moléculas de ADN/ARN resultantes dessa multiplicação; consideram-se também os segmentos de ADN/ARN sintéticos equivalentes aos de ADN/ARN natural;

IV – engenharia genética: atividade de produção e manipulação de moléculas de ADN/ARN recombinante;

V – organismo geneticamente modificado – OGM: organismo cujo material genético – ADN/ARN tenha sido modificado por qualquer técnica de engenharia genética;

VI – derivado de OGM: produto obtido de OGM e que não possua capacidade autônoma de replicação ou que não contenha forma viável de OGM;

VII – célula germinal humana: célula-mãe responsável pela formação de gametas presentes nas glândulas sexuais femininas e masculinas e suas descendentes diretas em qualquer grau de ploidia;

VIII – clonagem: processo de reprodução assexuada, produzida artificialmente, baseada em um único patrimônio genético, com ou sem utilização de técnicas de engenharia genética;

IX – clonagem para fins reprodutivos: clonagem com a finalidade de obtenção de um indivíduo;

X – clonagem terapêutica: clonagem com a finalidade de produção de células-tronco embrionárias para utilização terapêutica;

XI – células-tronco embrionárias: células de embrião que apresentam a capacidade de se transformar em células de qualquer tecido de um organismo.

§ 1º – Não se inclui na categoria de OGM o resultante de técnicas que impliquem a introdução direta, num organismo, de material hereditário, desde que não envolvam a utilização de moléculas de ADN/ARN recombinante ou OGM, inclusive fecundação *in vitro*, conjugação, transdução, transformação, indução poliplóide e qualquer outro processo natural.

§ 2º – Não se inclui na categoria de derivado de OGM a substância pura, quimicamente definida, obtida por meio de processos biológicos e que não contenha OGM, proteína heteróloga ou ADN recombinante.

Art. 4º – Esta Lei não se aplica quando a modificação genética for obtida por meio das seguintes técnicas, desde que não impliquem a utilização de OGM como receptor ou doador:

I – mutagênese;

II – formação e utilização de células somáticas de hibridoma animal;

III – fusão celular, inclusive a de protoplasma, de células vegetais, que possa ser produzida mediante métodos tradicionais de cultivo;

IV – autoclonagem de organismos não-patogênicos que se processe de maneira natural.

Art. 5º – É permitida, para fins de pesquisa e terapia, a utilização de células-tronco embrionárias obtidas de embriões humanos produzidos por fertilização *in vitro* e não utilizados no respectivo procedimento, atendidas as seguintes condições:

I – sejam embriões inviáveis; ou

II – sejam embriões congelados há 3 (três) anos ou mais, na data da publicação desta Lei, ou que, já congelados na data da publicação desta Lei, depois de completarem 3 (três) anos, contados a partir da data de congelamento.

§ 1º – Em qualquer caso, é necessário o consentimento dos genitores.

§ 2º – Instituições de pesquisa e serviços de saúde que realizem pesquisa ou terapia com células-tronco embrionárias humanas deverão submeter seus projetos à apreciação e aprovação dos respectivos comitês de ética em pesquisa.

§ 3º – É vedada a comercialização do material biológico a que se refere este artigo e sua prática implica o crime tipificado no art. 15 da Lei nº 9.434, de 4 de fevereiro de 1997.

Art. 6º – Fica proibido:

I – implementação de projeto relativo a OGM sem a manutenção de registro de seu acompanhamento individual;

II – engenharia genética em organismo vivo ou o manejo **in vitro** de ADN/ARN natural ou recombinante, realizado em desacordo com as normas previstas nesta Lei;

III – engenharia genética em célula germinal humana, zigoto humano e embrião humano;

IV – clonagem humana;

V – destruição ou descarte no meio ambiente de OGM e seus derivados em desacordo com as normas estabelecidas pela CTNBio, pelos órgãos e entidades de registro e fiscalização, referidos no art. 16 desta Lei, e as constantes desta Lei e de sua regulamentação;

VI – liberação no meio ambiente de OGM ou seus derivados, no âmbito de atividades de pesquisa, sem a decisão técnica favorável da CTNBio e, nos casos de liberação comercial, sem o parecer técnico favorável da CTNBio, ou sem o licenciamento do órgão ou entidade ambiental responsável, quando a CTNBio considerar a atividade como potencialmente causadora de degradação ambiental, ou sem a aprovação do Conselho Nacional de Biossegurança – CNBS, quando o processo tenha sido por ele avocado, na forma desta Lei e de sua regulamentação;

VII – a utilização, a comercialização, o registro, o patenteamento e o licenciamento de tecnologias genéticas de restrição do uso.

Parágrafo Único. Para os efeitos desta Lei, entende-se por tecnologias genéticas de restrição do uso qualquer processo de intervenção humana para geração ou multiplicação de plantas geneticamente modificadas para produzir estruturas reprodutivas estéreis, bem como qualquer forma de manipulação genética que vise à ativação ou desativação de genes relacionados à fertilidade das plantas por indutores químicos externos.

Art. 7º – São obrigatórias:

I – a investigação de acidentes ocorridos no curso de pesquisas e projetos na área de engenharia genética e o envio de relatório respectivo à autoridade competente no prazo máximo de 5 (cinco) dias a contar da data do evento;

II – a notificação imediata à CTNBio e às autoridades da saúde pública, da defesa agropecuária e do meio ambiente sobre acidente que possa provocar a disseminação de OGM e seus derivados;

III – a adoção de meios necessários para plenamente informar à CTNBio, às autoridades da saúde pública, do meio ambiente, da defesa agropecuária, à coletividade e aos demais empregados da instituição ou empresa sobre os riscos a que possam estar submetidos, bem como os procedimentos a serem tomados no caso de acidentes com OGM.

CAPÍTULO II
Do Conselho Nacional de Biossegurança – CNBS

Art. 8º – Fica criado o Conselho Nacional de Biossegurança – CNBS, vinculado à Presidência da República, órgão de assessoramento superior do Presidente da República para a formulação e implementação da Política Nacional de Biossegurança – PNB.

§ 1º – Compete ao CNBS:

I – fixar princípios e diretrizes para a ação administrativa dos órgãos e entidades federais com competências sobre a matéria;

II – analisar, a pedido da CTNBio, quanto aos aspectos da conveniência e oportunidade socioeconômicas e do interesse nacional, os pedidos de liberação para uso comercial de OGM e seus derivados;

III – avocar e decidir, em última e definitiva instância, com base em manifestação da CTNBio e, quando julgar necessário, dos órgãos e entidades referidos no art. 16 desta Lei, no âmbito de suas competências, sobre os processos relativos a atividades que envolvam o uso comercial de OGM e seus derivados;

§ 3º – Sempre que o CNBS deliberar favoravelmente à realização da atividade analisada, encaminhará sua manifestação aos órgãos e entidades de registro e fiscalização referidos no art. 16 desta Lei.

§ 4º – Sempre que o CNBS deliberar contrariamente à atividade analisada, encaminhará sua manifestação à CTNBio para informação ao requerente.

Art. 9º – O CNBS é composto pelos seguintes membros:

I – Ministro de Estado Chefe da Casa Civil da Presidência da República, que o presidirá;

II – Ministro de Estado da Ciência e Tecnologia;

III – Ministro de Estado do Desenvolvimento Agrário;

IV – Ministro de Estado da Agricultura, Pecuária e Abastecimento;

V – Ministro de Estado da Justiça;

VI – Ministro de Estado da Saúde;

VII – Ministro de Estado do Meio Ambiente;

VIII – Ministro de Estado do Desenvolvimento, Indústria e Comércio Exterior;

IX – Ministro de Estado das Relações Exteriores;

X – Ministro de Estado da Defesa;

XI – Secretário Especial de Aquicultura e Pesca da Presidência da República.

§ 1º – O CNBS reunir-se-á sempre que convocado pelo Ministro de Estado Chefe da Casa Civil da Presidência da República, ou mediante provocação da maioria de seus membros.

§ 3º – Poderão ser convidados a participar das reuniões, em caráter excepcional, representantes do setor público e de entidades da sociedade civil.

§ 4º – O CNBS contará com uma Secretaria-Executiva, vinculada à Casa Civil da Presidência da República.

§ 5º – A reunião do CNBS poderá ser instalada com a presença de 6 (seis) de seus membros e as decisões serão tomadas com votos favoráveis da maioria absoluta.

CAPÍTULO III
Da Comissão Técnica Nacional de Biossegurança – CTNBio

Art. 10 – A CTNBio, integrante do Ministério da Ciência e Tecnologia, é instância colegiada multidisciplinar de caráter consultivo e deliberativo, para prestar apoio técnico e de assessoramento ao Governo Federal na formulação, atualização e implementação da PNB de OGM e seus derivados, bem como no estabelecimento de normas técnicas de segurança e de pareceres técnicos referentes à autorização para atividades que envolvam pesquisa e uso comercial de OGM e seus derivados, com base na avaliação de seu risco zoofitossanitário, à saúde humana e ao meio ambiente.

Parágrafo Único. A CTNBio deverá acompanhar o desenvolvimento e o progresso técnico e científico nas áreas de biossegurança, biotecnologia, bioética e afins, com o objetivo de aumentar sua capacitação para a proteção da saúde humana, dos animais e das plantas e do meio ambiente.

Art. 11 – A CTNBio, composta de membros titulares e suplentes, designados pelo Ministro de Estado da Ciência e Tecnologia, será constituída por 27 (vinte e sete) cidadãos brasileiros de reconhecida competência técnica, de notória atuação e saber científicos, com grau acadêmico de doutor e com destacada atividade profissional nas áreas de biossegurança, biotecnologia, biologia, saúde humana e animal ou meio ambiente, sendo:

I – 12 (doze) especialistas de notório saber científico e técnico, em efetivo exercício profissional, sendo:

a) 3 (três) da área de saúde humana;

b) 3 (três) da área animal;

c) 3 (três) da área vegetal;

d) 3 (três) da área de meio ambiente;

II – um representante de cada um dos seguintes órgãos, indicados pelos respectivos titulares:

a) Ministério da Ciência e Tecnologia;

b) Ministério da Agricultura, Pecuária e Abastecimento;

c) Ministério da Saúde;

d) Ministério do Meio Ambiente;

e) Ministério do Desenvolvimento Agrário;

f) Ministério do Desenvolvimento, Indústria e Comércio Exterior;

g) Ministério da Defesa;

h) Secretaria Especial de Aquicultura e Pesca da Presidência da República;

i) Ministério das Relações Exteriores;

III – um especialista em defesa do consumidor, indicado pelo Ministro da Justiça;

IV – um especialista na área de saúde, indicado pelo Ministro da Saúde;

V – um especialista em meio ambiente, indicado pelo Ministro do Meio Ambiente;

VI – um especialista em biotecnologia, indicado pelo Ministro da Agricultura, Pecuária e Abastecimento;

VII – um especialista em agricultura familiar, indicado pelo Ministro do Desenvolvimento Agrário;

VIII – um especialista em saúde do trabalhador, indicado pelo Ministro do Trabalho e Emprego.

§ 1º – Os especialistas de que trata o inciso I do *caput* deste artigo serão escolhidos a partir de lista tríplice, elaborada com a participação das sociedades científicas, conforme disposto em regulamento.

§ 2º – Os especialistas de que tratam os incisos III a VIII do *caput* deste artigo serão escolhidos a partir de lista tríplice, elaborada pelas organizações da sociedade civil, conforme disposto em regulamento.

§ 3º – Cada membro efetivo terá um suplente, que participará dos trabalhos na ausência do titular.

§ 4º – Os membros da CTNBio terão mandato de 2 (dois) anos, renovável por até mais 2 (dois) períodos consecutivos.

§ 5º – O presidente da CTNBio será designado, entre seus membros, pelo Ministro da Ciência e Tecnologia para um mandato de 2 (dois) anos, renovável por igual período.

§ 6º – Os membros da CTNBio devem pautar a sua atuação pela observância estrita dos conceitos ético-profissionais, sendo vedado participar do julgamento de questões com as quais tenham algum envolvimento de ordem profissional ou pessoal, sob pena de perda de mandato, na forma do regulamento.

§ 7º – A reunião da CTNBio poderá ser instalada com a presença de 14 (catorze) de seus membros, incluído pelo menos um representante de cada uma das áreas referidas no inciso I do *caput* deste artigo.

§ 8º – (VETADO)

§ 8º-A – As decisões da CTNBio serão tomadas com votos favoráveis da maioria absoluta de seus membros. *(Incluído pela Lei nº 11.460, de 2007)*

§ 9º – Órgãos e entidades integrantes da administração pública federal poderão solicitar participação nas reuniões da CTNBio para tratar de assuntos de seu especial interesse, sem direito a voto.

§ 10 – Poderão ser convidados a participar das reuniões, em caráter excepcional, representantes da comunidade científica e do setor público e entidades da sociedade civil, sem direito a voto.

Art. 12 – O funcionamento da CTNBio será definido pelo regulamento desta Lei.

§ 1º – A CTNBio contará com uma Secretaria-Executiva e cabe ao Ministério da Ciência e Tecnologia prestar-lhe o apoio técnico e administrativo.

Art. 13 – A CTNBio constituirá subcomissões setoriais permanentes na área de saúde humana, na área animal, na área vegetal e na área ambiental, e poderá constituir subcomissões extraordinárias, para análise prévia dos temas a serem submetidos ao plenário da Comissão.

§ 1º – Tanto os membros titulares quanto os suplentes participarão das subcomissões setoriais e caberá a todos a distribuição dos processos para análise.

§ 2º – O funcionamento e a coordenação dos trabalhos nas subcomissões setoriais e extraordinárias serão definidos no regimento interno da CTNBio.

Art. 14 – Compete à CTNBio:

I – estabelecer normas para as pesquisas com OGM e derivados de OGM;

II – estabelecer normas relativamente às atividades e aos projetos relacionados a OGM e seus derivados;

III – estabelecer, no âmbito de suas competências, critérios de avaliação e monitoramento de risco de OGM e seus derivados;

IV – proceder à análise da avaliação de risco, caso a caso, relativamente a atividades e projetos que envolvam OGM e seus derivados;

V – estabelecer os mecanismos de funcionamento das Comissões Internas de Biossegurança – CIBio, no âmbito de cada instituição que se dedique ao ensino, à pesquisa científica, ao desenvolvimento tecnológico e à produção industrial que envolvam OGM ou seus derivados;

VI – estabelecer requisitos relativos à biossegurança para autorização de funcionamento de laboratório, instituição ou empresa que desenvolverá atividades relacionadas a OGM e seus derivados;

VII – relacionar-se com instituições voltadas para a biossegurança de OGM e seus derivados, em âmbito nacional e internacional;

VIII – autorizar, cadastrar e acompanhar as atividades de pesquisa com OGM ou derivado de OGM, nos termos da legislação em vigor;

IX – autorizar a importação de OGM e seus derivados para atividade de pesquisa;

X – prestar apoio técnico consultivo e de assessoramento ao CNBS na formulação da PNB de OGM e seus derivados;

XI – emitir Certificado de Qualidade em Biossegurança – CQB para o desenvolvimento de atividades com OGM e seus derivados em laboratório, instituição ou empresa e enviar cópia do processo aos órgãos de registro e fiscalização referidos no art. 16 desta Lei;

XII – emitir decisão técnica, caso a caso, sobre a biossegurança de OGM e seus derivados no âmbito das atividades de pesquisa e de uso comercial de OGM e seus derivados, inclusive a classificação quanto ao grau de risco e nível de biossegurança exigido, bem como medidas de segurança exigidas e restrições ao uso;

XIII – definir o nível de biossegurança a ser aplicado ao OGM e seus usos, e os respectivos procedimentos e medidas de segurança quanto ao seu uso, conforme as normas estabelecidas na regulamentação desta Lei, bem como quanto aos seus derivados;

XIV – classificar os OGM segundo a classe de risco, observados os critérios estabelecidos no regulamento desta Lei;

XV – acompanhar o desenvolvimento e o progresso técnico-científico na biossegurança de OGM e seus derivados;

XVI – emitir resoluções, de natureza normativa, sobre as matérias de sua competência;

XVII – apoiar tecnicamente os órgãos competentes no processo de prevenção e investigação de acidentes e de enfermidades, verificados no curso dos projetos e das atividades com técnicas de ADN/ARN recombinante;

XVIII – apoiar tecnicamente os órgãos e entidades de registro e fiscalização, referidos no art. 16 desta Lei, no exercício de suas atividades relacionadas a OGM e seus derivados;

XIX – divulgar no Diário Oficial da União, previamente à análise, os extratos dos pleitos e, posteriormente, dos pareceres dos processos que lhe forem submetidos, bem como dar ampla publicidade no Sistema de Informações em Biossegurança – SIB a sua agenda, processos em trâmite, relatórios anuais, atas das reuniões e demais informações sobre suas atividades, excluídas as informações sigilosas, de interesse comercial, apontadas pelo proponente e assim consideradas pela CTNBio;

XX – identificar atividades e produtos decorrentes do uso de OGM e seus derivados potencialmente causadores de degradação do meio ambiente ou que possam causar riscos à saúde humana;

XXI – reavaliar suas decisões técnicas por solicitação de seus membros ou por recurso dos órgãos e entidades de registro e fiscalização, fundamentado em fatos ou conhecimentos científicos novos, que sejam relevantes quanto à biossegurança do OGM ou derivado, na forma desta Lei e seu regulamento;

XXII – propor a realização de pesquisas e estudos científicos no campo da biossegurança de OGM e seus derivados;

XXIII – apresentar proposta de regimento interno ao Ministro da Ciência e Tecnologia.

§ 1º – Quanto aos aspectos de biossegurança do OGM e seus derivados, a decisão técnica da CTNBio vincula os demais órgãos e entidades da administração.

§ 2º – Nos casos de uso comercial, dentre outros aspectos técnicos de sua análise, os órgãos de registro e fiscalização, no exercício de suas atribuições em caso de solicitação pela CTNBio, observarão, quanto aos aspectos de biossegurança do OGM e seus derivados, a decisão técnica da CTNBio.

§ 3º – Em caso de decisão técnica favorável sobre a biossegurança no âmbito da atividade de pesquisa, a CTNBio remeterá o processo respectivo aos órgãos e entidades referidos no art. 16 desta Lei, para o exercício de suas atribuições.

§ 4º – A decisão técnica da CTNBio deverá conter resumo de sua fundamentação técnica, explicitar as medidas de segurança e restrições ao uso do OGM e seus derivados e considerar as particularidades das diferentes regiões do País, com o objetivo de orientar e subsidiar os órgãos e entidades de registro e fiscalização, referidos no art. 16 desta Lei, no exercício de suas atribuições.

§ 5º – Não se submeterá a análise e emissão de parecer técnico da CTNBio o derivado cujo OGM já tenha sido por ela aprovado.

§ 6º – As pessoas físicas ou jurídicas envolvidas em qualquer das fases do processo de produção agrícola, comercialização ou transporte de produto geneticamente modificado que tenham obtido a liberação para uso comercial estão dispensadas de apresentação do CQB e constituição de CIBio, salvo decisão em contrário da CTNBio.

Art. 15 – A CTNBio poderá realizar audiências públicas, garantida participação da sociedade civil, na forma do regulamento.

Parágrafo Único. Em casos de liberação comercial, audiência pública poderá ser requerida por partes interessadas, incluindo-se entre estas organizações da sociedade civil que comprovem interesse relacionado à matéria, na forma do regulamento.

CAPÍTULO IV
Dos órgãos e entidades de registro e fiscalização

Art. 16 – Caberá aos órgãos e entidades de registro e fiscalização do Ministério da Saúde, do Ministério da Agricultura, Pecuária e Abastecimento e do Ministério do Meio Ambiente, e da Secretaria Especial de Aquicultura e Pesca da Presidência da República entre outras atribuições, no campo de suas competências, observadas a decisão técnica da CTNBio, as deliberações do CNBS e os mecanismos estabelecidos nesta Lei e na sua regulamentação:

I – fiscalizar as atividades de pesquisa de OGM e seus derivados;

II – registrar e fiscalizar a liberação comercial de OGM e seus derivados;

III – emitir autorização para a importação de OGM e seus derivados para uso comercial;

IV – manter atualizado no SIB o cadastro das instituições e responsáveis técnicos que realizam atividades e projetos relacionados a OGM e seus derivados;

V – tornar públicos, inclusive no SIB, os registros e autorizações concedidas;

VI – aplicar as penalidades de que trata esta Lei;

VII – subsidiar a CTNBio na definição de quesitos de avaliação de biossegurança de OGM e seus derivados.

§ 1º – Após manifestação favorável da CTNBio, ou do CNBS, em caso de avocação ou recurso, caberá, em decorrência de análise específica e decisão pertinente:

I – ao Ministério da Agricultura, Pecuária e Abastecimento emitir as autorizações e registros e fiscalizar produtos e atividades que utilizem OGM e seus derivados destinados a uso animal, na agricultura, pecuária, agroindústria e áreas afins, de acordo com a legislação em vigor e segundo o regulamento desta Lei;

II – ao órgão competente do Ministério da Saúde emitir as autorizações e registros e fiscalizar produtos e atividades com OGM e seus derivados destinados a uso humano, farmacológico, domissanitário e áreas afins, de acordo com a legislação em vigor e segundo o regulamento desta Lei;

III – ao órgão competente do Ministério do Meio Ambiente emitir as autorizações e registros e fiscalizar produtos e atividades que envolvam OGM e seus derivados a serem liberados nos ecossistemas naturais, de acordo com a legislação em vigor e segundo o regulamento desta Lei, bem como o licenciamento, nos casos em que a CTNBio deliberar, na forma desta Lei, que o OGM é potencialmente causador de significativa degradação do meio ambiente;

IV – à Secretaria Especial de Aquicultura e Pesca da Presidência da República emitir as autorizações e registros de produtos e atividades com OGM e seus derivados destinados ao uso na pesca e aquicultura, de acordo com a legislação em vigor e segundo esta Lei e seu regulamento.

§ 2º – Somente se aplicam as disposições dos incisos I e II do art. 8º e do *caput* do art. 10 da Lei nº 6.938, de 31 de agosto de 1981, nos casos em que a CTNBio deliberar que o OGM é potencialmente causador de significativa degradação do meio ambiente.

§ 3º – A CTNBio delibera, em última e definitiva instância, sobre os casos em que a atividade é potencial ou efetivamente causadora de degradação ambiental, bem como sobre a necessidade do licenciamento ambiental.

§ 4º – A emissão dos registros, das autorizações e do licenciamento ambiental referidos nesta Lei deverá ocorrer no prazo máximo de 120 (cento e vinte) dias.

§ 5º – A contagem do prazo previsto no § 4º deste artigo será suspensa, por até 180 (cento e oitenta) dias, durante a elaboração, pelo requerente, dos estudos ou esclarecimentos necessários.

§ 6º – As autorizações e registros de que trata este artigo estarão vinculados à decisão técnica da CTNBio correspondente, sendo vedadas exigências técnicas que extrapolem as condições estabelecidas naquela decisão, nos aspectos relacionados à biossegurança.

§ 7º – Em caso de divergência quanto à decisão técnica da CTNBio sobre a liberação comercial de OGM e derivados, os órgãos e entidades de registro e fiscalização, no âmbito de suas competências, poderão apresentar recurso ao CNBS, no prazo de até 30 (trinta) dias, a contar da data de publicação da decisão técnica da CTNBio.

CAPÍTULO V
Da Comissão Interna de Biossegurança – CIBio

Art. 17 – Toda instituição que utilizar técnicas e métodos de engenharia genética ou realizar pesquisas com OGM e seus derivados deverá criar uma Comissão Interna de Biossegurança – CIBio, além de indicar um técnico principal responsável para cada projeto específico.

Art. 18 – Compete à CIBio, no âmbito da instituição onde constituída:

I – manter informados os trabalhadores e demais membros da coletividade, quando suscetíveis de serem afetados pela atividade, sobre as questões relacionadas com a saúde e a segurança, bem como sobre os procedimentos em caso de acidentes;

II – estabelecer programas preventivos e de inspeção para garantir o funcionamento das instalações sob sua responsabilidade, dentro dos padrões e normas de biossegurança, definidos pela CTNBio na regulamentação desta Lei;

III – encaminhar à CTNBio os documentos cuja relação será estabelecida na regulamentação desta Lei, para efeito de análise, registro ou autorização do órgão competente, quando couber;

IV – manter registro do acompanhamento individual de cada atividade ou projeto em desenvolvimento que envolvam OGM ou seus derivados;

V – notificar à CTNBio, aos órgãos e entidades de registro e fiscalização, referidos no art. 16 desta Lei, e às entidades de trabalhadores o resultado de avaliações de risco a que estão submetidas as pessoas expostas, bem como qualquer acidente ou incidente que possa provocar a disseminação de agente biológico;

VI – investigar a ocorrência de acidentes e as enfermidades possivelmente relacionados a OGM e seus derivados e notificar suas conclusões e providências à CTNBio.

CAPÍTULO VI
Do Sistema de Informações em Biossegurança – SIB

Art. 19 – Fica criado, no âmbito do Ministério da Ciência e Tecnologia, o Sistema de Informações em Biossegurança – SIB, destinado à gestão das informações decorrentes das atividades de análise, autorização, registro, monitoramento e acompanhamento das atividades que envolvam OGM e seus derivados.

§ 1º – As disposições dos atos legais, regulamentares e administrativos que alterem, complementem ou produzam efeitos sobre a legislação de biossegurança de OGM e seus derivados deverão ser divulgadas no SIB concomitantemente com a entrada em vigor desses atos.

§ 2º – Os órgãos e entidades de registro e fiscalização, referidos no art. 16 desta Lei, deverão alimentar o SIB com as informações relativas às atividades de que trata esta Lei, processadas no âmbito de sua competência.

CAPÍTULO VII
Da Responsabilidade Civil e Administrativa

Art. 20 – Sem prejuízo da aplicação das penas previstas nesta Lei, os responsáveis pelos danos ao meio ambiente e a terceiros responderão, solidariamente, por sua indenização ou reparação integral, independentemente da existência de culpa.

Art. 21 – Considera-se infração administrativa toda ação ou omissão que viole as normas previstas nesta Lei e demais disposições legais pertinentes.

Parágrafo Único. As infrações administrativas serão punidas na forma estabelecida no regulamento desta Lei, independentemente das medidas cautelares de apreensão de produtos, suspensão de venda de produto e embargos de atividades, com as seguintes sanções:

I – advertência;

II – multa;

III – apreensão de OGM e seus derivados;

IV – suspensão da venda de OGM e seus derivados;

V – embargo da atividade;

VI – interdição parcial ou total do estabelecimento, atividade ou empreendimento;

VII – suspensão de registro, licença ou autorização;

VIII – cancelamento de registro, licença ou autorização;

IX – perda ou restrição de incentivo e benefício fiscal concedidos pelo governo;

X – perda ou suspensão da participação em linha de financiamento em estabelecimento oficial de crédito;

XI – intervenção no estabelecimento;

XII – proibição de contratar com a administração pública, por período de até 5 (cinco) anos.

Art. 22 – Compete aos órgãos e entidades de registro e fiscalização, referidos no art. 16 desta Lei, definir critérios, valores e aplicar multas de R$ 2.000,00 (dois mil reais) a R$ 1.500.000,00 (um milhão e quinhentos mil reais), proporcionalmente à gravidade da infração.

§ 1º, As multas poderão ser aplicadas cumulativamente com as demais sanções previstas neste artigo.

§ 2º, No caso de reincidência, a multa será aplicada em dobro.

§ 3º, No caso de infração continuada, caracterizada pela permanência da ação ou omissão inicialmente punida, será a respectiva penalidade aplicada diariamente até cessar sua causa, sem prejuízo da paralisação imediata da atividade ou da interdição do laboratório ou da instituição ou empresa responsável.

Art. 23, As multas previstas nesta Lei serão aplicadas pelos órgãos e entidades de registro e fiscalização dos Ministérios da Agricultura, Pecuária e Abastecimento, da Saúde, do Meio Ambiente e da Secretaria Especial de Aquicultura e Pesca da Presidência da República, referidos no art. 16 desta Lei, de acordo com suas respectivas competências.

§ 1º, Os recursos arrecadados com a aplicação de multas serão destinados aos órgãos e entidades de registro e fiscalização, referidos no art. 16 desta Lei, que aplicarem a multa.

§ 2º, Os órgãos e entidades fiscalizadores da administração pública federal poderão celebrar convênios com os Estados, Distrito Federal e Municípios, para a execução de serviços relacionados à atividade de fiscalização prevista nesta Lei e poderão repassar-lhes parcela da receita obtida com a aplicação de multas.

§ 3º, A autoridade fiscalizadora encaminhará cópia do auto de infração à CTNBio.

§ 4º, Quando a infração constituir crime ou contravenção, ou lesão à Fazenda Pública ou ao consumidor, a autoridade fiscalizadora representará junto ao órgão competente para apuração das responsabilidades administrativa e penal.

CAPÍTULO VIII
Dos Crimes e das Penas

Art. 24, Utilizar embrião humano em desacordo com o que dispõe o art. 5º desta Lei:

Pena – detenção, de 1 (um) a 3 (três) anos, e multa.

Art. 25, Praticar engenharia genética em célula germinal humana, zigoto humano ou embrião humano:

Pena – reclusão, de 1 (um) a 4 (quatro) anos, e multa.

Art. 26, Realizar clonagem humana:

Pena – reclusão, de 2 (dois) a 5 (cinco) anos, e multa.

Art. 27, Liberar ou descartar OGM no meio ambiente, em desacordo com as normas estabelecidas pela CTNBio e pelos órgãos e entidades de registro e fiscalização:

Pena – reclusão, de 1 (um) a 4 (quatro) anos, e multa.

§ 2º, Agrava-se a pena:

I – de 1/6 (um sexto) a 1/3 (um terço), se resultar dano à propriedade alheia;

II – de 1/3 (um terço) até a metade, se resultar dano ao meio ambiente;

III – da metade até 2/3 (dois terços), se resultar lesão corporal de natureza grave em outrem;

IV – de 2/3 (dois terços) até o dobro, se resultar a morte de outrem.

Art. 28. Utilizar, comercializar, registrar, patentear e licenciar tecnologias genéticas de restrição do uso:

Pena – reclusão, de 2 (dois) a 5 (cinco) anos, e multa.

Art. 29, Produzir, armazenar, transportar, comercializar, importar ou exportar OGM ou seus derivados, sem autorização ou em desacordo com as normas estabelecidas pela CTNBio e pelos órgãos e entidades de registro e fiscalização:

Pena – reclusão, de 1 (um) a 2 (dois) anos, e multa.

CAPÍTULO IX
Disposições Finais e Transitórias

Art. 30 – Os OGM que tenham obtido decisão técnica da CTNBio favorável a sua liberação comercial até a entrada em vigor desta Lei poderão ser registrados e comercializados, salvo manifestação contrária do CNBS, no prazo de 60 (sessenta) dias, a contar da data da publicação desta Lei.

Art. 31 – A CTNBio e os órgãos e entidades de registro e fiscalização, referidos no art. 16 desta Lei, deverão rever suas deliberações de caráter normativo, no prazo de 120 (cento e vinte) dias, a fim de promover sua adequação às disposições desta Lei.

Art. 32 – Permanecem em vigor os Certificados de Qualidade em Biossegurança, comunicados e decisões técnicas já emitidos pela CTN-

Bio, bem como, no que não contrariarem o disposto nesta Lei, os atos normativos emitidos ao amparo da Lei nº 8.974, de 5 de janeiro de 1995.

Art. 33 – As instituições que desenvolverem atividades reguladas por esta Lei na data de sua publicação deverão adequar-se as suas disposições no prazo de 120 (cento e vinte) dias, contado da publicação do decreto que a regulamentar.

Art. 34 – Ficam convalidados e tornam-se permanentes os registros provisórios concedidos sob a égide da Lei nº 10.814, de 15 de dezembro de 2003.

Art. 35 – Ficam autorizadas a produção e a comercialização de sementes de cultivares de soja geneticamente modificadas tolerantes a glifosato registradas no Registro Nacional de Cultivares – RNC do Ministério da Agricultura, Pecuária e Abastecimento.

Art. 36 – Fica autorizado o plantio de grãos de soja geneticamente modificada tolerante a glifosato, reservados pelos produtores rurais para uso próprio, na safra 2004/2005, sendo vedada a comercialização da produção como semente. *(Vide Decreto nº 5.534, de 2005)*

Parágrafo Único. O Poder Executivo poderá prorrogar a autorização de que trata o *caput* deste artigo.

Art. 37 – A descrição do Código 20 do Anexo VIII da Lei nº 6.938, de 31 de agosto de 1981, acrescido pela Lei nº 10.165, de 27 de dezembro de 2000, passa a vigorar com a seguinte redação:

"ANEXO VI"

Código	Categoria	Descrição	PP/GU
(...)	(...)	(...)	(...)
20	Uso de Recursos Naturais	Silvicultura; exploração econômica da madeira ou lenha e subprodutos florestais; importação ou exportação da fauna e flora nativas brasileiras; atividade de criação e exploração econômica de fauna exótica e de fauna silvestre; utilização do patrimônio genético natural; exploração de recursos aquáticos vivos; introdução	Médio

Código	Categoria	Descrição	PP/GU
20	Uso de Recursos Naturais	de espécies exóticas, exceto para melhoramento genético vegetal e uso na agricultura; introdução de espécies geneticamente modificadas previamente identificadas pela CTNBio como potencialmente causadoras de significativa degradação do meio ambiente; uso da diversidade biológica pela biotecnologia em atividades previamente identificadas pela CTNBio como potencialmente causadoras de significativa degradação do meio ambiente.	Médio
(...)	(...)	(...)	(...)

Art. 38 – (VETADO)

Art. 39 – Não se aplica aos OGM e seus derivados o disposto na Lei nº 7.802, de 11 de julho de 1989, e suas alterações, exceto para os casos em que eles sejam desenvolvidos para servir de matéria-prima para a produção de agrotóxicos.

Art. 40 – Os alimentos e ingredientes alimentares destinados ao consumo humano ou animal que contenham ou sejam produzidos a partir de OGM ou derivados deverão conter informação nesse sentido em seus rótulos, conforme regulamento.

Art. 41 – Esta Lei entra em vigor na data de sua publicação.

Art. 42 – Revogam-se a Lei nº 8.974, de 5 de janeiro de 1995, a Medida Provisória nº 2.191-9, de 23 de agosto de 2001, e os arts. 5º, 6º, 7º, 8º, 9º, 10 e 16 da Lei nº 10.814, de 15 de dezembro de 2003.

QUESTÕES DE CONCURSOS

(FCC – 2010 – DPE/SP – Defensor Público) Unidade da federação edita lei vedando o cultivo, a manipulação, a importação, a industrialização e a comercialização de organismos geneticamente mo-

dificados em seu território. Perante a divisão constitucional de competências, referida lei é:
 a) constitucional, pois os Estados no uso de sua competência residual podem afastar a aplicação das normas federais de caráter geral.
 b) inconstitucional, pois invadiu esfera de competência dos municípios sobre interesse local.
 c) constitucional, pois os Estados podem legislar privativamente sobre produção e consumo e proteção e defesa da saúde.
 d) inconstitucional, pois fere a competência privativa da União para disciplinar a comercialização, importação e exportação.
 e) inconstitucional, pois na competência concorrente para legislar sobre proteção ao meio ambiente os Estados não estão autorizados a exercer a competência plena.

Resposta: a alternativa correta é "D".
Constituição Fedral de 1988:
 Art. 22 – Compete privativamente à União legislar sobre:
 VIII – comércio exterior e interestadual

CAPÍTULO 10

Biodiversidade

Biodiversidade "significa a variabilidade de organismos vivos de todas as origens, compreendendo, dentre outros, os ecossistemas terrestres, marinhos e outros ecossistemas aquáticos e os complexos ecológicos de que fazem parte; compreendendo ainda a diversidade dentro de espécies, entre espécies e de ecossistemas." (art. 2º da Convenção Internacional sobre Biodiversidade e art. 2º, III, Lei nº 9.985/2000).

Em outras palavras, de forma a simplificar, pode-se afirmar que a biodiversidade se caracteriza como a variedade e a variabilidade existente entre os organismos vivos e as complexidades ecológicas nas quais elas ocorrem, ou seja, representa a variação biológica de determinado lugar, como o conjunto de diferentes espécies de seres vivos de todo o planeta.

O direito a um ambiente ecologicamente equilibrado está diretamente ligado aos direitos fundamentais, motivo pelo qual, incumbe ao poder público preservar a diversidade e a integridade do patrimônio genético do país e fiscalizar as entidades dedicadas à pesquisa e manipulação de material genético.

Os objetivos da convenção internacional sobre biodiversidade, "são a conservação da diversidade biológica, a utilização sustentável de seus componentes e a repartição justa e equitativa dos benefícios derivados da utilização dos recursos genéticos. [...]"

A biodiversidade foi protegida pelo legislador constituinte no art. 225, § 1º, II, IV, e V.

> Art. 225 – Todos têm direito ao meio ambiente ecologicamente equilibrado, bem de uso comum do povo e essencial à sadia qualidade de

vida, impondo-se ao Poder Público e à coletividade o dever de defendê-lo e preservá-lo para as presentes e futuras gerações.

§ 1º – Para assegurar a efetividade desse direito, incumbe ao Poder Público:

[...]

II – preservar a diversidade e a integridade do patrimônio genético do País e fiscalizar as entidades dedicadas à pesquisa e manipulação de material genético;

[...]

IV – exigir, na forma da lei, para instalação de obra ou atividade potencialmente causadora de significativa degradação do meio ambiente, estudo prévio de impacto ambiental, a que se dará publicidade;

V – controlar a produção, a comercialização e o emprego de técnicas, métodos e substâncias que comportem risco para a vida, a qualidade de vida e o meio ambiente;

A fim de regulamentar o supracitado artigo, foi editada a MP 2186/2001 de temas como: acesso ao patrimônio genético existente no território nacional, na plataforma continental e na zona econômica exclusiva para fins de pesquisa científica; desenvolvimento tecnológico ou bioprospecção; acesso e proteção ao conhecimento tradicional associado; repartição justa e equitativa dos benefícios derivados da exploração do patrimônio genético; e acesso e transferência de tecnologia para a com, servação e a utilização da diversidade biológica.

A referida medida provisória continua produzindo efeitos pois foi editada antes da Emenda Constitucional 62-01, época em que a edição de MPs sofria menor restrição por parte da Constituição.

1. LEGISLAÇÃO[71]

MEDIDA PROVISÓRIA Nº 2.186-16, DE 23 DE AGOSTO DE 2001

Regulamenta o inciso II do § 1º e o § 4º do art. 225 da Constituição, os arts. 1º, 8º, alínea "j", 10, alínea "c", 15 e 16, alíneas 3 e 4 da Con-

---

71 Legislação importante para compreensão deste capítulo.

venção sobre Diversidade Biológica, dispõe sobre o acesso ao patrimônio genético, a proteção e o acesso ao conhecimento tradicional associado, a repartição de benefícios e o acesso à tecnologia e transferência de tecnologia para sua conservação e utilização, e dá outras providências.

O PRESIDENTE DA REPÚBLICA, no uso da atribuição que lhe confere o art. 62 da Constituição, adota a seguinte Medida Provisória, com força de lei:

CAPÍTULO I
Das Disposições Gerais

Art. 1º – Esta Medida Provisória dispõe sobre os bens, os direitos e as obrigações relativos:

I – ao acesso a componente do patrimônio genético existente no território nacional, na plataforma continental e na zona econômica exclusiva para fins de pesquisa científica, desenvolvimento tecnológico ou bioprospecção;

II – ao acesso ao conhecimento tradicional associado ao patrimônio genético, relevante à conservação da diversidade biológica, à integridade do patrimônio genético do País e à utilização de seus componentes;

III – à repartição justa e equitativa dos benefícios derivados da exploração de componente do patrimônio genético e do conhecimento tradicional associado; e

IV – ao acesso à tecnologia e transferência de tecnologia para a conservação e a utilização da diversidade biológica.

§ 1º – O acesso a componente do patrimônio genético para fins de pesquisa científica, desenvolvimento tecnológico ou bioprospecção far-se-á na forma desta Medida Provisória, sem prejuízo dos direitos de propriedade material ou imaterial que incidam sobre o componente do patrimônio genético acessado ou sobre o local de sua ocorrência.

§ 2º – O acesso a componente do patrimônio genético existente na plataforma continental observará o disposto na Lei nº 8.617, de 4 de janeiro de 1993.

Art. 2º – O acesso ao patrimônio genético existente no País somente será feito mediante autorização da União e terá o seu uso, comercialização e aproveitamento para quaisquer fins submetidos à fiscalização, restrições e repartição de benefícios nos termos e nas condições estabelecidos nesta Medida Provisória e no seu regulamento.

Art. 3º – Esta Medida Provisória não se aplica ao patrimônio genético humano.

Art. 4º – É preservado o intercâmbio e a difusão de componente do patrimônio genético e do conhecimento tradicional associado praticado entre si por comunidades indígenas e comunidades locais para seu próprio benefício e baseados em prática costumeira.

Art. 5º – É vedado o acesso ao patrimônio genético para práticas nocivas ao meio ambiente e à saúde humana e para o desenvolvimento de armas biológicas e químicas.

Art. 6º – A qualquer tempo, existindo evidência científica consistente de perigo de dano grave e irreversível à diversidade biológica, decorrente de atividades praticadas na forma desta Medida Provisória, o Poder Público, por intermédio do Conselho de Gestão do Patrimônio Genético, previsto no art. 10, com base em critérios e parecer técnico, determinará medidas destinadas a impedir o dano, podendo, inclusive, sustar a atividade, respeitada a competência do órgão responsável pela biossegurança de organismos geneticamente modificados.

CAPÍTULO II
Das Definições

Art. 7º – Além dos conceitos e das definições constantes da Convenção sobre Diversidade Biológica, considera-se para os fins desta Medida Provisória:

I – patrimônio genético: informação de origem genética, contida em amostras do todo ou de parte de espécime vegetal, fúngico, microbiano ou animal, na forma de moléculas e substâncias provenientes do metabolismo destes seres vivos e de extratos obtidos destes organismos vivos ou mortos, encontrados em condições in situ, inclusive domesticados, ou mantidos em coleções ex situ, desde que coletados em condições in situ no território nacional, na plataforma continental ou na zona econômica exclusiva;

II – conhecimento tradicional associado: informação ou prática individual ou coletiva de comunidade indígena ou de comunidade local, com valor real ou potencial, associada ao patrimônio genético;

III – comunidade local: grupo humano, incluindo remanescentes de comunidades de quilombos, distinto por suas condições culturais, que se organiza, tradicionalmente, por gerações sucessivas e costumes próprios, e que conserva suas instituições sociais e econômicas;

IV – acesso ao patrimônio genético: obtenção de amostra de componente do patrimônio genético para fins de pesquisa científica, desenvolvimento tecnológico ou bioprospecção, visando a sua aplicação industrial ou de outra natureza;

V – acesso ao conhecimento tradicional associado: obtenção de informação sobre conhecimento ou prática individual ou coletiva, associada ao patrimônio genético, de comunidade indígena ou de comunidade local, para fins de pesquisa científica, desenvolvimento tecnológico ou bioprospecção, visando sua aplicação industrial ou de outra natureza;

VI – acesso à tecnologia e transferência de tecnologia: ação que tenha por objetivo o acesso, o desenvolvimento e a transferência de tecnologia para a conservação e a utilização da diversidade biológica ou tecnologia desenvolvida a partir de amostra de componente do patrimônio genético ou do conhecimento tradicional associado;

VII – bioprospecção: atividade exploratória que visa identificar componente do patrimônio genético e informação sobre conhecimento tradicional associado, com potencial de uso comercial;

VIII – espécie ameaçada de extinção: espécie com alto risco de desaparecimento na natureza em futuro próximo, assim reconhecida pela autoridade competente;

IX – espécie domesticada: aquela em cujo processo de evolução influiu o ser humano para atender às suas necessidades;

X – Autorização de Acesso e de Remessa: documento que permite, sob condições específicas, o acesso a amostra de componente do patrimônio genético e sua remessa à instituição destinatária e o acesso a conhecimento tradicional associado;

XI – Autorização Especial de Acesso e de Remessa: documento que permite, sob condições específicas, o acesso a amostra de componente do patrimônio genético e sua remessa à instituição destinatária e o acesso a conhecimento tradicional associado, com prazo de duração de até dois anos, renovável por iguais períodos;

XII – Termo de Transferência de Material: instrumento de adesão a ser firmado pela instituição destinatária antes da remessa de qualquer amostra de componente do patrimônio genético, indicando, quando for o caso, se houve acesso a conhecimento tradicional associado;

XIII – Contrato de Utilização do Patrimônio Genético e de Repartição de Benefícios: instrumento jurídico multilateral, que qualifica as partes, o objeto e as condições de acesso e de remessa de componente do patrimônio genético e de conhecimento tradicional associado, bem como as condições para repartição de benefícios;

XIV – condição ex situ: manutenção de amostra de componente do patrimônio genético fora de seu habitat natural, em coleções vivas ou mortas.

CAPÍTULO III
Da Proteção ao Conhecimento Tradicional Associado

Art. 8º – Fica protegido por esta Medida Provisória o conhecimento tradicional das comunidades indígenas e das comunidades locais, associado ao patrimônio genético, contra a utilização e exploração ilícita e outras ações lesivas ou não autorizadas pelo Conselho de Gestão de que trata o art. 10, ou por instituição credenciada.

§ 1º – O Estado reconhece o direito das comunidades indígenas e das comunidades locais para decidir sobre o uso de seus conhecimentos tradicionais associados ao patrimônio genético do País, nos termos desta Medida Provisória e do seu regulamento.

§ 2º – O conhecimento tradicional associado ao patrimônio genético de que trata esta Medida Provisória integra o patrimônio cultural brasileiro e poderá ser objeto de cadastro, conforme dispuser o Conselho de Gestão ou legislação específica.

§ 3º – A proteção outorgada por esta Medida Provisória não poderá ser interpretada de modo a obstar a preservação, a utilização e o desenvolvimento de conhecimento tradicional de comunidade indígena ou comunidade local.

§ 4º – A proteção ora instituída não afetará, prejudicará ou limitará direitos relativos à propriedade intelectual.

Art. 9º – À comunidade indígena e à comunidade local que criam, desenvolvem, detêm ou conservam conhecimento tradicional associado ao patrimônio genético, é garantido o direito de:

I – ter indicada a origem do acesso ao conhecimento tradicional em todas as publicações, utilizações, explorações e divulgações;

II – impedir terceiros não autorizados de:

a) utilizar, realizar testes, pesquisas ou exploração, relacionados ao conhecimento tradicional associado;

b) divulgar, transmitir ou retransmitir dados ou informações que integram ou constituem conhecimento tradicional associado;

III – perceber benefícios pela exploração econômica por terceiros, direta ou indiretamente, de conhecimento tradicional associado, cujos direitos são de sua titularidade, nos termos desta Medida Provisória.

Parágrafo único. Para efeito desta Medida Provisória, qualquer conhecimento tradicional associado ao patrimônio genético poderá ser de titularidade da comunidade, ainda que apenas um indivíduo, membro dessa comunidade, detenha esse conhecimento.

CAPÍTULO IV
Das Competências e Atribuições Institucionais

Art. 10 – Fica criado, no âmbito do Ministério do Meio Ambiente, o Conselho de Gestão do Patrimônio Genético, de caráter deliberativo e normativo, composto de representantes de órgãos e de entidades da Administração Pública Federal que detêm competência sobre as diversas ações de que trata esta Medida Provisória.

§ 1º – O Conselho de Gestão será presidido pelo representante do Ministério do Meio Ambiente.

§ 2º – O Conselho de Gestão terá sua composição e seu funcionamento dispostos no regulamento.

Art. 11 – Compete ao Conselho de Gestão:

I – coordenar a implementação de políticas para a gestão do patrimônio genético;

II – estabelecer:

a) normas técnicas;

b) critérios para as autorizações de acesso e de remessa;

c) diretrizes para elaboração do Contrato de Utilização do Patrimônio Genético e de Repartição de Benefícios;

d) critérios para a criação de base de dados para o registro de informação sobre conhecimento tradicional associado;

III – acompanhar, em articulação com órgãos federais, ou mediante convênio com outras instituições, as atividades de acesso e de remessa de amostra de componente do patrimônio genético e de acesso a conhecimento tradicional associado;

IV – deliberar sobre:

a) autorização de acesso e de remessa de amostra de componente do patrimônio genético, mediante anuência prévia de seu titular;

b) autorização de acesso a conhecimento tradicional associado, mediante anuência prévia de seu titular;

c) autorização especial de acesso e de remessa de amostra de componente do patrimônio genético à instituição nacional, pública ou privada, que exerça atividade de pesquisa e desenvolvimento nas áreas biológicas e afins, e à universidade nacional, pública ou privada, com prazo de duração de até dois anos, renovável por iguais períodos, nos termos do regulamento;

d) autorização especial de acesso a conhecimento tradicional associado à instituição nacional, pública ou privada, que exerça atividade de pesquisa e desenvolvimento nas áreas biológicas e afins, e à universidade nacional, pública ou privada, com prazo de duração de até dois anos, renovável por iguais períodos, nos termos do regulamento;

e) credenciamento de instituição pública nacional de pesquisa e desenvolvimento ou de instituição pública federal de gestão para autorizar outra instituição nacional, pública ou privada, que exerça atividade de pesquisa e desenvolvimento nas áreas biológicas e afins:

1. a acessar amostra de componente do patrimônio genético e de conhecimento tradicional associado;

2. a remeter amostra de componente do patrimônio genético para instituição nacional, pública ou privada, ou para instituição sediada no exterior;

f) credenciamento de instituição pública nacional para ser fiel depositária de amostra de componente do patrimônio genético;

V – dar anuência aos Contratos de Utilização do Patrimônio Genético e de Repartição de Benefícios quanto ao atendimento dos requisitos previstos nesta Medida Provisória e no seu regulamento;

VI – promover debates e consultas públicas sobre os temas de que trata esta Medida Provisória;

VII – funcionar como instância superior de recurso em relação a decisão de instituição credenciada e dos atos decorrentes da aplicação desta Medida Provisória;

VIII – aprovar seu regimento interno.

§ 1º – Das decisões do Conselho de Gestão caberá recurso ao plenário, na forma do regulamento.

§ 2º – O Conselho de Gestão poderá organizar-se em câmaras temáticas, para subsidiar decisões do plenário.

Art. 12 – A atividade de coleta de componente do patrimônio genético e de acesso a conhecimento tradicional associado, que contribua para o avanço do conhecimento e que não esteja associada à bioprospecção, quando envolver a participação de pessoa jurídica estrangeira, será autorizada pelo órgão responsável pela política nacional de pesquisa científica e tecnológica, observadas as determinações desta Medida Provisória e a legislação vigente.

Parágrafo Único. A autorização prevista no caput deste artigo observará as normas técnicas definidas pelo Conselho de Gestão, o qual exercerá supervisão dessas atividades.

Art. 13 – Compete ao Presidente do Conselho de Gestão firmar, em nome da União, Contrato de Utilização do Patrimônio Genético e de Repartição de Benefícios.

§ 1º – Mantida a competência de que trata o *caput* deste artigo, o Presidente do Conselho de Gestão subdelegará ao titular de instituição pública federal de pesquisa e desenvolvimento ou instituição pública federal de gestão a competência prevista no *caput* deste artigo, conforme sua respectiva área de atuação.

§ 2º – Quando a instituição prevista no parágrafo anterior for parte interessada no contrato, este será firmado pelo Presidente do Conselho de Gestão.

Art. 14 – Caberá à instituição credenciada de que tratam os números 1 e 2 da alínea "e" do inciso IV do art. 11 desta Medida Provisória uma ou mais das seguintes atribuições, observadas as diretrizes do Conselho de Gestão:

I – analisar requerimento e emitir, a terceiros, autorização:

a) de acesso a amostra de componente do patrimônio genético existente em condições *in situ* no território nacional, na plataforma continental e na zona econômica exclusiva, mediante anuência prévia de seus titulares;

b) de acesso a conhecimento tradicional associado, mediante anuência prévia dos titulares da área;

c) de remessa de amostra de componente do patrimônio genético para instituição nacional, pública ou privada, ou para instituição sediada no exterior;

II – acompanhar, em articulação com órgãos federais, ou mediante convênio com outras instituições, as atividades de acesso e de remessa de amostra de componente do patrimônio genético e de acesso a conhecimento tradicional associado;

III – criar e manter:

a) cadastro de coleções *ex situ*, conforme previsto no art. 18 desta Medida Provisória;

b) base de dados para registro de informações obtidas durante a coleta de amostra de componente do patrimônio genético;

c) base de dados relativos às Autorizações de Acesso e de Remessa, aos Termos de Transferência de Material e aos Contratos de Utilização do Patrimônio Genético e de Repartição de Benefícios, na forma do regulamento;

IV – divulgar, periodicamente, lista das Autorizações de Acesso e de Remessa, dos Termos de Transferência de Material e dos Contratos de Utilização do Patrimônio Genético e de Repartição de Benefícios;

V – acompanhar a implementação dos Termos de Transferência de Material e dos Contratos de Utilização do Patrimônio Genético e de Repartição de Benefícios referente aos processos por ela autorizados.

§ 1º – A instituição credenciada deverá, anualmente, mediante relatório, dar conhecimento pleno ao Conselho de Gestão sobre a atividade realizada e repassar cópia das bases de dados à unidade executora prevista no art. 15.

§ 2º – A instituição credenciada, na forma do art. 11, deverá observar o cumprimento das disposições desta Medida Provisória, do seu regulamento e das decisões do Conselho de Gestão, sob pena de seu descredenciamento, ficando, ainda, sujeita à aplicação, no que couber, das penalidades previstas no art. 30 e na legislação vigente.

Art. 15 – Fica autorizada a criação, no âmbito do Ministério do Meio Ambiente, de unidade executora que exercerá a função de secretaria executiva do Conselho de Gestão, de que trata o art. 10 desta Medida Provisória, com as seguintes atribuições, dentre outras:

I – implementar as deliberações do Conselho de Gestão;

II – dar suporte às instituições credenciadas;

III – emitir, de acordo com deliberação do Conselho de Gestão e em seu nome:

a) Autorização de Acesso e de Remessa;

b) Autorização Especial de Acesso e de Remessa;

IV – acompanhar, em articulação com os demais órgãos federais, as atividades de acesso e de remessa de amostra de componente do patrimônio genético e de acesso a conhecimento tradicional associado;

V – credenciar, de acordo com deliberação do Conselho de Gestão e em seu nome, instituição pública nacional de pesquisa e desenvolvimento ou instituição pública federal de gestão para autorizar instituição nacional, pública ou privada:

a) a acessar amostra de componente do patrimônio genético e de conhecimento tradicional associado;

b) a enviar amostra de componente do patrimônio genético para instituição nacional, pública ou privada, ou para instituição sediada no exterior, respeitadas as exigências do art. 19 desta Medida Provisória;

VI – credenciar, de acordo com deliberação do Conselho de Gestão e em seu nome, instituição pública nacional para ser fiel depositária de amostra de componente do patrimônio genético;

VII – registrar os Contratos de Utilização do Patrimônio Genético e de Repartição de Benefícios, após anuência do Conselho de Gestão;

VIII – divulgar lista de espécies de intercâmbio facilitado constantes de acordos internacionais, inclusive sobre segurança alimentar, dos quais o País seja signatário, de acordo com o § 2º do art. 19 desta Medida Provisória;

IX – criar e manter:

a) cadastro de coleções *ex situ*, conforme previsto no art. 18;

b) base de dados para registro de informações obtidas durante a coleta de amostra de componente do patrimônio genético;

c) base de dados relativos às Autorizações de Acesso e de Remessa, aos Termos de Transferência de Material e aos Contratos de Utilização do Patrimônio Genético e de Repartição de Benefícios;

X – divulgar, periodicamente, lista das Autorizações de Acesso e de Remessa, dos Termos de Transferência de Material e dos Contratos de Utilização do Patrimônio Genético e de Repartição de Benefícios.

CAPÍTULO V
Do Acesso e da Remessa

Art. 16 – O acesso a componente do patrimônio genético existente em condições in situ no território nacional, na plataforma continental e na zona econômica exclusiva, e ao conhecimento tradicional associado far-se-á mediante a coleta de amostra e de informação, respectivamente, e somente será autorizado a instituição nacional, pública ou privada, que exerça atividades de pesquisa e desenvolvimento nas áreas biológicas e afins, mediante prévia autorização, na forma desta Medida Provisória.

§ 1º – O responsável pela expedição de coleta deverá, ao término de suas atividades em cada área acessada, assinar com o seu titular ou representante declaração contendo listagem do material acessado, na forma do regulamento.

§ 2º – Excepcionalmente, nos casos em que o titular da área ou seu representante não for identificado ou localizado por ocasião da expedição de coleta, a declaração contendo listagem do material acessado deverá ser assinada pelo responsável pela expedição e encaminhada ao Conselho de Gestão.

§ 3º – Sub-amostra representativa de cada população componente do patrimônio genético acessada deve ser depositada em condição ex situ em instituição credenciada como fiel depositária, de que trata a alínea "f" do inciso IV do art. 11 desta Medida Provisória, na forma do regulamento.

§ 4º – Quando houver perspectiva de uso comercial, o acesso a amostra de componente do patrimônio genético, em condições in situ, e ao conhecimento tradicional associado só poderá ocorrer após assinatura de Contrato de Utilização do Patrimônio Genético e de Repartição de Benefícios.

§ 5º – Caso seja identificado potencial de uso econômico, de produto ou processo, passível ou não de proteção intelectual, originado de amostra de componente do patrimônio genético e de informação oriunda de conhecimento tradicional associado, acessado com base em autorização que não estabeleceu esta hipótese, a instituição beneficiária obriga-se a comunicar ao Conselho de Gestão ou a instituição onde se originou o processo de acesso e de remessa, para a formalização de Contrato de Utilização do Patrimônio Genético e de Repartição de Benefícios.

§ 6º – A participação de pessoa jurídica estrangeira em expedição para coleta de amostra de componente do patrimônio genético in situ e para acesso de conhecimento tradicional associado somente será autorizada quando em conjunto com instituição pública nacional, ficando a coordenação das atividades obrigatoriamente a cargo desta última e desde que todas as instituições envolvidas exerçam atividades de pesquisa e desenvolvimento nas áreas biológicas e afins.

§ 7º – A pesquisa sobre componentes do patrimônio genético deve ser realizada preferencialmente no território nacional.

§ 8º – A Autorização de Acesso e de Remessa de amostra de componente do patrimônio genético de espécie de endemismo estrito ou ameaçada de extinção dependerá da anuência prévia do órgão competente.

§ 9º – A Autorização de Acesso e de Remessa dar-se-á após a anuência prévia:

I – da comunidade indígena envolvida, ouvido o órgão indigenista oficial, quando o acesso ocorrer em terra indígena;

II – do órgão competente, quando o acesso ocorrer em área protegida;

III – do titular de área privada, quando o acesso nela ocorrer;

IV – do Conselho de Defesa Nacional, quando o acesso se der em área indispensável à segurança nacional;

V – da autoridade marítima, quando o acesso se der em águas jurisdicionais brasileiras, na plataforma continental e na zona econômica exclusiva.

§ 10 – O detentor de Autorização de Acesso e de Remessa de que tratam os incisos I a V do § 9º deste artigo fica responsável a ressarcir o titular da área por eventuais danos ou prejuízos, desde que devidamente comprovados.

§ 11 – A instituição detentora de Autorização Especial de Acesso e de Remessa encaminhará ao Conselho de Gestão as anuências de que tratam os §§ 8º e 9º deste artigo antes ou por ocasião das expedições de coleta a serem efetuadas durante o período de vigência da Autorização, cujo descumprimento acarretará o seu cancelamento.

Art. 17 – Em caso de relevante interesse público, assim caracterizado pelo Conselho de Gestão, o ingresso em área pública ou privada para acesso a amostra de componente do patrimônio genético dispensará anuência prévia dos seus titulares, garantido a estes o disposto nos arts. 24 e 25 desta Medida Provisória.

§ 1º – No caso previsto no *caput* deste artigo, a comunidade indígena, a comunidade local ou o proprietário deverá ser previamente informado.

§ 2º – Em se tratando de terra indígena, observar-se-á o disposto no § 6º do art. 231 da Constituição Federal.

Art. 18 – A conservação *ex situ* de amostra de componente do patrimônio genético deve ser realizada no território nacional, podendo, suplementarmente, a critério do Conselho de Gestão, ser realizada no exterior.

§ 1º – As coleções *ex situ* de amostra de componente do patrimônio genético deverão ser cadastradas junto à unidade executora do Conselho de Gestão, conforme dispuser o regulamento.

§ 2º – O Conselho de Gestão poderá delegar o cadastramento de que trata o § 1º deste artigo a uma ou mais instituições credenciadas na forma das alíneas "d" e "e" do inciso IV do art. 11 desta Medida Provisória.

Art. 19 – A remessa de amostra de componente do patrimônio genético de instituição nacional, pública ou privada, para outra instituição nacional, pública ou privada, será efetuada a partir de material em condições ex situ, mediante a informação do uso pretendido, observado o cumprimento cumulativo das seguintes condições, além de outras que o Conselho de Gestão venha a estabelecer:

I – depósito de sub-amostra representativa de componente do patrimônio genético em coleção mantida por instituição credenciada, caso ainda não tenha sido cumprido o disposto no § 3º do art. 16 desta Medida Provisória;

II – nos casos de amostra de componente do patrimônio genético acessado em condições *in situ*, antes da edição desta Medida Provisória, o depósito de que trata o inciso anterior será feito na forma acessada, se ainda disponível, nos termos do regulamento;

III – fornecimento de informação obtida durante a coleta de amostra de componente do patrimônio genético para registro em base de dados mencionada na alínea "b" do inciso III do art. 14 e alínea "b" do inciso IX do art. 15 desta Medida Provisória;

IV – prévia assinatura de Termo de Transferência de Material.

§ 1º – Sempre que houver perspectiva de uso comercial de produto ou processo resultante da utilização de componente do patrimônio genético será necessária a prévia assinatura de Contrato de Utilização do Patrimônio Genético e de Repartição de Benefícios.

§ 2º – A remessa de amostra de componente do patrimônio genético de espécies consideradas de intercâmbio facilitado em acordos internacionais, inclusive sobre segurança alimentar, dos quais o País seja signatário, deverá ser efetuada em conformidade com as condições neles definidas, mantidas as exigências deles constantes.

§ 3º – A remessa de qualquer amostra de componente do patrimônio genético de instituição nacional, pública ou privada, para instituição sediada no exterior, será efetuada a partir de material em condições *ex situ*, mediante a informação do uso pretendido e a prévia autorização do Conselho de Gestão ou de instituição credenciada, observado o cumprimento cumulativo das condições estabelecidas nos incisos I a IV e §§ 1º e 2º deste artigo.

Art. 20 – O Termo de Transferência de Material terá seu modelo aprovado pelo Conselho de Gestão.

CAPÍTULO VI
Do Acesso à Tecnologia e Transferência de Tecnologia

Art. 21 – A instituição que receber amostra de componente do patrimônio genético ou conhecimento tradicional associado facilitará o acesso à tecnologia e transferência de tecnologia para a conservação e utilização desse patrimônio ou desse conhecimento à instituição nacional responsável pelo acesso e remessa da amostra e da informação sobre o conhecimento, ou instituição por ela indicada.

Art. 22 – O acesso à tecnologia e transferência de tecnologia entre instituição nacional de pesquisa e desenvolvimento, pública ou privada, e instituição sediada no exterior, poderá realizar-se, dentre outras atividades, mediante:

I – pesquisa científica e desenvolvimento tecnológico;
II – formação e capacitação de recursos humanos;
III – intercâmbio de informações;
IV – intercâmbio entre instituição nacional de pesquisa e instituição de pesquisa sediada no exterior;
V – consolidação de infra-estrutura de pesquisa científica e de desenvolvimento tecnológico;
VI – exploração econômica, em parceria, de processo e produto derivado do uso de componente do patrimônio genético; e

VII – estabelecimento de empreendimento conjunto de base tecnológica.

Art. 23 – A empresa que, no processo de garantir o acesso à tecnologia e transferência de tecnologia à instituição nacional, pública ou privada, responsável pelo acesso e remessa de amostra de componente do patrimônio genético e pelo acesso à informação sobre conhecimento tradicional associado, investir em atividade de pesquisa e desenvolvimento no País, fará jus a incentivo fiscal para a capacitação tecnológica da indústria e da agropecuária, e a outros instrumentos de estímulo, na forma da legislação pertinente.

CAPÍTULO VII
Da Repartição de Benefícios

Art. 24 – Os benefícios resultantes da exploração econômica de produto ou processo desenvolvido a partir de amostra de componente do patrimônio genético e de conhecimento tradicional associado, obtidos por instituição nacional ou instituição sediada no exterior, serão repartidos, de forma justa e equitativa, entre as partes contratantes, conforme dispuser o regulamento e a legislação pertinente.

Parágrafo único. À União, quando não for parte no Contrato de Utilização do Patrimônio Genético e de Repartição de Benefícios, será assegurada, no que couber, a participação nos benefícios a que se refere o *caput* deste artigo, na forma do regulamento.

Art. 25 – Os benefícios decorrentes da exploração econômica de produto ou processo, desenvolvido a partir de amostra do patrimônio genético ou de conhecimento tradicional associado, poderão constituir-se, dentre outros, de:

I – divisão de lucros;

II – pagamento de royalties;

III – acesso e transferência de tecnologias;

IV – licenciamento, livre de ônus, de produtos e processos; e

V – capacitação de recursos humanos.

Art. 26 – A exploração econômica de produto ou processo desenvolvido a partir de amostra de componente do patrimônio genético ou de conhecimento tradicional associado, acessada em desacordo com as disposições desta Medida Provisória, sujeitará o infrator ao pagamento de indenização correspondente a, no mínimo, vinte por cento do faturamento bruto obtido na comercialização de produto ou de *royalties* obtidos de terceiros pelo infrator, em decorrência de licenciamento de produto ou processo ou do uso da tecnologia, protegidos ou não por propriedade intelectual, sem prejuízo das sanções administrativas e penais cabíveis.

Art. 27 – O Contrato de Utilização do Patrimônio Genético e de Repartição de Benefícios deverá indicar e qualificar com clareza as partes contratantes, sendo, de um lado, o proprietário da área pública ou privada, ou o representante da comunidade indígena e do órgão indigenista oficial, ou o representante da comunidade local e, de outro, a instituição nacional autorizada a efetuar o acesso e a instituição destinatária.

Art. 28 – São cláusulas essenciais do Contrato de Utilização do Patrimônio Genético e de Repartição de Benefícios, na forma do regulamento, sem prejuízo de outras, as que disponham sobre:

I – objeto, seus elementos, quantificação da amostra e uso pretendido;

II – prazo de duração;

III – forma de repartição justa e equitativa de benefícios e, quando for o caso, acesso à tecnologia e transferência de tecnologia;

IV – direitos e responsabilidades das partes;

V – direito de propriedade intelectual;

VI – rescisão;

VII – penalidades;

VIII – foro no Brasil.

Parágrafo único. Quando a União for parte, o contrato referido no *caput* deste artigo reger-se-á pelo regime jurídico de direito público.

Art. 29 – Os Contratos de Utilização do Patrimônio Genético e de Repartição de Benefícios serão submetidos para registro no Conselho de Gestão e só terão eficácia após sua anuência.

Parágrafo único. Serão nulos, não gerando qualquer efeito jurídico, os Contratos de Utilização do Patrimônio Genético e de Repartição de Benefícios firmados em desacordo com os dispositivos desta Medida Provisória e de seu regulamento.

CAPÍTULO VIII
Das Sanções Administrativas

Art. 30 – Considera-se infração administrativa contra o patrimônio genético ou ao conhecimento tradicional associado toda ação ou omissão que viole as normas desta Medida Provisória e demais disposições legais pertinentes. (Vide Decreto nº 5.459, de 2005)

§ 1º – As infrações administrativas serão punidas na forma estabelecida no regulamento desta Medida Provisória, com as seguintes sanções:

I – advertência;

II – multa;

III – apreensão das amostras de componentes do patrimônio genético e dos instrumentos utilizados na coleta ou no processamento ou dos produtos obtidos a partir de informação sobre conhecimento tradicional associado;

IV – apreensão dos produtos derivados de amostra de componente do patrimônio genético ou do conhecimento tradicional associado;

V – suspensão da venda do produto derivado de amostra de componente do patrimônio genético ou do conhecimento tradicional associado e sua apreensão;

VI – embargo da atividade;

VII – interdição parcial ou total do estabelecimento, atividade ou empreendimento;

VIII – suspensão de registro, patente, licença ou autorização;

IX – cancelamento de registro, patente, licença ou autorização;

X – perda ou restrição de incentivo e benefício fiscal concedidos pelo governo;

XI – perda ou suspensão da participação em linha de financiamento em estabelecimento oficial de crédito;

XII – intervenção no estabelecimento;

XIII – proibição de contratar com a Administração Pública, por período de até cinco anos.

§ 2º – As amostras, os produtos e os instrumentos de que tratam os incisos III, IV e V do § 1º deste artigo, terão sua destinação definida pelo Conselho de Gestão.

§ 3º – As sanções estabelecidas neste artigo serão aplicadas na forma processual estabelecida no regulamento desta Medida Provisória, sem prejuízo das sanções civis ou penais cabíveis.

§ 4º – A multa de que trata o inciso II do § 1º deste artigo será arbitrada pela autoridade competente, de acordo com a gravidade da infração e na forma do regulamento, podendo variar de R$ 200,00 (duzentos reais) a R$ 100.000,00 (cem mil reais), quando se tratar de pessoa física.

§ 5º – Se a infração for cometida por pessoa jurídica, ou com seu concurso, a multa será de R$ 10.000,00 (dez mil reais) a R$ 50.000.000,00 (cinquenta milhões de reais), arbitrada pela autoridade competente, de acordo com a gravidade da infração, na forma do regulamento.

§ 6º – Em caso de reincidência, a multa será aplicada em dobro.

CAPÍTULO IX
Das Disposições Finais

Art. 31 – A concessão de direito de propriedade industrial pelos órgãos competentes, sobre processo ou produto obtido a partir de amostra de componente do patrimônio genético, fica condicionada à observância desta Medida Provisória, devendo o requerente informar a origem do material genético e do conhecimento tradicional associado, quando for o caso.

Art. 32 – Os órgãos federais competentes exercerão a fiscalização, a interceptação e a apreensão de amostra de componente do patrimônio genético ou de produto obtido a partir de informação sobre conhecimento tradicional associado, acessados em desacordo com as disposições desta Medida Provisória, podendo, ainda, tais atividades serem descentralizadas, mediante convênios, de acordo com o regulamento.

Art. 33 – A parcela dos lucros e dos *royalties* devidos à União, resultantes da exploração econômica de processo ou produto desenvolvido a partir de amostra de componente do patrimônio genético, bem como o valor das multas e indenizações de que trata esta Medida Provisória serão destinados ao Fundo Nacional do Meio Ambiente, criado pela Lei nº 7.797, de 10 de julho de 1989, ao Fundo Naval, criado pelo Decreto nº 20.923, de 8 de janeiro de 1932, e ao Fundo Nacional de Desenvolvimento Científico e Tecnológico, criado pelo Decreto-Lei nº 719, de 31 de julho de 1969, e restabelecido pela Lei nº 8.172, de 18 de janeiro de 1991, na forma do regulamento.

Parágrafo Único. Os recursos de que trata este artigo serão utilizados exclusivamente na conservação da diversidade biológica, incluindo a recuperação, criação e manutenção de bancos depositários, no fomento à pesquisa científica, no desenvolvimento tecnológico associado ao patrimônio genético e na capacitação de recursos humanos associados ao desenvolvimento das atividades relacionadas ao uso e à conservação do patrimônio genético.

Art. 34 – A pessoa que utiliza ou explora economicamente componentes do patrimônio genético e conhecimento tradicional associado deverá adequar suas atividades às normas desta Medida Provisória e do seu regulamento.

Art. 35 – O Poder Executivo regulamentará esta Medida Provisória até 30 de dezembro de 2001.

Art. 36 – As disposições desta Medida Provisória não se aplicam à matéria regulada pela Lei nº 8.974, de 5 de janeiro de 1995.

Art. 37 – Ficam convalidados os atos praticados com base na Medida Provisória nº 2.186-15, de 26 de julho de 2001.

Art. 38 – Esta Medida Provisória entra em vigor na data de sua publicação.

Brasília, 23 de agosto de 2001; 180º da Independência e 113º da República.

FERNANDO HENRIQUE CARDOSO
José Gregori
José Serra
Ronaldo Mota Sardenberg
José Sarney Filho

QUESTÕES DE CONCURSOS

(FCC – 2010 – PGM/PI – Procurador Municipal) A Assembleia Geral da Organização das Nações Unidas (ONU) declarou que 2010 é o ano da biodiversidade. O Brasil, como um dos países megabiodiversos, já possui instrumentos para a preservação e conservação, que consideram ainda sua sociodiversidade. Diante da legislação constitucional e infraconstitucional pertinente, é correto afirmar:

a) Nas unidades da Federação, incumbe ao poder público a definição de espaços territoriais e seus componentes a serem especialmente protegidos, sendo a sua alteração e supressão permitidas através de lei ou de decreto, observando-se o paralelismo de forma em relação ao ato de sua criação, alteração e supressão.

b) Com exceção da estação ecológica ou reserva biológica, para cuja criação não é obrigatória consulta pública, a criação de uma unidade de conservação deve ser precedida de estudos técnicos e de consulta pública que permitam identificar a localização, a dimensão e os limites mais adequados para cada unidade de conservação.

c) As populações tradicionais são aquelas que vivem em estreita relação com o ambiente natural, dependendo de seus recursos naturais para a sua reprodução sociocultural, por meio de atividades de médio impacto ambiental.

d) Nas unidades de conservação, de proteção integral e de uso sustentável, há a possibilidade de uso direto dos recursos naturais, ou seja, coleta e uso dos recursos naturais.

e) A CF/88 consagrou os seguintes biomas como patrimônio nacional: Floresta Amazônica, Serra do Mar, Mata Atlântica, Pantanal Matogrossense, Cerrado e Zona Costeira.

Resposta: alternativa correta é "B".
Lei nº 9.985-00, art. 22:

Art. 22 – As unidades de conservação são criadas por ato do Poder Público. (Regulamento)

§ 1º – (VETADO)

§ 2º – A criação de uma unidade de conservação deve ser precedida de estudos técnicos e de consulta pública que permitam identificar a localização, a dimensão e os limites mais adequados para a unidade, conforme se dispuser em regulamento.

§ 3º – No processo de consulta de que trata o § 2º, o Poder Público é obrigado a fornecer informações adequadas e inteligíveis à população local e a outras partes interessadas.

§ 4º – Na criação de Estação Ecológica ou Reserva Biológica não é obrigatória a consulta de que trata o § 2º deste artigo.

(CESPE – 2009 – TRF – 5ª Região – Juiz) Julgue os itens subsequentes, relativos à biodiversidade e à proteção jurídica do conhecimento tradicional associado.

I – A Convenção sobre Diversidade Biológica, da qual o Brasil é signatário, reconhece o direito soberano de cada Estado de explorar seus recursos naturais segundo suas políticas ambientais, razão pela qual não admite a transferência de tecnologias que utilizem recursos genéticos entre as partes contratantes.

II – Incumbe ao poder público preservar a diversidade e a integridade do patrimônio genético do país e fiscalizar as entidades dedicadas à pesquisa e manipulação de material genético.

III – O Conselho de Gestão do Patrimônio Genético, formado por representantes de órgãos e entidades da administração pública federal com competência para acompanhar as atividades de acesso e de remessa de amostra de componente do patrimônio genético e do conhecimento tradicional associado, é órgão que possui caráter deliberativo, não lhe competindo estabelecer normas relativas à gestão do patrimônio genético.

IV – O direito dos índios ao usufruto exclusivo das riquezas naturais e de todas as utilidades existentes nas terras que habitam compreende o direito à posse, ao uso e à percepção das riquezas naturais e de todas as utilidades existentes, bem como ao produto da exploração econômica de tais riquezas naturais e utilidades.

V – São nulos e extintos, não produzindo efeitos jurídicos, os atos que tenham por objeto a ocupação, o domínio e a posse das terras ocupadas pelos índios, permitida a exploração das riquezas naturais dos rios e dos lagos nelas existentes por pessoas físicas, mediante prévia e expressa autorização da Fundação Nacional do Índio.

Estão certos apenas os itens:
a) I e II.
b) I e V.
c) II e IV.
d) III e IV.
e) IV e V.

Resposta: alternativa correta é "C".

Art. 225 – Todos têm direito ao meio ambiente ecologicamente equilibrado, bem de uso comum do povo e essencial à sadia qualidade de vida, impondo-se ao Poder Público e à coletividade o dever de defendê-lo e preservá- lo para as presentes e futuras gerações.

§ 1º – Para assegurar a efetividade desse direito, incumbe ao Poder Público:

I – preservar e restaurar os processos ecológicos essenciais e prover o manejo ecológico das espécies e ecossistemas; (Regulamento)

II – preservar a diversidade e a integridade do patrimônio genético do País e fiscalizar as entidades dedicadas à pesquisa e manipulação de material genético.

Art. 231 – São reconhecidos aos índios sua organização social, costumes, línguas, crenças e tradições, e os direitos originários sobre as terras que tradicionalmente ocupam, competindo à União demarcá--las, proteger e fazer respeitar todos os seus bens.

§ 1º – São terras tradicionalmente ocupadas pelos índios as por eles habitadas em caráter permanente, as utilizadas para suas atividades produtivas, as imprescindíveis à preservação dos recursos ambientais necessários a seu bem-estar e as necessárias a sua reprodução física e cultural, segundo seus usos, costumes e tradições.

§ 2º – As terras tradicionalmente ocupadas pelos índios destinam--se a sua posse permanente, cabendo-lhes o usufruto exclusivo das riquezas do solo, dos rios e dos lagos nelas existentes.

(CESPE – 2009 – TRF – 2ª Região – Juiz) O conhecimento da biodiversidade, como um dos componentes da Política Nacional de Biodiversidade, congrega diretrizes:
 a) destinadas à determinação da variabilidade genética utilizável no fortalecimento da gestão pública e do processo de sistematização dos inventários ecossistêmicos relacionados às intervenções antrópicas sobre os biomas do território brasileiro.
 b) que promovem o acesso irrestrito aos componentes do patrimônio genético e dos conhecimentos tradicionais associados, de modo que sejam compartilhados, de forma justa e equitativa, com a sociedade brasileira, incluindo os povos indígenas.
 c) voltadas à geração, sistematização e disponibilização de informações que permitam conhecer os componentes da biodiversidade do país e que apoiem a gestão da biodiversidade, bem como diretrizes relacionadas à produção de inventários, à realização de pesquisas ecológicas e à realização de pesquisas sobre conhecimentos tradicionais.
 d) para a promoção da participação da sociedade, excluindo os povos indígenas, quilombolas e outras comunidades locais,

na contabilização dos custos da utilização sustentável de seus componentes e da repartição justa e equitativa dos benefícios derivados da utilização de recursos genéticos.
e) que fortalecem a infraestrutura das organizações não governamentais para: a formação e a fixação de recursos humanos; o acesso à tecnologia, bem como para o fortalecimento do marco legal e a integração de políticas públicas.

Resposta: alternativa correta é "C".

(CESPE – 2009 – TRF – 2ª Região – Juiz) A Comissão Técnica Nacional de Biossegurança (CTNBio), integrante do Ministério da Ciência e Tecnologia,
a) deve acompanhar o desenvolvimento e o progresso técnico e científico nas áreas de biossegurança, biotecnologia, bioética e afins, com o objetivo de aumentar sua capacitação para a proteção da saúde humana, dos animais, das plantas e do meio ambiente.
b) é instância colegiada multidisciplinar de caráter consultivo e deliberativo, formada pelo Comitê Nacional de Biogestão e presidida pelo presidente do IBAMA.
c) presta apoio técnico e de assessoramento ao governo federal na formulação, atualização e implementação da Política Nacional da Biodiversidade de OGMs e seus derivados, bem como no estabelecimento das diretrizes de controle dos procedimentos de clonagem do genoma humano.
d) estabelece normas técnicas de segurança referentes à autorização para atividades que envolvam pesquisa e uso comercial do genoma humano em seu estado natural, bem como de OGMs e seus derivados.
e) é responsável pelo processo de licenciamento das atividades de bioprospecção e exerce poder de polícia sobre os institutos de pesquisa que utilizam genes recombinantes em órgãos transplantados.

Resposta: alternativa correta é "A".
Lei nº 11.105:

Art. 10 – A CTNBio, integrante do Ministério da Ciência e Tecnologia, é instância colegiada multidisciplinar de caráter consultivo e deliberativo, para prestar apoio técnico e de assessoramento ao Governo Federal na formulação, atualização e implementação da PNB de OGM e seus derivados, bem como no estabelecimento de normas técnicas de segurança e de pareceres técnicos referentes à autorização para atividades que envolvam pesquisa e uso comercial de OGM e seus derivados, com base na avaliação de seu risco zoofitossanitário, à saúde humana e ao meio ambiente.

Parágrafo Único. A CTNBio deverá acompanhar o desenvolvimento e o progresso técnico e científico nas áreas de biossegurança, biotecnologia, bioética e afins, com o objetivo de aumentar sua capacitação para a proteção da saúde humana, dos animais e das plantas e do meio ambiente.

(CESPE – 2008 – ABIN – Oficial de Inteligência) Em caso de relevante interesse público, assim caracterizado pelo Conselho de Gestão, o ingresso em área pública ou privada para acesso a amostra de componente do patrimônio genético dispensará a anuência prévia dos seus titulares.
( ) Certo ( ) Errado

Resposta: alternativa é "Certo".
Medida Provisória nº 2.186:
Art. 17 – Em caso de relevante interesse público, assim caracterizado pelo Conselho de Gestão, o ingresso em área pública ou privada para acesso a amostra de componente do patrimônio genético dispensará anuência prévia dos seus titulares, garantido a estes o disposto nos arts. 24 e 25 desta Medida Provisória.

CAPÍTULO 11

Código Florestal e unidades de conservação

1. FLORA

A Lei nº 4.771 de 15/9/1965, que institui o Código Florestal, foi bastante inovadora para a sua época. O Código Florestal protege três bens jurídicos: as florestas, as demais formas de vegetação úteis às terras que revestem e as terras propriamente ditas. Esse Código estabeleceu duas espécies de áreas especialmente protegidas: as áreas de preservação permanente (APPs, art. 2º e 3º), que incidem sobre o domínio privado e público e a reserva legal (RL, art. 16 e 44), que incide somente sobre o domínio privado.

As APPs são definidas no inciso II, do art. 1º, do Código Florestal. Elas representam áreas de especial interesse ambiental e que não podem ser tocadas nem modificadas, ou seja, não poderão ser objeto de exploração pelo homem, a não ser mediante prévia autorização federal, por utilidade pública ou interesse social.

As APPs dividem-se em duas subespécies. As áreas de preservação permanente pelo só efeito da lei, previstas no art. 2º *in fine*, que são imperativas, consideradas pela maioria da doutrina como limitação administrativa:

> Art. 2º – Consideram-se de preservação permanente, pelo só efeito desta Lei, as florestas e demais formas de vegetação natural situadas:
> a) ao longo dos rios ou de qualquer curso d'água desde o seu nível mais alto em faixa marginal cuja largura mínima será:
> 1 – de 30 (trinta) metros para os cursos d'água de menos de 10 (dez) metros de largura; *(Redação da Lei nº 7.803 de 18/7/1989)*

2 – de 50 (cinquenta) metros para os cursos d'água que tenham de 10 (dez) a 50 (cinquenta) metros de largura; *(Redação da Lei nº 7.803 de 18/7/1989)*

3 – de 100 (cem) metros para os cursos d'água que tenham de 50 (cinquenta) a 200 (duzentos) metros de largura; *(Redação da Lei nº 7.803 de 18/7/1989)*

4 – de 200 (duzentos) metros para os cursos d'água que tenham de 200 (duzentos) a 600 (seiscentos) metros de largura; *(acrescentado pela Lei nº 7.511, de 7/7/1986 e alterado pela Lei nº 7.803 de 18/7/1989)*

5 – de 500 (quinhentos) metros para os cursos d'água que tenham largura superior a 600 (seiscentos) metros; *(acrescentado pela Lei nº 7.511, de 7/7/1986 e alterado pela Lei nº 7.803 de 18/7/1989)*

b) ao redor das lagoas, lagos ou reservatórios d'água naturais ou artificiais;

c) nas nascentes, ainda que intermitentes e nos chamados "olhos d'água", qualquer que seja a sua situação topográfica, num raio mínimo de 50 (cinquenta) metros de largura; *(Redação da Lei nº 7.803 de 18/7/1989)*

d) no topo de morros, montes, montanhas e serras;

e) nas encostas ou partes destas, com declividade superior a 45°, equivalente a 100% na linha de maior declive;

f) nas restingas, como fixadoras de dunas ou estabilizadoras de mangues;

g) nas bordas dos tabuleiros ou chapadas, a partir da linha de ruptura do relevo, em faixa nunca inferior a 100 (cem) metros em projeções horizontais; *(Redação da Lei nº 7.803 de 18/7/1989)*

h) em altitude superior a 1.800 (mil e oitocentos) metros, qualquer que seja a vegetação. *(Redação da Lei nº 7.803 de 18/7/1989)*

i) nas áreas metropolitanas definidas em lei. *(acrescentada pela Lei nº 6.535, de 15/6/1978)*

Parágrafo Único. No caso de áreas urbanas, assim entendidas as compreendidas nos perímetros urbanos definidos por lei municipal, e nas regiões metropolitanas e aglomerações urbanas, em todo o território abrangido, observar-se-á o disposto nos respectivos planos diretores e leis de uso do solo, respeitados os princípios e limites a que se refere este artigo. *(acrescentado pela Lei nº 7.803 de 18/7/1989)*

Devemos perceber que a alínea "a" traz em todas seus itens a metragem das APPs correspondentes, o que chamamos de "mata ciliar". Recomendamos ao leitor prestar bastante atenção nessas metragens, uma vez que as mesmas são muito visadas em concursos públicos.

A tarefa de decorar esses limites é ingrata. Dica: Sempre que se fizer referência a água corrente – lembre-se de que às suas margens estão as áreas de preservação permanente. Da mesma forma, em respeito as águas dormentes (águas paradas – nascentes). É só lembrar das letras finais dessas palavras (corrENTE, dormENTE, permanENTE).

Já a alínea "b" não traz a metragem da área de preservação permanente, muito embora a Resolução nº 302 do Conama (Conselho Nacional do Meio Ambiente – órgão que estudaremos adiante) defina a sua extensão em trinta metros para áreas urbanas e cem metros para áreas rurais.

A segunda subespécie de APPs está elencada no art. 3º *in fine*, e depende de ulterior ato do poder público, um decreto demarcador, para sua identificação, desde que vinculadas às áreas abaixo elencadas:

> Art. 3º – Consideram-se, ainda, de preservação permanente, quando assim declaradas por ato do Poder Público, as florestas e demais formas de vegetação natural destinadas:
>
> a) a atenuar a erosão das terras;
>
> b) a fixar as dunas;
>
> c) a formar faixas de proteção ao longo de rodovias e ferrovias;
>
> d) a auxiliar a defesa do território nacional a critério das autoridades militares;
>
> e) a proteger sítios de excepcional beleza ou de valor científico ou histórico;
>
> f) a asilar exemplares da fauna ou flora ameaçados de extinção;
>
> g) a manter o ambiente necessário à vida das populações silvícolas;
>
> h) a assegurar condições de bem-estar público.

Essas áreas da segunda subespécie de APPs poderão ser suprimidas (art. 3º, § 1º), condicionalmente à autorização prévia do Poder Executivo.

Já as áreas de reserva legal (RL) estão definidas no inciso III do art. 1º. Trata-se de faixas percentuais em propriedades rurais que não podem ser suscetíveis de corte raso (desmatamento); devem ser distintas das APPs e servem exatamente como uma estocagem de produtos naturais, cuja utilização apenas poderá ser feita mediante rigoroso controle e planejamento (chamado tecnicamente de manejo florestal), com visível finalidade de uso prolongado no tempo e expressando, assim, de forma significativa o que é hoje denominado como "uso sustentável dos recursos naturais".

As áreas de RL diferenciam-se uma das outras dependendo do bioma e da região geográfica do Brasil em que esteja inserida a propriedade em questão, deconsiderando-se para sua fixação as áreas de preservação permanente eventualmente existentes, conforme art. 16:

> Art. 16 – As florestas e outras formas de vegetação nativa, ressalvadas as situadas em área de preservação permanente, assim como aquelas não sujeitas ao regime de utilização limitada ou objeto de legislação específica, são suscetíveis de supressão, desde que sejam mantidas, a título de reserva legal, no mínimo
> I – 80% (oitenta por cento), na propriedade rural situada em área de floresta localizada na Amazônia legal:
> II – 35% (trinta e cinco por cento), na propriedade rural situada em área de cerrado localizada na Amazônia legal, sendo no mínimo 20% (vinte por cento) na propriedade e 15% (quinze por cento) na forma de compensação em outra área, desde que esteja localizada na mesma microbacia, e seja averbada nos termos do parágrafo 7º deste artigo;
> III – 20% (vinte por cento), na propriedade rural situada em área de floresta ou outras formas de vegetação nativa localizada nas diversas regiões do País; e
> IV – 20% (vinte por cento), na propriedade rural em área de campos gerais localizadas em qualquer região do País.

A áreas de reserva legal são também consideradas pela doutrina como limitações administrativas, já que atingem a todas as florestas submetidas ao regime de propriedade privada. Ainda que as propriedades rurais não possuam cobertura vegetal, deve haver averbação da reserva legal justamente para que a natureza se recomponha. Essas áreas devem ser averbadas no Cartório de Registros Públicos e o percentual fixado é inalterável em quaisquer transmissões da propriedade (art. 16 §

8º). A averbação não se trata de ato constitutivo da reserva legal, e sim, ato declaratório de sua existência.

Quanto à obrigação de averbação da reserva legal pelos proprietários, a finalidade é a proteção do meio ambiente ecologicamente equilibrado e tem uma preocupação macro com a biodiversidade. E nesse sentido tem decidido o STJ:

> ADMINISTRATIVO E PROCESSUAL CIVIL. Recurso ordinário. Averbação de reserva florestal. Exigência. Código Florestal. Interpretação.
> 1. O meio ambiente ecologicamente equilibrado é direito que a Constituição assegura a todos (art. 225 da CF), tendo em consideração as gerações presentes e futuras. Nesse sentido, desobrigar os proprietários rurais da averbação da reserva florestal prevista no art. 16 do Código Florestal é o mesmo que esvaziar essa lei de seu conteúdo. (grifos nossos)
> 2. Desborda do mencionado regramento constitucional portaria administrativa que dispensa novos adquirentes de propriedades rurais da respectiva averbação de reserva florestal na matrícula do imóvel.
> 3. Recurso ordinário provido. (BRASIL, STJ, RMS 18301/MG, Relator: Ministro João Otávio De Noronha, T2 – Segunda Turma, DJ 3/10/2005, p. 157)

A identificação da reserva legal tem por finalidade dar publicidade a esse ato, fazendo com que os demais titulares-destinatários do meio ambiente ecologicamente equilibrado saibam da sua localização e existência. Justamente pela publicidade do registro público, um novo adquirente do imóvel onerado, sob qualquer condição, não se desobriga de sua demarcação e manutenção futuras. É uma obrigação que segue a coisa durante toda sua existência, independente da forma como ela foi adquirida. Para ANTUNES:[72]

> A reserva legal é uma característica da propriedade que se assemelha a um ônus real que recai sobre o imóvel e que obriga o proprietário e

---

72 ANTUNES, Paulo Bessa. *Direito Ambiental*. 7. ed. Rio de Janeiro: Lúmen Júris, 2004.

todos aqueles que venham a adquirir tal condição, quaisquer que sejam as circunstâncias. Trata-se de uma obrigação *in rem, ob* ou *propter rem.*

Quanto à responsabilidade pela reposição da reserva legal florestal, mesmo provado que o terreno foi adquirido já desmatado, a jurisprudência do STJ decide pela legitimidade do novo adquirente da propriedade. (Res. 217.858, STJ, 2ª Turma, DJ 19/12/2003, ministro Franciulli Neto, são indicados julgamentos sucessivos. Resp. 275968/PR, em 2/3/2004. Note-se que houve alteração da jurisprudência pois há precedentes mais antigo, RE 229.302/PR, rel. ministro Garcia Vieira, DJ 1º/2/2000 e RE 214.714/PR, rel. ministro Garcia Vieira).

O proprietário deve solicitar, ao órgão ambiental competente, a localização da reserva legal (art. 16, § 4º). Caso o poder público não informe ao proprietário a localização para a demarcação da reserva legal, este não se desobriga a fazê-lo. Entendemos, como a maioria da doutrina, que a demarcação conduzida pela orientação do poder público não é constitutiva da reserva legal e sim ato declaratório similar à previsão da demarcação de áreas indígenas pelo art. 67 do ADCT da CF/88. O título de inscrição constará de, no mínimo, "a localização da reserva legal, as suas características ecológicas básicas e a proibição de supressão de sua vegetação" (§ 10).

MORAES,[73] em posição isolada, entende que a fixação da reserva legal depende necessariamente da determinação expressa da autoridade florestal:

> Se é ato prévio e formal, cuja condução é do poder público, ninguém será obrigado a averbar a reserva legal antes de determinação expressa da autoridade florestal, a qual deve ser antecedida de procedimento administrativo no sentido de delimitar a área, com despacho de mérito fundamentando a razão da escolha de certa área em detrimento das demais [...] Desdobrando: não existe reserva legal, nem sua exigência enquanto o Poder Público não notificar o proprietário ou possuidor de imóvel rural. Sobre o tema já se posicionou o Excelso Pretório:
> A reserva legal, prevista no art. 16, § 2º, do Código Florestal, não é quota ideal que possa ser subtraída da área total do imóvel rural, para

---

73 MORAES, Luis Carlos Silva de. *Código Florestal Comentado.* 3. ed. São Paulo: Atlas, 2002.

o fim do cálculo de sua produtividade (CF. L Decreto no nº 8.629/93, art. 10, IV), sem que esteja identificada na sua averbação (*v.g.* MS 22.688) [...]
"A reserva legal não é uma abstração matemática. Há de ser entendida como uma parte determinada do imóvel.
[...] Estou assim em que, sem a averbação determinada pelo § 2º do art. 16 da Lei nº 4771/64, não existe a reserva legal." (extraído do voto do Ministro Sepúlveda Pertence no MS 22.688-9-PB, STF – Pleno, Relator Ministro Moreira Alves com voto no mesmo sentido, DJU de 28/4/2000)

Poderá ser instituída reserva legal em regime de condomínio entre mais de uma propriedade, averbando-se a circunstância em relação a todos os imóveis envolvidos. É possível a declaração da imunidade de corte de qualquer árvore, mediante ato do poder público, por motivo de sua localização, raridade, beleza ou condição de porta sementes (art. 7º).

Por fim, entendemos pela não incidência do IPTU/ITR em áreas onde estejam localizadas as APPs ou RLs, que impeçam a exploração econômica das mesmas, porque, nesse caso, não há fato gerador desses respectivos impostos, ou seja, posse, domínio útil ou propriedade. (art. 32 do CTN e art. 50, § 4º da Lei nº 4.504/64, que tratam dos fatos geradores do IPTU e do ITR, respectivamente)

Em relação ao ITR, atualmente regulamentado pela Lei nº 9.393, de 19/12/96, o § 1º, II, do art. 10, definiu a área tributável de ITR como sendo a área total do imóvel, excluídas as áreas de preservação permanente e de reserva legal, sem condicionar a não incidência desse a imposto a não exploração econômica dessas áreas.

Em relação ao IPTU, algumas leis municipais preveem sua isenção para as áreas de proteção ambiental (APPs e RLs), desde que o proprietário requeira esse benefício (Código Tributário do Município do Rio de Janeiro, art. 61 da Lei nº 691 de 23/1284), do que discordamos, visto que o benefício não deve ser condicionado à requisição pelo proprietário, e sim realizado de pronto pelos próprios municípios.

Para facilitar o estudo para concursos, elaboramos a tabela abaixo trazendo algumas semelhanças e distinções entre áreas de preservação permanente e as reservas legais.

ÁREAS E SUAS CARACTERÍSTICAS	APPs	RLs
Definição	Art. 1º, II	Art. 1º, III
Previsão das áreas	Arts. 2º e 3º	Art. 16
Áreas atingidas	Domínios públicos ou privados.	Domínio privado em área rural apenas.
Objetivos	Preservação de recursos ambientais existentes na propriedade. Preocupação micro.	Conservação da Biodiversidade do Bioma onde se encontram. Preocupação macro.
Exemplos	Ao longo dos rios ou de qualquer curso d'água desde o seu nível mais alto em faixa marginal cuja largura varia dependendo da largura do rio, sempre em ordem crescente.	As áreas de reserva legal são fixadas em termos percentuais da propriedade rural dependendo da região geográfica e do bioma em que esteja localizada. No sudeste é de 20%.
Supressão	Em regra não é possível, ocorrendo somente com prévia autorização do Poder Público Federal (art. 3º, § 1º).	Não pode ser suprimida, podendo apenas ser utilizada sob regime de manejo florestal sustentável. (art. 16, § 2º).
Indenização	Para o STJ, caso a área não possa ser explorada economicamente.	Para o STJ, caso a área não possa ser explorada economicamente.

1.1 Indenização em APPs e RLs

Muita tinta e papel foram gastos, discutindo-se a possibilidade de indenização para os proprietários onerados pelas APPs ou RLs. A doutrina diverge bastante acerca da possibilidade de indenização pela presença de APPs ou RLs, em função da natureza jurídica do ato administrativo considerado. Sendo limitação administrativa, fica inviabilizado qualquer pedido nesse sentido, porque trata-se de ato administrativo gratuito. Se for servidão administrativa, a doutrina admite a indenização. As primeiras decisões judiciais também basearam-se na natureza jurídica do ato administrativo, para conferir ou não o pedido de indenização.

As decisões recentes do STJ não discutem mais qual a natureza jurídica do ato administrativo para conferir a possibilidade de indenização. O fator principal para a procedência desse pedido é o esvaziamento do conteúdo econômico da propriedade. A tendência atual da jurisprudência é decidir pela possibilidade de indenização se somente as áreas oneradas forem passíveis de exploração econômica:

"ADMINISTRATIVO. DESAPROPRIAÇÃO. Reserva florestal. Indenização. Cobertura vegetal.
1. É inviável examinar afronta a dispositivos constitucionais, cuja análise é de competência exclusiva da Suprema Corte, a teor do artigo 102, III, da CF.
2. Não havendo exploração econômica não há como haver condenação ao pagamento de indenização pela cobertura vegetal.
3. Deve ser excluído do quantum indenizatório o valor referente à cobertura vegetal.
4. Recurso especial conhecido em parte e, nessa parte, provido.
(BRASIL. Superior Tribunal de Justiça. REsp. 617.527/MS, Rel. Ministro Castro Meira, Segunda Turma, julgado em 18/10/2005, DJ 7/11/2005, p. 201)

ADMINISTRATIVO. Desapropriação. Parque Estadual Serra do Mar. Legitimidade. Prescrição. Indenização. Cobertura vegetal. Juros compensatórios.
1. É impossível conhecer-se do recurso especial pela alegada violação ao artigo 535 do Código de Processo Civil nos casos em que a arguição é genérica.
2. "Enquanto não revogados os decretos estaduais que o gravaram com a já mencionada servidão, a Fazenda do Estado continua sendo responsável pelos efeitos respectivos".
3. O prazo prescricional nas desapropriações indiretas, por tratar-se de ação de direito real, não se sujeita ao prazo prescricional quinquenal estabelecido no Decreto nº 20.910/32, mas sim ao prazo vintenário, que, em princípio, deve ser contado a partir do decreto expropriatório (Súmula 119/STJ).
4. A área já sofria as limitações impostas pelo Código Florestal anteriormente à implantação do Parque Serra do Mar, o que tornava inviável a exploração econômica. Não havendo exploração econômica não há como condenar a recorrente ao pagamento pela cobertura vegetal.

5. Não se aplica a MP nº 1.577 às ações ajuizadas antes de sua publicação, em 24/9/99. Precedentes. *In casu*, a ação foi ajuizada em 24/1/94. A fixação dos juros compensatórios deve se dar da data da imissão na posse em 12% a. a., nos moldes da Súmula nº 618 do STF.
6. Recurso especial conhecido em parte e provido em parte.
(BRASIL. Superior Tribunal de Justiça. REsp. 194.689/SP, Rel. Ministro Castro Meira, Segunda Turma, julgado em 1º/9/2005, DJ 3/10/2005, p. 160.)

PROCESSUAL CIVIL E ADMINISTRATIVO. Desapropriação direta. Matas de preservação permanente. Cobertura vegetal. Área de reserva legal. Indenização. MP 2.027-40/2000. Aplicabilidade. Interesse recursal. Ausência.
1. As matas de preservação permanente, por serem insuscetíveis de exploração econômica, não são objeto de indenização em sede de ação desapropriatória. Precedentes.
2. Inexistindo prova de exploração econômica dos recursos vegetais, não há por que cogitar de indenização em separado da cobertura florística. Precedentes.
3. A área desapropriada correspondente à parcela destinada à reserva legal é indenizável, todavia por um valor inferior àquele pago à área livremente explorável. Precedente.
4. A Medida Provisória nº 2.027-40/2000, de 26/10/2000, não se aplica aos feitos ajuizados e julgados de acordo com a legislação anterior à sua vigência. Precedentes.
5. Atendida a pretensão da parte quando do julgamento prolatado na Corte *a quo*, falta-lhe interesse em recorrer quando da interposição do especial.
6. Recurso especial interposto por Divo Guizo e cônjuge contra o acórdão proferido em sede de apelação não-provido. Recurso especial interposto por Divo Guizo e cônjuge contra o acórdão proferido em sede de embargos infringentes parcialmente provido. Recurso especial interposto pelo Estado de São Paulo parcialmente conhecido e, nessa parte, não-provido.
(BRASIL. Superior Tribunal de Justiça. REsp. 403.571/SP, Rel. Ministro João Otávio de Noronha, Segunda Turma, julgado em 4/8/2005, DJ 29/8/2005, p. 239)".

Abaixo destacamos do Código Florestal os dispositivos mais cobrados em provas:

CONSTITUIÇÃO FEDERAL DE 1988

Art. 24 – Compete à União, aos Estados e ao Distrito Federal legislar concorrentemente sobre:

VI – florestas, caça, pesca, fauna, conservação da natureza, defesa do solo e dos recursos naturais, proteção do meio ambiente e controle da poluição;

Art. 225 – Todos têm direito ao meio ambiente ecologicamente equilibrado, bem de uso comum do povo e essencial à sadia qualidade de vida, impondo-se ao Poder Público e à coletividade o dever de defendê-lo e preservá-lo para as presentes e futuras gerações.

§ 1º – Para assegurar a efetividade desse direito, incumbe ao Poder Público:

III – definir, em todas as unidades da Federação, espaços territoriais e seus componentes a serem especialmente protegidos, sendo a alteração e a supressão permitidas somente através de lei, vedada qualquer utilização que comprometa a integridade dos atributos que justifiquem sua proteção;

VII – proteger a fauna e a flora, vedadas, na forma da lei, as práticas que coloquem em risco sua função ecológica, provoquem a extinção de espécies ou submetam os animais a crueldade.

CÓDIGO FLORESTAL
LEI Nº 4.771, DE 15 DE SETEMBRO DE 1965

Art. 1.° – As florestas existentes no território nacional e as demais formas de vegetação, reconhecidas de utilidade às terras que revestem, são bens de interesse comum a todos os habitantes do País, exercendo-se os direitos de propriedade, com as limitações que a legislação em geral e especialmente esta Lei estabelecem.

§ 2º – Para os efeitos deste Código, entende-se por:

I – pequena propriedade rural ou posse rural familiar: aquela explorada mediante o trabalho pessoal do proprietário ou possuidor e de sua família, admitida a ajuda eventual de terceiro e cuja renda bruta seja proveniente, no mínimo, em oitenta por cento, de atividade agroflorestal ou do extrativismo, cuja área não supere:

a) cento e cinquenta hectares se localizada nos Estados do Acre, Pará, Amazonas, Roraima, Rondônia, Amapá e Mato Grosso e nas regiões situadas ao norte do paralelo 13º S, dos Estados de Tocantins e Goiás, e ao oeste do meridiano de 44º W, do Estado do Maranhão ou no Pantanal mato-grossense ou sul-mato-grossense;

b) cinquenta hectares, se localizada no polígono das secas ou a leste do Meridiano de 44º W, do Estado do Maranhão; e

c) trinta hectares, se localizada em qualquer outra região do País

II – área de preservação permanente: área protegida nos termos dos arts. 2º e 3º desta Lei, coberta ou não por vegetação nativa, com a função ambiental de preservar os recursos hídricos, a paisagem, a estabilidade geológica, a biodiversidade, o fluxo gênico de fauna e flora, proteger o solo e assegurar o bem-estar das populações humanas;

III – Reserva Legal: área localizada no interior de uma propriedade ou posse rural, excetuada a de preservação permanente, necessária ao uso sustentável dos recursos naturais, à conservação e reabilitação dos processos ecológicos, à conservação da biodiversidade e ao abrigo e proteção de fauna e flora nativas;

IV – utilidade pública:

a) as atividades de segurança nacional e proteção sanitária;

b) as obras essenciais de infraestrutura destinadas aos serviços públicos de transporte, saneamento e energia e aos serviços de telecomunicações e de radiodifusão; *(Redação dada pela Lei nº 11.934, de 2009)*

c) demais obras, planos, atividades ou projetos previstos em resolução do Conselho Nacional de Meio Ambiente – CONAMA;

V – interesse social:

a) as atividades imprescindíveis à proteção da integridade da vegetação nativa, tais como: prevenção, combate e controle do fogo, controle da erosão, erradicação de invasoras e proteção de plantios com espécies nativas, conforme resolução do CONAMA;

b) as atividades de manejo agroflorestal sustentável praticadas na pequena propriedade ou posse rural familiar, que não descaracterizem a cobertura vegetal e não prejudiquem a função ambiental da área; e

c) demais obras, planos, atividades ou projetos definidos em resolução do CONAMA;

VI – Amazônia Legal: os Estados do Acre, Pará, Amazonas, Roraima, Rondônia, Amapá e Mato Grosso e as regiões situadas ao norte do paralelo 13ºS, dos Estados de Tocantins e Goiás, e ao oeste do meridiano de 44º W, do Estado do Maranhão.

Art. 2º Consideram-se de preservação permanente, pelo só efeito desta Lei, as florestas e demais formas de vegetação natural siao longo dos rios ou de qualquer curso d'água desde o seu nível mais alto em faixa marginal cuja largura mínima será:

1. de 30 (trinta) metros para os cursos d'água de menos de 10 (dez) metros de largura;

2. de 50 (cinquenta) metros para os cursos d'água que tenham de 10 (dez) a 50 (cinquenta) metros de largura;

3. de 100 (cem) metros para os cursos d'água que tenham de 50 (cinquenta) a 200 (duzentos) metros de largura;

4. de 200 (duzentos) metros para os cursos d'água que tenham de 200 (duzentos) a 600 (seiscentos) metros de largura;

5. de 500 (quinhentos) metros para os cursos d'água que tenham largura superior a 600 (seiscentos) metros;

b) ao redor das lagoas, lagos ou reservatórios d'água naturais ou artificiais;

c) nas nascentes, ainda que intermitentes e nos chamados "olhos d'água", qualquer que seja a sua situação topográfica, num raio mínimo de 50 (cinquenta) metros de largura;

d) no topo de morros, montes, montanhas e serras;

e) nas encostas ou partes destas, com declividade superior a 45°, equivalente a 100% na linha de maior declive;

f) nas restingas, como fixadoras de dunas ou estabilizadoras de mangues;

g) nas bordas dos tabuleiros ou chapadas, a partir da linha de ruptura do relevo, em faixa nunca inferior a 100 (cem) metros em projeções horizontais;

h) em altitude superior a 1.800 (mil e oitocentos) metros, qualquer que seja a vegetação.

Parágrafo Único. No caso de áreas urbanas, assim entendidas as compreendidas nos perímetros urbanos definidos por lei municipal, e nas regiões metropolitanas e aglomerações urbanas, em todo o território abrangido, obervar-se-á o disposto nos respectivos planos diretores e leis de uso do solo, respeitados os princípios e limites a que se refere este artigo.

Art. 3º Consideram-se, ainda, de preservação permanentes, quando assim declaradas por ato do Poder Público, as florestas e demais formas de vegetação natural destinadas:

a) a atenuar a erosão das terras;

b) a fixar as dunas;

c) a formar faixas de proteção ao longo de rodovias e ferrovias;

d) a auxiliar a defesa do território nacional a critério das autoridades militares;

e) a proteger sítios de excepcional beleza ou de valor científico ou histórico;

f) a asilar exemplares da fauna ou flora ameaçados de extinção;

g) a manter o ambiente necessário à vida das populações silvícolas;

h) a assegurar condições de bem-estar público.

§ 1º – A supressão total ou parcial de florestas de preservação permanente só será admitida com prévia autorização do Poder Executivo Federal, quando for necessária à execução de obras, planos, atividades ou projetos de utilidade pública ou interesse social.

§ 2º – As florestas que integram o Patrimônio Indígena ficam sujeitas ao regime de preservação permanente (letra g) pelo só efeito desta Lei.

Art. 4º – A supressão de vegetação em área de preservação permanente somente poderá ser autorizada em caso de utilidade pública ou de interesse social, devidamente caracterizados e motivados em procedimento administrativo próprio, quando inexistir alternativa técnica e locacional ao empreendimento proposto. (

§ 1º – A supressão de que trata o *caput* deste artigo dependerá de autorização do órgão ambiental estadual competente, com anuência prévia, quando couber, do órgão federal ou municipal de meio ambiente, ressalvado o disposto no § 2º deste artigo.

§ 2º – A supressão de vegetação em área de preservação permanente situada em área urbana, dependerá de autorização do órgão ambiental competente, desde que o município possua conselho de meio ambiente com caráter deliberativo e plano diretor, mediante anuência prévia do órgão ambiental estadual competente fundamentada em parecer técnico.

Art. 16 – As florestas e outras formas de vegetação nativa, ressalvadas as situadas em área de preservação permanente, assim como aquelas não sujeitas ao regime de utilização limitada ou objeto de legislação específica, são suscetíveis de supressão, desde que sejam mantidas, a título de reserva legal, no mínimo:

I – oitenta por cento, na propriedade rural situada em área de floresta localizada na Amazônia Legal;

II – trinta e cinco por cento, na propriedade rural situada em área de cerrado localizada na Amazônia Legal, sendo no mínimo vinte por cento na propriedade e quinze por cento na forma de compensação em outra área, desde que esteja localizada na mesma microbacia, e seja averbada nos termos do § 7º deste artigo;

III – vinte por cento, na propriedade rural situada em área de floresta ou outras formas de vegetação nativa localizada nas demais regiões do País; e

IV – vinte por cento, na propriedade rural em área de campos gerais localizada em qualquer região do País.

§ 1º – O percentual de reserva legal na propriedade situada em área de floresta e cerrado será definido considerando separadamente os índices contidos nos incisos I e II deste artigo.

§ 2º – A vegetação da reserva legal não pode ser suprimida, podendo apenas ser utilizada sob regime de manejo florestal sustentável, de acordo com princípios e critérios técnicos e científicos estabelecidos no regulamento, ressalvadas as hipóteses previstas no § 3º deste artigo, sem prejuízo das demais legislações específicas.

§ 3º – Para cumprimento da manutenção ou compensação da área de reserva legal em pequena propriedade ou posse rural familiar, podem ser computados os plantios de árvores frutíferas ornamentais ou industriais, compostos por espécies exóticas, cultivadas em sistema intercalar ou em consórcio com espécies nativas.

§ 4º – A localização da reserva legal deve ser aprovada pelo órgão ambiental estadual competente ou, mediante convênio, pelo órgão ambiental municipal ou outra instituição devidamente habilitada, devendo ser considerados, no processo de aprovação, a função social da propriedade, e os seguintes critérios e instrumentos, quando houver:

I – o plano de bacia hidrográfica;

II – o plano diretor municipal;

III – o zoneamento ecológico-econômico;

IV – outras categorias de zoneamento ambiental; e

V – a proximidade com outra Reserva Legal, Área de Preservação Permanente, unidade de conservação ou outra área legalmente protegida.

§ 5º – O Poder Executivo, se for indicado pelo Zoneamento Ecológico Econômico – ZEE e pelo Zoneamento Agrícola, ouvidos o CONAMA, o Ministério do Meio Ambiente e o Ministério da Agricultura e do Abastecimento, poderá:

I – reduzir, para fins de recomposição, a reserva legal, na Amazônia Legal, para até cinquenta por cento da propriedade, excluídas, em qualquer caso, as Áreas de Preservação Permanente, os ecótonos, os sítios e ecossistemas especialmente protegidos, os locais de expressiva biodiversidade e os corredores ecológicos; e

II – ampliar as áreas de reserva legal, em até cinquenta por cento dos índices previstos neste Código, em todo o território nacional.

§ 6º – Será admitido, pelo órgão ambiental competente, o cômputo das áreas relativas à vegetação nativa existente em área de preservação permanente no cálculo do percentual de reserva legal, desde que não implique em conversão de novas áreas para o uso alternativo do solo, e quando a soma da vegetação nativa em área de preservação permanente e reserva legal exceder a:

I – oitenta por cento da propriedade rural localizada na Amazônia Legal;

II – cinquenta por cento da propriedade rural localizada nas demais regiões do País; e

III – vinte e cinco por cento da pequena propriedade definida pelas alíneas "b" e "c" do inciso I do § 2º do art. 1º.

§ 7º – O regime de uso da área de preservação permanente não se altera na hipótese prevista no § 6º.

§ 8º – A área de reserva legal deve ser averbada à margem da inscrição de matrícula do imóvel, no registro de imóveis competente, sendo vedada a alteração de sua destinação, nos casos de transmissão, a qualquer título, de desmembramento ou de retificação da área, com as exceções previstas neste Código.

§ 9º – A averbação da reserva legal da pequena propriedade ou posse rural familiar é gratuita, devendo o Poder Público prestar apoio técnico e jurídico, quando necessário.

§ 10 – Na posse, a reserva legal é assegurada por Termo de Ajustamento de Conduta, firmado pelo possuidor com o órgão ambiental estadual ou federal competente, com força de título executivo e contendo, no mínimo, a localização da reserva legal, as suas características ecológicas básicas e a proibição de supressão de sua vegetação, aplicando-se, no que couber, as mesmas disposições previstas neste Código para a propriedade rural.

§ 11 – Poderá ser instituída reserva legal em regime de condomínio entre mais de uma propriedade, respeitado o percentual legal em relação a cada imóvel, mediante a aprovação do órgão ambiental estadual competente e as devidas averbações referentes a todos os imóveis envolvidos.

LEI Nº 9.605, DE 12 DE FEVEREIRO DE 1998

Art. 38 – Destruir ou danificar floresta considerada de preservação permanente, mesmo que em formação, ou utilizá-la com infringência das normas de proteção:
Pena – detenção, de um a três anos, ou multa, ou ambas as penas cumulativamente.
Parágrafo Único. Se o crime for culposo, a pena será reduzida à metade.
Art. 39 – Cortar árvores em floresta considerada de preservação permanente, sem permissão da autoridade competente:
Pena – detenção, de um a três anos, ou multa, ou ambas as penas cumulativamente.
Art. 44 – Extrair de florestas de domínio público ou consideradas de preservação permanente, sem prévia autorização, pedra, areia, cal ou qualquer espécie de minerais:
Pena – detenção, de seis meses a um ano, e multa.
Art. 48 – Impedir ou dificultar a regeneração natural de florestas e demais formas de vegetação:
Pena – detenção, de seis meses a um ano, e multa.
Art. 50 – Destruir ou danificar florestas nativas ou plantadas ou vegetação fixadora de dunas, protetora de mangues, objeto de especial preservação:
Pena – detenção, de três meses a um ano, e multa.

1.2 SNUC – Sistema Nacional de Unidades de Conservação

A CF/88 (art. 225, § 1º, III) determina que o poder público deve definir, em todas as unidades da federação, espaços territoriais e seus componentes a serem especialmente protegidos, objetivando a implementação do direito ao meio ambiente ecologicamente equilibrado. Essas áreas são gênero, dos quais são espécies, entre outras, as APPs e as RLs previstas no Código Florestal, acima comentadas.

Outras espécies de áreas especialmente protegidas foram previstas na Lei nº 9.985/2000 de 18/7/2000, que definiu as unidades de conservação como espaços territoriais e seus recursos ambientais (a atmosfera, as águas interiores bem como superficiais e subterrâneas, os estuários, o mar territorial, o solo, o subsolo, os elementos da biosfera, a fauna e a flora, incluindo as águas jurisdicionais) com características naturais relevantes, instituídos pelo poder público por lei, com o objetivo de conservação e limites definidos, sob regime especial de administração, ao qual se aplicam garantias adequadas de proteção (art. 2º, I).

Diante de diversas espécies de áreas especialmente protegidas, a doutrina chega a um consenso e define que as unidades de conservação **típicas** são as previstas na Lei do SNUC e as **atípicas** as demais áreas protegidas, entre elas as APPs e as RLs do Código Florestal.

As unidades de conservação do SNUC são divididas em dois grupos: as unidades de proteção integral (cujo objetivo é preservar a natureza, sendo admitido apenas o uso indireto dos seus recursos naturais) e as unidades de uso sustentável (cujo objetivo é compatibilizar a conservação da natureza com o uso sustentável de parcelas integrantes do SNUC). Podem ser instituídas por qualquer ente federado.

As unidades de proteção integral (art. 8º) são compostas por cinco unidades de conservação: estação ecológica, reserva biológica, parque nacional, monumento nacional e refúgio da vida silvestre.

São sete as unidades de uso sustentável (art. 14): as áreas de proteção ambiental, áreas de relevante interesse ecológico, floresta nacional, reserva extrativista, reserva de fauna, reserva de desenvolvimento sustentável e reserva particular do patrimônio nacional.

O número de unidades de conservação do SNUC é o *doze*. Essa lista é taxativa e apenas excepcionalmente podem ser criadas outras unidades de conservação.

O ato de criação de uma unidade de conservação (decreto, portaria, resolução, sentença judicial) deve indicar sua denominação; a categoria de manejos; os objetivos; os limites; a área da unidade e o órgão responsável por sua administração; a população tradicional beneficiária, no caso das reservas extrativistas e das reservas de desenvolvimento sustentável; a população tradicional residente no caso das florestas nacionais (estaduais e municipais); as atividades econômicas, de segurança e de defesa nacional envolvidas, conforme decreto 4.340 de 22/8/2002, que regulamentou a Lei do SNUC. Dando aplicação ao princípio da participação, para Antunes, é recomendável a consulta pública, para ouvir a comunidade envolvida a respeito da criação das unidades de conservação ou ainda sobre a ampliação dos limites de uma unidade de conservação:

> A Consulta Pública, conforme o § 1º do artigo 5º, não tem forma previamente definida, podendo ser realizada mediante reuniões públicas ou, a critério do órgão ambiental competente, outras formas de oitiva da população local e de outras partes interessadas. É importante, no entanto, que haja clareza e regras do conhecimento de todos os interessados. Deve ser observado que, no processo de consulta pública, o órgão executor competente deve indicar, de modo claro e em linguagem acessível, as implicações para a população residente no interior e no entorno da unidade proposta." (ANTUNES, Paulo Bessa. *Direito Ambiental*. 7. ed. Rio de Janeiro: Lúmen Júris, 2004. p. 632)

A jurisprudência do STF caminha nesse sentido, ratificando nosso entendimento quanto à necessidade da consulta pública para a instituição de unidades de conservação, e caso seja insatisfatória, inviabiliza-se a intenção do poder público:

> EMENTA: MEIO AMBIENTE. Unidade de conservação. Estação ecológica. Ampliação dos limites originais na medida do acréscimo, mediante decreto do Presidente da República. Inadmissibilidade. Falta de estudos técnicos e de consulta pública. Requisitos prévios não satisfeitos. Nulidade do ato pronunciada. Ofensa a direito líquido e certo. Concessão do mandado de segurança. Inteligência do art. 66, §§ 2º e 6º, da Lei nº 9.985/2000. Votos vencidos. A ampliação dos limites de estação ecológica, sem alteração dos limites originais, exceto pelo acréscimo proposto, não pode ser feita sem observância dos requisitos prévios de estudos técnicos e consulta pública (BRASIL, Supremo Tribunal Federal. Relator Ministro Marco Aurélio. MS 24665-DF. Relator(a) p/Acórdão: Min. Cezar Peluso Julgamento: 1º/12/2004. Órgão Julgador: Tribunal Pleno)

A gestão das unidades de conservação deve ser colegiada participando a sociedade civil, a administração pública e as populações diretamente afetadas. A cada unidade de conservação, deve corresponder um plano de manejo, que, por sua vez, deve ser elaborado pelo seu gestor em cinco anos após a criação da unidade, contendo a extensão da área de conservação, sua zona de amortecimento, visando à inclusão das atividades econômica e social das comunidades vizinhas, conforme previsão no Decreto nº 4.340 de 22/8/2002.

Havendo a superposição, proximidade, de várias unidades de conservação, mediante reconhecimento do Ministério do Meio Ambiente, pode ser criado o mosaico de unidades de conservação (art. 26), visando a uma gestão profissional e conjunta dessas unidades.

Quaisquer das unidades de uso sustentável podem ser transformadas em unidade de proteção integral, respeitado o mesmo nível hierárquico do instrumento normativo que a criou, ou seja, se a unidade de uso sustentável foi criada uma por uma lei, somente uma outra lei pode alterar seu agrupamento, nunca um decreto (art. 22, § 5º).

No que se refere a concursos públicos, nosso objetivo maior nesse livro, a Lei do SNUC é continuamente lembrada da forma mais ingrata possível, em questões objetivas (múltipla escolha), isto é, o examinador exige do candidato o conhecimento *ipsis litteris* da definição e características de cada uma dessas unidades. Para facilitar o estudo, usaremos o processo mnemônico (de memória), para ajudar o candidato a fixar as questões e, consequentemente, acertá-las, ao menos quanto à distinção dos dois grupos de unidade de conservação.

Na década de 80, um grupo de *rock* provocou um fenômeno nunca antes visto no mercado fonográfico brasileiro. Eram quatro rapazes com uma música ditada por instrumentos como bateria eletrônica entre outros. A leitura (ainda que grosseira) do nome desse grupo nos ajuda saber quais são as unidades de proteção integral. Pronuncia-se ERRE P M. Fazem parte desse grupo: as estações ecológicas (primeiro E), a reserva biológica (primeiro R), o refúgio de vida silvestre (segundo R), parque nacional (P) e monumento natural (M).

Por exceção, as demais unidades que não estejam no nosso exemplo mnemônico são as unidades de uso sustentável. A seguir, elaboramos um quadro com as principais características de cada unidade de conservação, com as respectivas siglas: unidades de proteção integral

(Estação ecológica – E, Reserva biológica – R, Parque nacional – P, Monumento natural – M, Refúgio da vida silvestre – R).

GRUPOS DO SNUC	USO DE PROTEÇÃO INTEGRAL				
Características	E	R	P	M	R
Definição	Art. 9	Art. 10	Art. 11	Art 12	Art. 13
objetivo	Preservação da natureza	Preservação integral da biota	Preservação de ecossistemas naturais	Preservar sítios naturais raros, de grande beleza cênica	Assegurar condições para existência ou reprodução de espécies da fauna e flora locais
Consulta Pública para Instituição	Não é necessária	Não é necessária	Necessária	Necessária	Necessária
Zona de Amortecimento	Necessária	Necessária	Necessária	Necessária	Necessária
Gestão apenas por OSCIP	Não é permitida	Não é permitida	Não é permitida	Não é permitida	Não é permitida
Pesquisas científicas	Permitida com autorização previa do órgão gestor	Permitida com autorização prévia do órgão gestor	Permitida com autorização prévia do órgão gestor	Permitida com autorização prévia do órgão gestor	Permitida com autorização prévia do órgão gestor
Visitação	Permitida apenas para objetivo educacional	Permitida apenas para objetivo educacional	Permitida de forma ampla conforme plano de manejo	Permitida de forma ampla conforme plano de manejo	Permitida de forma ampla conforme plano de manejo
Exploração comercial					
Domínio	Público	Público	Público	Público ou Privado	Público ou Privado

Vistas as unidades de proteção integral, passemos a estudar as de uso sustentável: (Áreas de proteção ambiental – Apas, Áreas de Relevante Interesse Ecológico – ARIES, Floresta Nacional – FLONA, Reserva extrativista – Rextra, Reserva de fauna – Refa, Reserva de desenvolvimento sustentável – Redsus, Reserva particular do patrimônio natural – RPPN).

GRUPOS DO SNUC	USO DE USO SUSTENTÁVEL						
Características	APAS	ARIES	FLONA	REXTRA	REFA	REDSUS	RPPN
Definição	Art. 15	Art. 16	Art. 17	Art. 18	Art. 19	Art. 20	Art. 21
objetivo	Disciplinar o processo de ocupação	Manter os ecossistemas naturais de importância para a área de conservação	Uso múltiplo sustentável dos recursos naturais e pesquisa científica	Proteger os meios de vida de populações cuja subsistência baseia-se no extrativismo	Áreas adequadas para estudos técnico-científicos sobre os recursos da fauna	Preservação da natureza e assegurar a melhoria da qualidade de vida das populações tradicionais	Conservação da Diversidade Biológica
Consulta Pública para Instituição	Necessária	Necessária	Necessária	Necessária	Necessária	Necessária	Necessária
Zona de amortecimento	Não é necessária	necessária	necessária	necessária	necessária	necessária	Não é necessária
Gestão apenas por OSCIP	Não é permitida	Não é permitida	Não é permitida	Não é permitida	Não é permitida	Não é permitida	Permitida

GRUPOS DO SNUC	USO DE USO SUSTENTÁVEL						
Características	APAS	ARIES	FLONA	REXTRA	REFA	REDSUS	RPPN
Definição	Art. 15	Art. 16	Art. 17	Art. 18	Art. 19	Art. 20	Art. 21
Pesquisas científicas	Ampla	Permitida com autorização prévia do órgão gestor	Permitida com autorização prévia do órgão gestor	Permitida com autorização prévia do órgão gestor	Permitida com autorização prévia do órgão gestor	Permitida com autorização prévia do órgão gestor	Ampla
Visitação	Ampla	Ampla	Permitida de forma conforme plano de manejo	Permitida de forma conforme plano de manejo	Permitida de forma conforme plano de manejo	Permitida de forma conforme plano de manejo	Ampla
Exploração comercial	Ampla	Com prévia autorização sujeita a pagamento	Com prévia autorização sujeita a pagamento	Com prévia autorização sujeita a pagamento	Com prévia autorização sujeita a pagamento	Com prévia autorização sujeita a pagamento	Ampla
Domínio	Público ou privado	Público ou privado	Público	Público	Público	Público	Privado

Em respeito às questões discursivas (abertas) em concursos, poucas têm havido, por isso chamamos a atenção para o gênero de áreas especialmente protegidas, que envolvem as espécies do SNUC, como vimos acima e que costumam ser cobradas em concursos.

A seguir destacamos o que tem sido mais cobrado na legislação do SNUC – Sistema Nacional de Unidades de Conservação:

CONSTIUIÇÃO FEDERAL DE 1988

Art. 225 – Todos têm direito ao meio ambiente ecologicamente equilibrado, bem de uso comum do povo e essencial à sadia qualidade de vida, impondo-se ao Poder Público e à coletividade o dever de defendê-lo e preservá-lo para as presentes e futuras gerações.

§ 1º – Para assegurar a efetividade desse direito, incumbe ao Poder Público:

I – preservar e restaurar os processos ecológicos essenciais e prover o manejo ecológico das espécies e ecossistemas;

II – preservar a diversidade e a integridade do patrimônio genético do País e fiscalizar as entidades dedicadas à pesquisa e manipulação de material genético;

III – definir, em todas as unidades da Federação, espaços territoriais e seus componentes a serem especialmente protegidos, sendo a alteração e a supressão permitidas somente através de lei, vedada qualquer utilização que comprometa a integridade dos atributos que justifiquem sua proteção;

[...]

VII – proteger a fauna e a flora, vedadas, na forma da lei, as práticas que coloquem em risco sua função ecológica, provoquem a extinção de espécies ou submetam os animais a crueldade.

LEI Nº 9.985, DE 18 DE JULHO DE 2000

Art. 2º – Para os fins previstos nesta Lei, entende-se por:

I – unidade de conservação: espaço territorial e seus recursos ambientais, incluindo as águas jurisdicionais, com características naturais relevantes, legalmente instituído pelo Poder Público, com objetivos de conservação e limites definidos, sob regime especial de administração, ao qual se aplicam garantias adequadas de proteção;

[...]

VIII – manejo: todo e qualquer procedimento que vise assegurar a conservação da diversidade biológica e dos ecossistemas;

IX – uso indireto: aquele que não envolve consumo, coleta, dano ou destruição dos recursos naturais;

X – uso direto: aquele que envolve coleta e uso, comercial ou não, dos recursos naturais;

XI – uso sustentável: exploração do ambiente de maneira a garantir a perenidade dos recursos ambientais renováveis e dos processos ecológicos, mantendo a biodiversidade e os demais atributos ecológicos, de forma socialmente justa e economicamente viável

XVII – plano de manejo: documento técnico mediante o qual, com fundamento nos objetivos gerais de uma unidade de conservação, se estabelece o seu zoneamento e as normas que devem presidir o uso da área e o manejo dos recursos naturais, inclusive a implantação das estruturas físicas necessárias à gestão da unidade

XVIII – zona de amortecimento: o entorno de uma unidade de conservação, onde as atividades humanas estão sujeitas a normas e restrições específicas, com o propósito de minimizar os impactos negativos sobre a unidade; e

XIX – corredores ecológicos: porções de ecossistemas naturais ou seminaturais, ligando unidades de conservação, que possibilitam entre elas o fluxo de genes e o movimento da biota, facilitando a dispersão de espécies e a recolonização de áreas degradadas, bem como a manutenção de populações que demandam para sua sobrevivência áreas com extensão maior do que aquela das unidades individuais

Art. 6º – O SNUC será gerido pelos seguintes órgãos, com as respectivas atribuições:

I – Órgão consultivo e deliberativo: o Conselho Nacional do Meio Ambiente – Conama, com as atribuições de acompanhar a implementação do Sistema;

II – Órgão central: o Ministério do Meio Ambiente, com a finalidade de coordenar o Sistema; e

III – órgãos executores: o Instituto Chico Mendes e o Ibama, em caráter supletivo, os órgãos estaduais e municipais, com a função de implementar o SNUC, subsidiar as propostas de criação e administrar as unidades de conservação federais, estaduais e municipais, nas respectivas esferas de atuação. (Lei nº 11.516/2007)

Parágrafo Único. Podem integrar o SNUC, excepcionalmente e a critério do CONAMA, unidades de conservação estaduais e municipais que, concebidas para atender a peculiaridades regionais ou locais, possuam objetivos de manejo que não possam ser satisfatoriamente atendidos por nenhuma categoria prevista nesta Lei e cujas características permitam, em relação a estas, uma clara distinção.

Art. 7º – As unidades de conservação integrantes do SNUC dividem-se em dois grupos, com características específicas:

I – Unidades de Proteção Integral;

II – Unidades de Uso Sustentável.

§ 1º – O objetivo básico das Unidades de Proteção Integral é preservar a natureza, sendo admitido apenas o uso indireto dos seus recursos naturais, com exceção dos casos previstos nesta Lei.

§ 2º – O objetivo básico das Unidades de Uso Sustentável é compatibilizar a conservação da natureza com o uso sustentável de parcela dos seus recursos naturais.

UNIDADES DE PROTEÇÃO INTEGRAL (Art. 8º)	UNIDADES DE USO SUSTENTÁVEL (Art. 14)
Estação Ecológica	Área de Proteção Ambiental
Reserva Biológica	Área de Relevante Interesse Ecológico
Parque Nacional	Floresta Nacional
Monumento Natural	Reserva Extrativista

UNIDADES DE PROTEÇÃO INTEGRAL (Art. 8º)	UNIDADES DE USO SUSTENTÁVEL (Art. 14)
Refúgio da Vida Silvestre	Reserva de Fauna
	Reserva de Desenvolvimento Sustentável
	Reserva Particular do Patrimônio Natural

UNIDADES DE PROTEÇÃO INTEGRAL – ÁREAS		
Bens Públicos e/ou Privados	**Bens Públicos**	**Só Área Particular**
	Art. 9 parágrafo 1º – A Estação Ecológica é de posse e domínio públicos, e que as áreas particulares incluídas em seus limites serão desapropriadas, de acordo com o que dispõe a lei.	
	Art. 10, § 1º – A Reserva Biológica é de posse e domínio públicos, sendo que as áreas particulares incluídas em seus limites serão desapropriadas, de acordo com o que dispõe a lei	
	Art. 11, § 1º – O Parque Nacional é de posse e domínio públicos, sendo que as áreas particulares incluídas em seus limites serão desapropriadas, de acordo com o que dispõe a lei.	
Art. 12, § 1º – O Monumento Natural pode ser constituído por áreas particulares, desde que seja possível compatibilizar os objetivos da unidade com a utilização da terra e dos recursos naturais do local pelos proprietários.		
Art. 13 Art. § 1º – O Refúgio de Vida Silvestre pode ser constituído por áreas particulares, desde que seja possível compatibilizar os		

UNIDADES DE USO SUSTENTÁVEL – ÁREAS			
Bens Públicos e/ou Privados	**Bens Públicos**	**Só Área Particular**
objetivos da unidade com a utilização da terra e dos recursos naturais do local pelos proprietários.		
Art. 15, § 1º – A Área de Proteção Ambiental é constituída por terras públicas ou privadas.		
Art. 16, § 1º – A Área de Relevante Interesse Ecológico é constituída por terras públicas ou privadas		
	Art. 17, § 1º – A Floresta Nacional é de posse e domínio públicos, logo as áreas particulares incluídas em seus limites devem ser desapropriadas de acordo com o que dispõe a lei.	
	Art. 18, § 1º – A Reserva Extrativista é de domínio público, com uso concedido às populações extrativistas tradicionais conforme o disposto no art. 23 desta Lei e em regulamentação específica, portanto as áreas particulares incluídas em seus limites devem ser desapropriadas, de acordo com o que dispõe a lei.	
	Art. 19, § 1º – A Reserva de Fauna é de posse e domínio públicos, logo as áreas particulares incluídas em seus limites devem ser desapropriadas de acordo com o que dispõe a lei.	
	Art. 20, § 2º – A Reserva de Desenvolvimento Sustentável é de domínio público, por isso as áreas particulares incluídas em seus	

UNIDADES DE USO SUSTENTÁVEL – ÁREAS		
Bens Públicos e/ou Privados	Bens Públicos	Só Área Particular
	limites devem ser, quando necessário, desapropriadas, de acordo com o que dispõe a lei.	
		Art. 21 – A Reserva Particular do Patrimônio Natural é uma área privada, gravada com perpetuidade, com o objetivo de conservar a diversidade biológica.

Art. 22 – As unidades de conservação são criadas por ato do Poder Público.

§ 1º – (VETADO)

§ 2º – A criação de uma unidade de conservação deve ser precedida de estudos técnicos **e** de consulta pública que permitam identificar a localização, a dimensão e os limites mais adequados para a unidade, conforme se dispuser em regulamento. ⇒ Consulta pública **técnica**!

§ 3º – No processo de consulta de que trata o § 2º, o Poder Público é obrigado a fornecer informações adequadas e inteligíveis à população local e a outras partes interessadas.

§ 4º Na criação de Estação Ecológica ou Reserva Biológica não é obrigatória a consulta de que trata o § 2º deste artigo.

§ 5º – As unidades de conservação do grupo de Uso Sustentável podem ser transformadas total ou parcialmente em unidades do grupo de Proteção Integral, por instrumento normativo do mesmo nível hierárquico do que criou a unidade, desde que obedecidos os procedimentos de consulta estabelecidos no § 2º deste artigo.

§ 6º – A ampliação dos limites de uma unidade de conservação, sem modificação dos seus limites originais, exceto pelo acréscimo proposto, pode ser feita por instrumento normativo do mesmo nível hierárquico do que criou a unidade, desde que obedecidos os procedimentos de consulta estabelecidos no § 2º deste artigo.

§ 7º – A desafetação **ou** redução dos limites de uma unidade de conservação só pode ser feita mediante lei específica.

Art. 24 – O subsolo e o espaço aéreo, sempre que influírem na estabilidade do ecossistema, integram os limites das unidades de conservação.

Art. 25 – As unidades de conservação, exceto Área de Proteção Ambiental e Reserva Particular do Patrimônio Natural, devem possuir uma zona de amortecimento e, quando conveniente, corredores ecológicos.

Art. 26 – Quando existir um conjunto de unidades de conservação de categorias diferentes ou não, próximas, justapostas ou sobrepostas, e outras áreas protegidas públicas ou privadas, constituindo um **mosaico**, a gestão do conjunto deverá ser feita de forma integrada e participativa, considerando-se os seus distintos objetivos de conservação, de forma a compatibilizar a presença da biodiversidade, a valorização da sociodiversidade e o desenvolvimento sustentável no contexto regional.

Art. 27 – As unidades de conservação devem dispor de um Plano de Manejo.

§ 1º – O Plano de Manejo deve abranger a área da unidade de conservação, sua zona de amortecimento e os corredores ecológicos, **incluindo** medidas com o fim de promover sua integração à vida econômica e social das comunidades vizinhas.

§ 2º – Na elaboração, atualização e implementação do Plano de Manejo das Reservas Extrativistas, das Reservas de Desenvolvimento Sustentável, das Áreas de Proteção Ambiental e, quando couber, das Florestas Nacionais e das Áreas de Relevante Interesse Ecológico, será assegurada a ampla participação da população residente.

§ 3º – O Plano de Manejo de uma unidade de conservação deve ser elaborado no prazo de cinco anos a partir da data de sua criação.

Art. 36 – Nos casos de licenciamento ambiental de empreendimentos de significativo impacto ambiental, assim considerado pelo órgão ambiental competente, com fundamento em estudo de impacto ambiental e respectivo relatório – EIA/RIMA, o empreendedor é obrigado a apoiar a implantação e manutenção de unidade de conservação do Grupo de Proteção Integral, de acordo com o disposto neste artigo e no regulamento desta Lei.

§ 1º – O montante de recursos a ser destinado pelo empreendedor para esta finalidade não pode ser inferior a meio por cento dos custos totais previstos para a implantação do empreendimento, sendo o percentual fixado pelo órgão ambiental licenciador, de acordo com o grau de impacto ambiental causado pelo empreendimento. (Vide ADIN nº 3.378-6, de 2008)

Art. 41 – A Reserva da Biosfera é um modelo, adotado internacionalmente, de gestão integrada, participativa e sustentável dos recursos naturais, com os objetivos básicos de preservação da diversidade biológica, o desenvolvimento de atividades de pesquisa, o monitoramento ambiental, a educação ambiental, o desenvolvimento sustentável e a melhoria da qualidade de vida das populações.

§ 2º – A Reserva da Biosfera é constituída por áreas de domínio público ou privado.

§ 3º – A Reserva da Biosfera pode ser integrada por unidades de conservação já criadas pelo Poder Público, respeitadas as normas legais que disciplinam o manejo de cada categoria específica.

LEI Nº 9.605, DE 12 DE FEVEREIRO DE 1998

Art. 40 – Causar dano direto ou indireto às Unidades de Conservação e às áreas de que trata o art. 27 do Decreto nº 99.274, de 6 de junho de 1990, independentemente de sua localização:

Pena – reclusão, de um a cinco anos.

§ 1º – Entende-se por Unidades de Conservação de Proteção Integral as Estações Ecológicas, as Reservas Biológicas, os Parques Nacionais, os Monumentos Naturais e os Refúgios de Vida Silvestre.

§ 2º – A ocorrência de dano afetando espécies ameaçadas de extinção no interior das Unidades de Conservação de Proteção Integral será considerada circunstância agravante para a fixação da pena.

§ 3º – Se o crime for culposo, a pena será reduzida à metade.

§ 1º – Entende-se por Unidades de Conservação de Uso Sustentável as Áreas de Proteção Ambiental, as Áreas de Relevante Interesse Ecológico, as Florestas Nacionais, as Reservas Extrativistas, as Reservas de Fauna, as Reservas de Desenvolvimento Sustentável e as Reservas Particulares do Patrimônio Natural.

§ 2º – A ocorrência de dano afetando espécies ameaçadas de extinção no interior das Unidades de Conservação de Uso Sustentável será considerada circunstância agravante para a fixação da pena.

§ 3º – Se o crime for culposo, a pena será reduzida à metade.

Art. 52 – Penetrar em Unidades de Conservação conduzindo substâncias ou instrumentos próprios para caça ou para exploração de produtos ou subprodutos florestais, sem licença da autoridade competente:

Pena – detenção, de seis meses a um ano, e multa.

QUESTÕES DE CONCURSOS

(TRF – 1ª Região – 2006) Assinale a menor largura marginal ciliar em áreas de preservação permanente:
a) 10 metros, não se incluindo nessa faixa o percentual de reserva legal;
b) 20 metros, incluindo-se nessa faixa o percentual de reserva legal;
c) 30 metros, não se incluindo essa faixa no percentual de reserva legal;
d) duas vezes a largura do curso, não se incluindo nessa faixa o percentual de reserva legal.

Resposta: a alternativa correta é "A".

(CESPE – 2011 – MMA – Analista Ambiental) A constituição das áreas de preservação permanente possibilita a proteção dos recursos hídricos, do solo, da flora e da fauna, mantendo, dessa forma, a paisagem, a estabilidade geológica, a biodiversidade e o bem-estar das populações humanas. Acerca das áreas de preservação permanente e de reservas legais, julgue o item a seguir.

Constitui reserva legal a área localizada no interior de uma propriedade ou posse rural, excetuada a de preservação permanente, necessária ao uso sustentável dos recursos naturais, à conservação e reabilitação dos processos ecológicos, à conservação da biodiversidade e ao abrigo e proteção de fauna e flora nativas.
( ) Certo ( ) Errado

Resposta: a alternativa é "Certo".

(MPE/MG – 2010 – Promotor de Justiça – 50º Concurso) A legislação de proteção ao meio ambiente é uma ferramenta de conhecimento e de consulta obrigatória ao membro do Ministério Público. Os conceitos mais importantes dos institutos da proteção ambiental estão previstos nas principais leis ambientais do País, cujo prévio conhecimento é necessário para a atuação diligente e profícua do Promotor de Meio Ambiente.

A esse respeito, analise as seguintes afirmativas e assinale a alternativa INCORRETA.
a) O conceito de meio ambiente foi definido pelo artigo 3º, I, da Lei nº 6.938/81 (que dispõe sobre a política nacional de meio ambiente), como sendo "[...] o conjunto de condições, leis, influências e interações de ordem física, química e biológica que permite, abriga e rege a vida em todas as suas formas".
b) Área de Preservação Permanente é "[...] a área protegida nos termos do artigo 2º e 3º da Lei nº 4.771/65 (que institui o Código Florestal) coberta ou não por vegetação nativa, com a função de preservar os recursos hídricos, a paisagem, a estabilidade geológica, a biodiversidade, o fluxo gênico da fauna e flora, proteger o solo e assegurar o bem-estar das populações humanas".
c) Nos termos do artigo 1º, § 2º, inciso III, da Lei nº 9.985/2000 (que regulamenta o artigo 225, § 1º, I, II, III e IV, da CF, institui o sistema nacional de unidades de conservação da natureza), reserva legal é "[...] a área localizada no interior de uma propriedade ou posse rural, excetuada a de preservação permanente, necessária ao uso sustentável dos recursos naturais, à conservação e reabilitação dos processos ecológicos, à conservação da biodiversidade e ao abrigo de fauna e flora nativas".
d) O legislador define que "[...] área de proteção ambiental é uma área em geral extensa, com um certo grau de ocupação humana, adotada de atributos abióticos, bióticos, estéticos ou culturais especialmente importantes para a qualidade de vida e bem-estar das populações humanas, e tem como objetivos básicos proteger a diversidade biológica, disciplinar o processo de ocupação e assegurar a sustentabilidade dos recursos naturais, conforme artigo 15, "*caput*, da Lei nº 9.985/2000, que dispõe sobre o sistema nacional de unidades de conservação da natureza".

Resposta: a alternativa incorreta é "C".

(FCC – 2010 – TCE/AP – Procurador) A recomposição da reserva legal florestal, nos casos em que ela tenha extensão menor do que a definida na legislação,

a) poderá ser conduzida mediante a simples regeneração natural da área degradada, sem qualquer outra medida indutora, se tal método se provar eficaz para a recomposição.
b) é providência que não incumbe ao proprietário do imóvel, se, quando de sua aquisição, a reserva legal já estiver em extensão menor do que a exigível.
c) depende de licença ambiental e estudo prévio de impacto ambiental, sem os quais não poderá ser efetuada pelo proprietário.
d) não poderá ser efetuada com espécies exóticas, nem poderá ensejar o manejo sustentável da área recomposta.
e) poderá ser efetuada por meio de compensação com área localizada em outra propriedade rural, independentemente de sua localização, desde que com autorização do órgão ambiental.

Resposta: a alternativa correta é "A".

(FCC – 2010 – TCE/AP – Procurador) A conduta consistente em destruir ou danificar floresta de preservação permanente é:
a) atípica, sem também ensejar infração administrativa.
b) objeto de tipo penal autônomo.
c) circunstância agravante do crime de dano a unidade de conservação.
d) circunstância agravante do crime de dano a reserva legal.
e) atípica, consistindo apenas em infração administrativa.

Resposta: a alternativa correta é "B".

(CESPE – 2009 – DPE/PI – Defensor Público) Com relação ao Código Florestal, assinale a opção CORRETA.
a) As atividades de segurança nacional e de proteção sanitária são consideradas de utilidade pública.
b) Ainda que a unidade de conservação seja criada pelo município, a exploração da respectiva floresta, tanto de domínio público quanto de domínio privado, depende da autorização do IBAMA.
c) O poder público pode considerar uma árvore imune de corte, com exceção dos casos em que o motivo alegado for a sua beleza.

d) As plantas vivas oriundas de florestas podem ser comercializadas independentemente de licença da autoridade competente.

e) Por área de reserva legal entende-se aquela que é localizada no interior de uma propriedade ou posse rural, incluindo a área de preservação permanente.

Resposta: a alternativa correta é "A".

(FCC – 2007 – MPU – Analista Pericial – Engenharia Florestal) Segundo o Código Florestal Brasileiro, as florestas e outras formas de vegetação nativa, ressalvadas as situadas em área de preservação permanente, assim como aquelas não sujeitas ao regime de utilização limitada ou objeto de legislação específica, são suscetíveis de supressão, desde que sejam mantidas, a título de reserva legal, no mínimo:

I – noventa por cento na propriedade rural situada em área de floresta localizada na Amazônia legal.

II – trinta e cinco por cento na propriedade rural situada em área de cerrado, localizada na Amazônia legal, sendo no mínimo vinte por cento na propriedade e quinze por cento na forma de compensação em outra área, desde que esteja localizada na mesma micro-bacia.

III – trinta por cento na propriedade rural situada em área de floresta ou outras formas de vegetação nativa localizada nas demais regiões do país.

IV. vinte por cento na propriedade rural em área de campos gerais, localizada em qualquer região do país.

É correto o que se afirma APENAS em:
a) III e IV.
b) II e IV.
c) II e III.
d) I e IV.
e) I e III.

Resposta: a alternativa correta é "B".

(FCC – 2010 – PGE/AM – Procurador) A averbação, no registro de imóveis, da reserva legal à margem da matrícula do imóvel rural é
a) facultativa, vez que é dispensada se o proprietário comprovar a existência e a manutenção da cobertura vegetal.

b) dispensada para a pequena propriedade ou posse rural familiar.
c) obrigatória para todos os imóveis e sua falta caracteriza crime ambiental, de caráter omissivo.
d) obrigatória para todos os imóveis e sua falta enseja apenas a responsabilidade civil do proprietário.
e) obrigatória para todos os imóveis e sua falta enseja a aplicação de penalidades administrativas, dentre as quais a multa diária.

Resposta: a alternativa correta é "E".

(CESPE – 2007 – AGU – Procurador Federal) Reserva legal e área de preservação permanente são institutos jurídicos ambientais vinculados à proteção florestal, ambos previstos no Código Florestal em vigor.
( ) Certo ( ) Errado

Resposta: a alternativa é "Certo".

(CESPE – 2010 – MPE/SE – Promotor de Justiça) A respeito do Código Florestal, das novas regulamentações sobre reserva legal, das áreas de preservação permanente e de outros instrumentos legais, assinale a opção correta.
a) A reserva legal corresponde a área localizada no interior de uma propriedade, incluída naquela de preservação permanente.
b) As florestas que integram o patrimônio indígena ficam sujeitas ao regime de preservação permanente.
c) A área de vegetação situada em olhos d'água não é passível de proteção ambiental.
d) A retirada de vegetação nativa em encostas com sessenta graus, para a plantação de uvas, é permitida.
e) Não são classificadas como áreas de preservação permanente as formas de vegetação natural, independentemente da sua largura, que estejam situadas ao longo de cursos d'água com largura inferior a dez metros.

Resposta: a alternativa correta é "B".

(MPE/GO – 2009 – **Promotor de Justiça**) Quanto ao Sistema Nacional de Unidades de Conservação da Natureza, é correto afirmar, exceto:
   a) Na Floresta Nacional e Reserva Extrativista é permitida a visitação pública condicionada as normas previstas no plano de manejo. Na Reserva Biológica e Estação Ecológica é proibida a visitação pública, sem exceção.
   b) O grupo das Unidades de Proteção Integral é composto pelas seguintes categorias de unidade de conservação: Estação Ecológica; Reserva Biológica; Parque Nacional; Monumento Natural e Refúgio de Vida Silvestre.
   c) O Grupo das Unidades de Uso Sustentável é composto pelas seguintes categorias de unidade de conservação: Área de Proteção Ambiental; Área de Relevante Interesse Ecológico; Floresta Nacional; Reserva Extrativista; Reserva de Fauna; Reserva de Desenvolvimento Sustentável e Reserva Particular do Patrimônio Natural.
   d) As unidades de conservação dividem-se em dois grupos: Unidades de Proteção Integral com objetivo básico de preservar a natureza e Unidades de Uso Sustentável com objetivo básico de compatibilizar a conservação da natureza com o uso sustentável de parcela dos seus recursos naturais.

Resposta: a alternativa correta é "A".

(FUNIVERSA – 2010 – **CEB – Advogado**) Com relação às unidades de conservação previstas na Lei Federal do Sistema Nacional de Unidades de Conservação (SNUC), analise a situação hipotética a seguir e assinale a alternativa que a completa corretamente.

Vera, proprietária privada de sítio com riqueza de fauna e flora (diversidade biológica rica), decide transformá-la com perpetuidade em um espaço territorialmente protegido sem que haja desapropriação. Assim, Vera poderá transformar a área em
   a) parque nacional.
   b) estação ecológica.
   c) refúgio da vida silvestre.
   d) reserva particular do patrimônio natural.

e) reserva extrativista.

Resposta: a alternativa correta é "D".

(FUNIVERSA – 2010 – MPE/GO – Engenheiro Ambiental) No Sistema Nacional de Unidades de Conservação (SNUC), as categorias estão divididas em dois grupos: unidades de proteção integral e unidades de uso sustentável. Assinale a alternativa que NÃO corresponde a uma unidade de proteção integral.
a) reserva biológica.
b) parque nacional.
c) monumento natural.
d) área de relevante interesse ecológico.
e) refúgio de vida silvestre.

Resposta: "D".

(FCC – 2010 – DPE/SP – Defensor Público) Das categorias de unidades de conservação abaixo, NÃO se caracteriza como Unidade de Proteção Integral:
a) Parque Nacional.
b) Refúgio da Vida Silvestre.
c) Área de Proteção Ambiental (APA).
d) Estação Ecológica.
e) Reserva Biológica.

Resposta: "C".

(CESPE – 2009 – TRF – 5ª Região – Juiz) Com relação ao Sistema Nacional de Unidades de Conservação, assinale a opção CORRETA.
a) A unidade de conservação só pode ser criada por lei em sentido formal, devendo ser precedida de estudos técnicos e de consulta pública que permitam identificar os limites mais adequados para a unidade.
b) A área de proteção ambiental, dotada de atributos abióticos, bióticos, estéticos ou culturais especialmente importantes

para a qualidade de vida e o bem-estar das populações humanas, é constituída apenas por terras públicas.
c) Compõem o grupo das unidades de proteção integral as seguintes categorias de unidades de conservação: reserva biológica, área de relevante interesse ecológico, floresta nacional e reserva de fauna.
d) É possível a transformação, total ou parcial, de unidades de conservação do grupo de uso sustentável em unidades do grupo de proteção integral, por instrumento normativo do mesmo nível hierárquico do que criou a unidade, desde que se promova consulta pública que permita identificar a localização, a dimensão e os limites mais adequados para a unidade.
e) O parque nacional pode ser criado e permanecer em área de domínio privado, com o objetivo de preservar ecossistemas naturais de grande relevância ecológica e beleza cênica, possibilitando a realização de pesquisas científicas e o desenvolvimento de atividades de educação ambiental, de recreação em contato com a natureza e de turismo ecológico.

Resposta: a alternativa correta é "D".

(FCC – 2007 – MPU – Analista Pericial – Biologia) Entre as unidades integrantes do Sistema Nacional de Unidades de Conservação pertencem ao grupo das unidades de proteção integral e de uso sustentável, respectivamente,
a) estação ecológica e parque nacional.
b) reserva biológica e estação ecológica.
c) floresta nacional e reserva extrativista.
d) estação ecológica e área de proteção ambiental.
e) reserva de fauna e reserva de desenvolvimento sustentável.

Resposta: a alternativa correta é "D".

(FCC – 2006 – DPE/SP – Defensor Público) O Sistema Nacional de Unidades de Conservação da Natureza estabelece dois grupos de unidades de conservação, as de Proteção Integral e as de Uso Sustentável. São Unidades de Proteção Integral:

a) Refúgio da Vida Silvestre, Área de Proteção Ambiental, Reserva Extrativista, Reserva Biológica e Estação Ecológica.

b) Estação Ecológica, Área de Proteção Ambiental, Floresta Nacional, Refúgio da Vida Silvestre e Reserva Extrativista.

c) Reserva Biológica, Parque Nacional, Reserva da Fauna, Floresta Nacional e Reserva Extrativista.

d) Área de Proteção Ambiental, Floresta Nacional, Reserva Extrativista, Monumento Natural e Refúgio da Vida Silvestre.

e) Estação Ecológica, Reserva Biológica, Parque Nacional, Monumento Natural e Refúgio da Vida Silvestre.

Resposta: a alternativa correta é "E".

(CESPE – 2009 – PGE/AL – Procurador de Estado) O ser humano há muito tempo delimita áreas para preservação de sua fauna e flora. Indica-se como precursor da ideia de parques e outros espaços territorialmente protegidos a criação do parque nacional de Yellowstone, em 1872, nos Estados Unidos da América. No Brasil, o primeiro parque nacional instituído foi o de Itatiaia, em 1937. A Lei nº 9.985/2000 buscou sistematizar critérios para a criação, implantação e gestão de unidades de conservação (UCs). Assinale a opção correta com relação aos enunciados normativos dessa legislação.

a) O Sistema Nacional de Unidades de Conservação estabelece dois grupos de UCs: as de proteção integral e as de uso sustentável.

b) Estação ecológica e reserva biológica são unidades de proteção de uso sustentável.

c) Parque nacional e área de proteção ambiental são unidades de uso sustentável.

d) Refúgio da vida silvestre é unidade de uso sustentável.

e) Entende-se por UC o espaço territorial e seus recursos ambientais, exceto os recursos hídricos nele existentes.

Resposta: a alternativa correta é "A".

(FGV – 2009 – TJ/PA – Juiz) Nos termos da Lei nº 9.985/2000, a unidade de conservação que compreende uma área com cobertura

florestal de espécies predominantemente nativas e tem como objetivo básico o uso múltiplo sustentável dos recursos florestais e a pesquisa científica, com ênfase em métodos para exploração sustentável de florestas nativas, é denominada:
    a) Área de Proteção Ambiental.
    b) Estação Ecológica.
    c) Parque Nacional.
    d) Floresta Nacional.
    e) Monumento Natural.

Resposta: a alternativa correta é "D".

Capítulo 12

Recursos hídricos

Quanto ao presente item, trataremos apenas da tutela jurídica das águas doces, em função de sua maior exigência em concursos públicos. Antes do mérito, confirmamos que o Código Civil ainda dispõe sobre o regime jurídico das águas, especialmente no conflito entre os vizinhos na captação de águas pluviais.

A água é recurso natural no que se refere ao gênero e recurso hídrico em referência à sua espécie, visto sob o potencial econômico de sua utilização. Em 8/1/1997, entrou em vigor a Lei nº 9.433, que dispõe acerca da política nacional dos recursos hídricos, com os seguintes fundamentos:

> Art. 1º – A água é um bem de domínio público, um recurso natural limitado dotado de valor econômico; a gestão dos recursos hídricos deve sempre proporcionar o uso múltiplo das águas e ser gerido pelo Poder Público; usuários e comunidades de forma descentralizada – em situações de escassez o uso deve ser prioritário para o consumo humano e dessedentação dos animais, sendo a bacia hidrográfica a unidade territorial para a implementação dessa política.

O Superior Tribunal de Justiça, em suas decisões, reconhece a água como bem de domínio público:

> ADMINISTRATIVO. DESAPROPRIAÇÃO. Indenização. Obra realizada por terceira pessoa em área desapropriada. Benfeitoria. Não caracterização. Propriedade. Solo e subsolo. Distinção. Águas subterrâneas.

Titularidade. Evolução legislativa. Bem público de uso comum de titularidade dos Estados-Membros. Código de Águas. Lei nº 9.433/97. Constituição Federal, arts. 176, 176 e 26, I.
[...]
2. A propriedade do solo não se confunde com a do subsolo (art. 526, do Código Civil de 1916), motivo pelo qual o fato de serem encontradas jazidas ou recursos hídricos em propriedade particular não torna o proprietário titular do domínio de referidos recursos (art. 176, da Constituição Federal)
3. Somente os bens públicos dominiais são passíveis de alienação e, portanto, de desapropriação.
4. A água é bem público de uso comum (art. 1º da Lei nº 9.433/97), motivo pelo qual é insuscetível de apropriação pelo particular 5. O particular tem, apenas, o direito à exploração das águas subterrâneas mediante autorização do Poder Público, cobrada a devida contraprestação (art. 12, II e 20, da Lei nº 9.433/97)
6. Ausente a autorização para exploração a que o alude o art. 12, da Lei nº 9.443/97, atentando-se para o princípio da justa indenização, revela-se ausente o direito à indenização pelo desapossamento de aquífero.
[...]
8. Recurso especial provido para afastar da condenação imposta ao INCRA o *quantum* indenizatório fixado a título de benfeitoria. (BRASIL, STJ, REsp. 518744/RN, rel. Ministro Luiz Fux, T1 – Primeira Turma, DJ 25/2/2004, p. 108)

Os princípios do desenvolvimento sustentável e da prevenção à política nacional dos recursos hídricos objetivam assegurar às futuras gerações a necessidade de disponibilidade de água, a utilização racional desse recurso e a prevenção e a defesa contra o uso inadequado dos recursos naturais (art. 2º).

Os instrumentos da política nacional dos recursos hídricos são: os planos de recursos hídricos, o enquadramento dos corpos d'água em classes, a outorga dos direitos de uso dos recursos hídricos, a cobrança pelo uso desses recursos, a compensação a municípios e o sistema de informações sobre recursos hídricos (art. 5º).

Os planos de recursos hídricos devem fundamentar e orientar a implementação da política nacional de recursos hídricos e o gerenciamento desses recursos e conter as prioridades para a outorga do direito de uso destes (art. 6º e 7, III). Esses planos serão elaborados pelas Agências de Água por bacia hidrográfica, por estado e para o país (art. 8º), e ainda deverão ser supervisionados e aprovados pelos respectivos Comitês de Bacias Hidrográficas.

O enquadramento dos corpos de água em classes visa a assegurar, às águas, qualidade compatível com os usos mais exigentes a que forem destinadas e diminuir os custos de combate à sua poluição (art. 9º). A classificação das águas é regida pela Resolução Conama (Conselho Nacional do Meio Ambiente), de 20 de 18/6/86, refere-se às águas doces, salinas e salobras.

A outorga de direito de recursos hídricos, aplicação do princípio do usuário-pagador, visa a assegurar o controle quantitativo e qualitativo dos usos da água e o efetivo exercício dos direitos de acesso à água (art. 11). Toda outorga é condicionada às prioridades de uso estabelecidas nos planos de recursos hídricos (art. 13), e todo direito de uso de recursos hídricos depende de outorga, com exceção: o uso de recursos hídricos para a satisfação de pequenos núcleos populacionais distribuídos no meio rural; as derivações, captações e lançamentos considerados insignificantes e as acumulações consideradas insignificantes.

A outorga será realizada por ato do Poder Executivo Federal, dos Estados ou do Distrito Federal, sendo que a União poderá firmar convênio delegando as suas atribuições aos Estados e ao Distrito Federal (arts. 14 e seu § 1º). A outorga não implica alienação das águas, mas o simples direito de usá-las por até, no máximo, trinta e cinco anos e que pode ser suspenso parcial ou totalmente, em definitivo ou por prazo determinado, caso o outorgado não obedeça às condições da outorga (arts. 15, 16 e 18).

Outorgado o direito de uso de um recurso hídrico, deve haver a cobrança imediata e os valores arrecadados devem ser aplicados prioritariamente na bacia hidrográfica em que foram gerados (arts. 20 e 22).

Em 2000, foi prevista a outorga preventiva com a finalidade única de declarar a disponibilidade de água para usos requeridos, nada mais. A outorga preventiva não confere direito de uso e tem por objetivo reservar a vazão passível de outorga. O órgão competente para proceder a outorga preventiva é a Agencia Nacional das Águas – ANA (art. 6º §§ 1º e 2º da Lei nº 9.984/2000).

A natureza jurídica das outorgas e dos valores arrecadados é tema interessante que, se ainda não foi, pode ser exigido em concursos públicos. Portanto, abordaremos essas questões neste momento.

Quanto à natureza jurídica da outorga, insistem os doutrinadores em buscar semelhanças com atos administrativos com autorização, concessão ou permissão, o que é um equívoco. Outorgar é um predicado de qualquer um desses atos. GRANZIERA[74] assim se pronuncia:

> Essas disposições levam à reflexão de que a denominação de autorização para as outorgas, não é adequada. Tampouco seria a de concessão. Na verdade, trata-se de figura sui generis do direito administrativo, pelas suas especificidades e diversidade de natureza, em função da finalidade de usos. Mais útil e mais claro seria denominar o instituto simplesmente como "outorga de direito de uso de recursos hídricos", sem a preocupação de enquadrá-lo em institutos outros que, de resto, já ensejam uma conceituação tormentosa, como é o caso, por exemplo, da licença ambiental.

No que toca a natureza jurídica dos valores arrecadados a título da cobrança pelo direito de uso dos recursos hídricos, devemos buscar os ensinamentos do direito financeiro, que trata das receitas originárias, advindas do patrimônio do Estado e também das receitas derivadas, que advêm do poder estatal de constranger o pagamento de valores que derivam do patrimônio do particular, conhecidos como tributos.

Quanto às receitas derivadas, a CF/88 divide os tributos em impostos, taxas e contribuições de melhoria, recepcionando a mesma classificação do Código Tributário Nacional, Lei nº 5.172, de 25/10/1966 e entendemos que os valores arrecadados a título da cobrança pelo direito de uso das águas não se enquadram em nenhuma dessas modalidades, porque não está presente o fato gerador de nenhum desses tributos, sendo, portanto, receitas originárias. Esse é o pensamento de POMPEU:[75]

> A contraprestação pela utilização das águas públicas: não configura imposto, porque, neste, a vantagem do particular é puramente acidental,

---

74 GRANZIERA, Maria Luiz Machado. *Direito de Águas – Disciplina jurídica das Águas doces*. São Paulo: Atlas, 2001.
75 POMPEU, Cid Romanik. *Direito das Águas no Brasil*. São Paulo: RT, 2006. p. 279.

pois tem o interesse público como consideração exclusiva e se destina a cobrir despesas feitas no interesse comum, sem levar em conta as vantagens particulares obtidas pelos contribuintes; não é taxa, pois não se está diante de exercício de poder de polícia – taxa de polícia – ou da utilização efetiva ou potencial de serviço público e divisível, prestado ao contribuinte ou posto à sua disposição –taxa de serviço –, mas decorre da utilização de bem público; e não é contribuição de melhoria, por inexistir obra pública cujo custo deva ser atribuído à valorização de imóveis beneficiados. Sendo assim, e por exclusão, está-se diante de preço, que pode ser denominado preço público e é parte das receitas originárias, assim denominadas porque sua fonte é a exploração do patrimônio público ou a prestação de serviço público. São também chamadas receitas industriais ou patrimoniais, porque sua fonte é a exploração do patrimônio público ou a prestação de serviço publico. São também chamadas receitas industriais ou patrimoniais, porque provenientes da exploração de serviços, bens, empresas ou indústria do próprio Estado.

1. LEGILASÇÃO

A seguir pontuamos o que é mais cobrado na Lei da Política Nacional dos Recursos Hídricos.

CONSTITUIÇÃO FEDERAL DE 1988

Art. 20 – São bens da União:

III – os lagos, rios e quaisquer correntes de água em terrenos de seu domínio, ou que banhem mais de um Estado, sirvam de limites com outros países, ou se estendam a território estrangeiro ou dele provenham, bem como os terrenos marginais e as praias fluviais;

V – os recursos naturais da plataforma continental e da zona econômica exclusiva;

VI – o mar territorial;

VIII – os potenciais de energia hidráulica;

Art. 21 – Compete à União:

XIX – instituir sistema nacional de gerenciamento de recursos hídricos e definir critérios de outorga de direitos de seu uso;

Art. 22 – Compete privativamente à União legislar sobre:
IV – águas, energia, informática, telecomunicações e radiodifusão;
Art. 24 – Compete à União, aos Estados e ao Distrito Federal legislar concorrentemente sobre:
VI – florestas, caça, pesca, fauna, conservação da natureza, defesa do solo e dos recursos naturais, proteção do meio ambiente e controle da poluição;
Art. 26 – Incluem-se entre os bens dos Estados:
I – as águas superficiais ou subterrâneas, fluentes, emergentes e em depósito, ressalvadas, neste caso, na forma da lei, as decorrentes de obras da União;

LEI Nº 9.433, DE 8 DE JANEIRO DE 1997

Art. 1º – A Política Nacional de Recursos Hídricos baseia-se nos seguintes fundamentos:
I – a água é um bem de domínio público;
II – a água é um recurso natural limitado, dotado de valor econômico;
III – em situações de escassez, o uso prioritário dos recursos hídricos é o consumo humano e a dessedentação de animais;
IV – a gestão dos recursos hídricos deve sempre proporcionar o uso múltiplo das águas;
V – a bacia hidrográfica é a unidade territorial para implementação da Política Nacional de Recursos Hídricos e atuação do Sistema Nacional de Gerenciamento de Recursos Hídricos;
VI – a gestão dos recursos hídricos deve ser descentralizada e contar com a participação do Poder Público, dos usuários e das comunidades.
Art. 6º – Os Planos de Recursos Hídricos são planos diretores que visam a fundamentar e orientar a implementação da Política Nacional de Recursos Hídricos e o gerenciamento dos recursos hídricos.
Art. 7º – Os Planos de Recursos Hídricos são planos de longo prazo, com horizonte de planejamento compatível com o período de implantação de seus programas e projetos e terão o seguinte conteúdo mínimo:
I – diagnóstico da situação atual dos recursos hídricos;
II – análise de alternativas de crescimento demográfico, de evolução de atividades produtivas e de modificações dos padrões de ocupação do solo;

III – balanço entre disponibilidades e demandas futuras dos recursos hídricos, em quantidade e qualidade, com identificação de conflitos potenciais;

IV – metas de racionalização de uso, aumento da quantidade e melhoria da qualidade dos recursos hídricos disponíveis;

V – medidas a serem tomadas, programas a serem desenvolvidos e projetos a serem implantados, para o atendimento das metas previstas;

VIII – prioridades para outorga de direitos de uso de recursos hídricos;

IX – diretrizes e critérios para a cobrança pelo uso dos recursos hídricos;

X – propostas para a criação de áreas sujeitas a restrição de uso, com vistas à proteção dos recursos hídricos

Art. 8º – Os Planos de Recursos Hídricos serão elaborados por bacia hidrográfica, por Estado e para o País.

REGIME DE OUTORGA DOS RECURSOS HÍDRICOS

Art. 11 – O regime de outorga de direitos de uso de recursos hídricos tem como objetivos assegurar o controle quantitativo e qualitativo dos usos da água e o efetivo exercício dos direitos de acesso à água.

Art. 12 – Estão sujeitos a outorga pelo Poder Público os direitos dos seguintes usos de recursos hídricos:

I – derivação ou captação de parcela da água existente em um corpo de água para consumo final, inclusive abastecimento público, ou insumo de processo produtivo;

II – extração de água de aquífero subterrâneo para consumo final ou insumo de processo produtivo;

III – lançamento em corpo de água de esgotos e demais resíduos líquidos ou gasosos, tratados ou não, com o fim de sua diluição, transporte ou disposição final;

IV – aproveitamento dos potenciais hidrelétricos;

V – outros usos que alterem o regime, a quantidade ou a qualidade da água existente em um corpo de água.

§ 1º – Independem de outorga pelo Poder Público, conforme definido em regulamento:

I – o uso de recursos hídricos para a satisfação das necessidades de pequenos núcleos populacionais, distribuídos no meio rural;

II – as derivações, captações e lançamentos considerados insignificantes;

III – as acumulações de volumes de água consideradas insignificantes.

§ 2º – A outorga e a utilização de recursos hídricos para fins de geração de energia elétrica estará subordinada ao Plano Nacional de Recursos Hídricos, aprovado na forma do disposto no inciso VIII do art. 35 desta Lei, obedecida a disciplina da legislação setorial específica.

Art. 13 – Toda outorga estará condicionada às prioridades de uso estabelecidas nos Planos de Recursos Hídricos e deverá respeitar a classe em que o corpo de água estiver enquadrado e a manutenção de condições adequadas ao transporte aquaviário, quando for o caso.

Parágrafo Único. A outorga de uso dos recursos hídricos deverá preservar o uso múltiplo destes.

Art. 14 – A outorga efetivar-se-á por ato da autoridade competente do Poder Executivo Federal, dos Estados ou do Distrito Federal.

§ 1º – O Poder Executivo Federal poderá delegar aos Estados e ao Distrito Federal competência para conceder outorga de direito de uso de recurso hídrico de domínio da União.

Art. 15 – A outorga de direito de uso de recursos hídricos poderá ser suspensa parcial ou totalmente, em definitivo ou por prazo determinado, nas seguintes circunstâncias:

I – não cumprimento pelo outorgado dos termos da outorga;

II – ausência de uso por três anos consecutivos;

III – necessidade premente de água para atender a situações de calamidade, inclusive as decorrentes de condições climáticas adversas;

IV – necessidade de se prevenir ou reverter grave degradação ambiental;

V – necessidade de se atender a usos prioritários, de interesse coletivo, para os quais não se disponha de fontes alternativas;

VI – necessidade de serem mantidas as características de navegabilidade do corpo de água.

Art. 16 – Toda outorga de direitos de uso de recursos hídricos far-se-á por prazo não excedente a trinta e cinco anos, renovável.

Art. 18 – A outorga não implica a alienação parcial das águas, que são inalienáveis, mas o simples direito de seu uso.

Art. 19 – A cobrança pelo uso de recursos hídricos objetiva:

I – reconhecer a água como bem econômico e dar ao usuário uma indicação de seu real valor;

II – incentivar a racionalização do uso da água;

III – obter recursos financeiros para o financiamento dos programas e intervenções contemplados nos planos de recursos hídricos.

Art. 20 – Serão cobrados os usos de recursos hídricos sujeitos a outorga, nos termos do art. 12 desta Lei.

Art. 21 – Na fixação dos valores a serem cobrados pelo uso dos recursos hídricos devem ser observados, dentre outros:

I – nas derivações, captações e extrações de água, o volume retirado e seu regime de variação;

II – nos lançamentos de esgotos e demais resíduos líquidos ou gasosos, o volume lançado e seu regime de variação e as características físico-químicas, biológicas e de toxidade do afluente.

Art. 22 – Os valores arrecadados com a cobrança pelo uso de recursos hídricos serão aplicados prioritariamente na bacia hidrográfica em que foram gerados e serão utilizados:

Art. 37 – Os Comitês de Bacia Hidrográfica terão como área de atuação:

I – a totalidade de uma bacia hidrográfica;

II – sub-bacia hidrográfica de tributário do curso de água principal da bacia, ou de tributário desse tributário; ou

III – grupo de bacias ou sub-bacias hidrográficas contíguas.

Parágrafo Único. A instituição de Comitês de Bacia Hidrográfica em rios de domínio da União será efetivada por ato do Presidente da República.

Art. 38 – Compete aos Comitês de Bacia Hidrográfica, no âmbito de sua área de atuação:

I – promover o debate das questões relacionadas a recursos hídricos e articular a atuação das entidades intervenientes;

II – arbitrar, em primeira instância administrativa, os conflitos relacionados aos recursos hídricos;

III – aprovar o Plano de Recursos Hídricos da bacia;

IV – acompanhar a execução do Plano de Recursos Hídricos da bacia e sugerir as providências necessárias ao cumprimento de suas metas;

V – propor ao Conselho Nacional e aos Conselhos Estaduais de Recursos Hídricos as acumulações, derivações, captações e lançamentos de pouca expressão, para efeito de isenção da obrigatoriedade de outorga de direitos de uso de recursos hídricos, de acordo com os domínios destes;

VI – estabelecer os mecanismos de cobrança pelo uso de recursos hídricos e sugerir os valores a serem cobrados;

VII – (VETADO)

VIII – (VETADO)

IX – estabelecer critérios e promover o rateio de custo das obras de uso múltiplo, de interesse comum ou coletivo.

Parágrafo Único. Das decisões dos Comitês de Bacia Hidrográfica caberá recurso ao Conselho Nacional ou aos Conselhos Estaduais de Recursos Hídricos, de acordo com sua esfera de competência

Art. 39 – Os Comitês de Bacia Hidrográfica são compostos por representantes:

I – da União;

II – dos Estados e do Distrito Federal cujos territórios se situem, ainda que parcialmente, em suas respectivas áreas de atuação;

III – dos Municípios situados, no todo ou em parte, em sua área de atuação;

IV – dos usuários das águas de sua área de atuação;

V – das entidades civis de recursos hídricos com atuação comprovada na bacia.

§ 1º – O número de representantes de cada setor mencionado neste artigo, bem como os critérios para sua indicação, serão estabelecidos nos regimentos dos comitês, limitada a representação dos poderes executivos da União, Estados, Distrito Federal e Municípios à metade do total de membros

§ 2º – Nos Comitês de Bacia Hidrográfica de bacias de rios fronteiriços e transfronteiriços de gestão compartilhada, a representação da União deverá incluir um representante do Ministério das Relações Exteriores.

§ 3º – Nos Comitês de Bacia Hidrográfica de bacias cujos territórios abranjam terras indígenas devem ser incluídos representantes:

I – da Fundação Nacional do Índio – FUNAI, como parte da representação da União;

II – das comunidades indígenas ali residentes ou com interesses na bacia.

§ 4º – A participação da União nos Comitês de Bacia Hidrográfica com área de atuação restrita a bacias de rios sob domínio estadual, dar-se-á na forma estabelecida nos respectivos regimentos.

Art. 40 – Os Comitês de Bacia Hidrográfica serão dirigidos por um Presidente e um Secretário, eleitos dentre seus membros.

LEI Nº 9.605, DE 12 DE FEVEREIRO DE 1998

Art. 54 – Causar poluição de qualquer natureza em níveis tais que resultem ou possam resultar em danos à saúde humana, ou que provoquem a mortandade de animais ou a destruição significativa da flora:
Pena – reclusão, de um a quatro anos, e multa.

§ 1º – Se o crime é culposo:
Pena – detenção, de seis meses a um ano, e multa.

§ 2º – Se o crime:
I – tornar uma área, urbana ou rural, imprópria para a ocupação humana;

III – causar poluição hídrica que torne necessária a interrupção do abastecimento público de água de uma comunidade;

IV – dificultar ou impedir o uso público das praias;

V – ocorrer por lançamento de resíduos sólidos, líquidos ou gasosos, ou detritos, óleos ou substâncias oleosas, em desacordo com as exigências estabelecidas em leis ou regulamentos:
Pena – reclusão, de um a cinco anos.

§ 3º – Incorre nas mesmas penas previstas no parágrafo anterior quem deixar de adotar, quando assim o exigir a autoridade competente, medidas de precaução em caso de risco de dano ambiental grave ou irreversível.

QUESTÕES DE CONCURSOS

(FCC – 2007 – TRF – 2ª Região – Analista Judiciário) Compete privativamente à União legislar sobre:
  a) educação, cultura, ensino e desporto.
  b) florestas, caça, pesca, fauna, conservação da natureza, defesa do solo e dos recursos naturais.
  c) águas, energia, informática, telecomunicações e radiodifusão.
  d) responsabilidade por dano ao meio ambiente, ao consumidor, a bens e direitos de valor artístico.

e) direito tributário, financeiro, penitenciário, econômico e urbanístico.

Resposta: a alternativa correta é "C".

(FGV – 2010 – CAERN – Assistente Social) O Plano Nacional de Recursos Hídricos, subordinado ao Ministério do Meio Ambiente do Governo Federal, é considerado
a) o elemento regulador das políticas estaduais de Recursos Hídricos.
b) política governamental, ligado diretamente à Presidência da República e ao Conselho Nacional de Águas.
c) recurso indispensável na promoção da cidadania ambiental das populações urbanas e rurais.
d) política essencial na gestão ambiental e saneamento básico em todo o território nacional.
e) um amplo pacto em torno da gestão sustentável das águas no país e do fortalecimento do Sistema Nacional de Gerenciamento de Recursos Hídricos (SINGREH).

Resposta: a alternativa correta é "E".

(CESPE – 2011 – MMA – Analista Ambiental) Considere um rio cuja nascente encontra-se em território brasileiro e que em determinado trecho passe a formar a fronteira entre o Brasil e outro país. Julgue os itens a seguir com relação a um pedido de outorga das águas desse rio.

Condiciona-se o aproveitamento com uso consuntivo das águas desse rio em território brasileiro à emissão de outorga de direito de uso de recursos hídricos pelos representantes legais das agências de água dos dois países.
( ) Certo ( ) Errado

Resposta: a alternativa é "Errado".

(CESPE – 2009 – MPE/RN – Promotor de Justiça) No que diz respeito à Política Nacional de Recursos Hídricos (Lei nº 9.433/1997), assinale a opção CORRETA.

a) Os planos de recursos hídricos são planos de curto prazo.
b) Depende de outorga do poder público o uso de recursos hídricos para a satisfação de necessidades de pequenos núcleos populacionais distribuídos no meio rural.
c) A competência para conceder outorga de direito de uso de recurso hídrico de domínio da União é do Poder Executivo federal, não podendo ser delegada.
d) A Política Nacional de Recursos Hídricos baseia-se, entre outros fundamentos, no de que a bacia hidrográfica é a unidade territorial para implementação dessa política e para atuação do Sistema Nacional de Gerenciamento de Recursos Hídricos.
e) A centralização da obtenção e produção de dados e informações é um dos princípios básicos para o funcionamento do Sistema de Informações sobre Recursos Hídricos

Resposta: a alternativa correta é "D".

(CESPE – 2009 – TRF – 2ª Região – Juiz) É objetivo do regime de outorga do direito de uso de recursos
a) conceder direitos alternativos ao uso, ao consumo e à captação das águas servidas.
b) assegurar o controle quantitativo e qualitativo dos usos da água e o efetivo exercício do direito de acesso a ela.
c) autorizar a extração de água de aquífero subterrâneo para consumo final ou como insumo de processo produtivo.
d) aperfeiçoar o aproveitamento dos potenciais hidrelétricos.
e) regular os usos que alterem o regime, a quantidade ou a qualidade da água existente em um corpo de água.

Resposta: a alternativa correta é "B".

(CESPE – 2010 – EMBASA – Analista de Saneamento – Advogado) A utilização de recursos hídricos da União na prestação de serviços de esgotamento sanitário por empresa pública criada por determinado estado para esse fim não estará sujeita a outorga de direito de uso
( ) Certo   ( ) Errado

Resposta: a alternativa é "Errado".

(ESAF – 2009 – ANA – Analista Administrativo – Comum a todos) A decisão sobre pedidos de outorga de direito de uso de recursos hídricos em rios de domínio da União compete:
a) ao Conselho Nacional de Recursos Hídricos.
b) ao Ministério do Meio Ambiente.
c) à Agência de Água da bacia em questão, ou na sua ausência, ao Comitê da Bacia Hidrográfica.
d) à Secretaria de Recursos Hídricos e Ambiente Urbano.
e) à Diretoria Colegiada da Agência Nacional de Águas.

Resposta: a alternativa correta é "E".

(ESAF – 2009 – ANA – Analista Administrativo – Comum a todos) Entre as atribuições da Agência Nacional de Águas, estão (está):
a) outorgar o direito de uso de recursos hídricos e fiscalizar o uso de recursos hídricos de domínio da União.
b) fiscalizar e punir os infratores por lançamentos de poluição feitos em desacordo com a licença ambiental.
c) decidir sobre regularização de ações de uso e ocupação do solo nas bacias hidrográficas.
d) aprovar o Plano Nacional de Recursos Hídricos.
e) arbitrar os conflitos existentes entre Conselhos Estaduais de Recursos Hídricos.

Resposta: a alternativa correta é "E".

(ESAF – 2009 – ANA – Analista Administrativo – Comum a todos) Segundo a Lei nº 9.433, de 8/1/1997, a outorga de direito de uso de recursos hídricos:
a) somente pode ser suspensa em definitivo se o outorgado não cumprir os termos da outorga.
b) em corpos hídricos de domínio da União, é indelegável.
c) para pequenos núcleos populacionais, é determinada por decisão do órgão outorgante estadual.

d) é necessária apenas para captação recursos hídricos e lançamento de efluentes; os demais usos estão dispensados de solicitar outorga.

e) efetiva-se por ato da autoridade competente do Poder Executivo Federal, dos Estados ou do Distrito Federal, chamado de órgão outorgante.

Resposta: a alternativa correta é "A".

CAPÍTULO 13

Mineração

Mineração é a atividade de extração de minérios do subsolo. Por ser atividade agressora, que causa impactos negativos significativos ao meio ambiente, a CF/88 determinou expressamente que "aquele que explorar recursos minerais fica obrigado a recuperar o meio ambiente degradado, de acordo com solução técnica exigida pelo órgão público competente, na forma da lei". (art. 225, § 2º).

Tal medida tem cunho de restabelecer o equilíbrio ecológico e promover a sua manutenção.

A exploração de minérios é realizada por meio de pesquisa, lavra (exploração da jazida industrialmente) ou extração.

Segundo o Decreto-Lei nº 227/67, art. 14, entende-se por pesquisa mineral a execução dos trabalhos necessários à definição da jazida, sua avaliação e a determinação da exequibilidade do seu aproveitamento econômico.

A pesquisa mineral compreende, entre outros, os seguintes trabalhos de campo e de laboratório: levantamentos geológicos pormenorizados da área a pesquisar, em escala conveniente, estudos dos afloramentos e suas correlações, levantamentos geofísicos e geoquímicos; aberturas de escavações visitáveis e execução de sondagens no corpo mineral; amostragens sistemáticas; análises físicas e químicas das amostras e dos testemunhos de sondagens; e ensaios de beneficiamento dos minérios ou das substâncias minerais úteis, para obtenção de concentrados de acordo com as especificações do mercado ou aproveitamento industrial. (§ 1º, art. 14, Decreto-Lei nº 227/67, art. 14)

De acordo com o Decreto-Lei nº 227-67, art. 36, entende-se por lavra o conjunto de operações coordenadas objetivando o aproveitamento industrial da jazida, desde a extração das substâncias minerais úteis que contiver, até o seu beneficiamento.

O mesmo diploma legal dispõe no art. 4º, que considera-se jazida toda massa individualizada de substância mineral ou fóssil, aflorando à superfície ou existente no interior da terra, e que tenha valor econômico; e mina, a jazida em lavra, ainda que suspensa.

Para se realizar a exploração mineral, é preciso autorização prévia, permissão ou licença, devem ser executadas as atividades dentro dos limites estabelecidos por ela. A autorização, seja ela qual for, deverá apresentar a maneira pela qual se dará a reconstituição do meio ambiente degradado, cujos procedimentos serão vistoriados pelo órgão competente.

Os recursos minerais e os do subsolo são bens pertencentes à União. Entretanto, ante as previsões dispostas no art. 20, inciso IX e § 1º da CF/88, terão participação no resultado da exploração dos minérios localizados em sua extensão territorial, os Estados, Distrito Federal, municípios e órgãos da administração direta da União.

Nesse sentido, a competência para legislar sobre mineração é da União. Contudo, estabelece a Constituição Fedral de 1988 ainda "competência material comum" (art. 23, VI) e "competência legislativa concorrente" (art. 24, VI) aos Estados, Distrito Federal e municípios, para acompanhar e fiscalizar a atividade de mineração, e ainda, promover o controle dos danos causados ao meio ambiente, decorrentes dela.

Além dos controles já citados para a preservação do meio ambiente atingido pela mineração, há ainda restrição de exploração de minérios em determinadas áreas.

Assim, não é permitida a mineração em unidades de conservação, podendo tal regra ser excepcionada mediante autorização legal, conforme dispõe o art. 225, § 1º, III, da CF.

Entende-se por unidades de conservação de uso sustentável as áreas de proteção ambiental, as áreas de relevante interesse ecológico, as florestas nacionais, as reservas extrativistas, as reservas de fauna, as reservas de desenvolvimento sustentável e as reservas particulares do patrimônio natural. (art. 40-A da Lei nº 9.985/2000).

Como exemplo de restrições à exploração de minérios, cita-se o dispositivo do art. 17 da Lei nº 7.805/89 que diz que a "realização de trabalhos de pesquisa e lavra em áreas de conservação dependerá de prévia autorização do órgão ambiental que as administre".

QUESTÕES DE CONCURSOS

(CESPE – Ministério da Educação – Técnico em Mineração)
Os capítulos II e III do Código de Mineração (CM) dispõem acerca de pesquisa mineral e lavra, respectivamente. Julgue os itens que se seguem a respeito de pesquisa mineral e lavra, face ao disposto no CM:

a) Entende-se por pesquisa mineral a execução dos trabalhos necessários ao reconhecimento geológico da jazida, sua avaliação e determinação da exequibilidade do seu aproveitamento econômico.

Resposta: Errado. Dl nº 227/67:
Art. 14 – Entende-se por pesquisa mineral a execução dos trabalhos necessários à definição da jazida, sua avaliação e a determinação da exequibilidade do seu aproveitamento econômico.

§ 1º – A pesquisa mineral compreende, entre outros, os seguintes trabalhos de campo e de laboratório: levantamentos geológicos pormenorizados da área a pesquisar, em escala conveniente, estudos dos afloramentos e suas correlações, levantamentos geofísicos e geoquímicos; aberturas de escavações visitáveis e execução de sondagens no corpo mineral; amostragens sistemáticas; análises físicas e químicas das amostras e dos testemunhos de sondagens; e ensaios de beneficiamento dos minérios ou das substâncias minerais úteis, para obtenção de concentrados de acordo com as especificações do mercado ou aproveitamento industrial.

b) A definição da jazida resultará da coordenação, correlação e interpretação dos dados colhidos no reconhecimento geológico, que conduzirá à medida dos teores do depósito mineral.

Resposta: Errado. DL 227-67:
Art. 14 – Entende-se por pesquisa mineral a execução dos trabalhos necessários à definição da jazida, sua avaliação e a determinação da exequibilidade do seu aproveitamento econômico.

§ 2º – A definição da jazida resultará da coordenação, correlação e interpretação dos dados colhidos nos trabalhos executados, e conduzirá a uma medida das reservas e dos teores.

c) Entende-se por lavra o conjunto de operações coordenadas objetivando o aproveitamento industrial da jazida, desde a extração de substâncias minerais úteis que contiver, até o beneficiamento das mesmas.

Resposta: Correto. DL 227-67:
Art. 36 – Entende-se por lavra o conjunto de operações coordenadas objetivando o aproveitamento industrial da jazida, desde a extração das substâncias minerais úteis que contiver, até o beneficiamento das mesmas.

d) A autorização será recusada, se a lavra for considerada prejudicial ao bem público ou comprometer interesses que superem a utilidade da exploração industrial, a juízo do governo.

Resposta: Correto. DL 227-67:
Art. 42 – A autorização será recusada, se a lavra for considerada prejudicial ao bem público ou comprometer interesses que superem a utilidade da exploração industrial, a juízo do Governo. Neste último caso, o pesquisador terá direito de receber do Governo a indenização das despesas feitas com os trabalhos de pesquisa, uma vez que haja sido aprovado o Relatório.

(MOVENS-DNPM – 2010 – Técnico em Atividade de Mineração/Geologia e Mineração) Acerca da pesquisa mineral, assinale a opção correta.
a) A autorização de pesquisa será outorgada pelo DNPM a brasileiro, pessoa natural, firma individual ou empresas legalmente habilitadas, mediante requerimento do interessado.
b) As vistorias realizadas pelo DNPM, no exercício da fiscalização dos trabalhos de pesquisa e lavra, serão custeadas pelo Ministério de Minas e Energia, na forma do que dispuser portaria do diretor-geral da referida autarquia.
c) Os trabalhos necessários à pesquisa só serão executados sob a responsabilidade profissional de engenheiro de minas.
d) Uma vez concedida a autorização de pesquisa, é inadmissível a renúncia por parte do particular interessado.

e) É inadmissível, mesmo em caráter excepcional, a extração de substâncias minerais em área titulada antes da outorga da concessão de lavra por parte do DNPM.

Resposta: a alternativa correta é "A". DL nº 227/67:

Art. 15 – A autorização de pesquisa será outorgada pelo DNPM a brasileiros, pessoa natural, firma individual ou empresas legalmente habilitadas, mediante requerimento do interessado. (Redação dada pela Lei nº 9.314, de 1996)

Parágrafo Único. Os trabalhos necessários à pesquisa serão executados sob a responsabilidade profissional de engenheiro de minas, ou de geólogo, habilitado ao exercício da profissão

(FCC – 2007 – MPU – Analista Pericial. Engenharia de Minas) Segundo o Código de Mineração os trabalhos de pesquisa mineral compreendem:

I – Apenas levantamentos geofísicos, geológicos e químicos.

II – Todos os levantamentos de campo e de laboratório necessários à definição da jazida.

III – Determinação da exequibilidade do aproveitamento econômico.

É correto o que se afirma em:
a) I, apenas.
b) I e II, apenas.
c) I e III, apenas.
d) II e III, apenas.
e) I, II e III.

Resposta: a alternativa correta é "D". 1) **F**; 2) **V**; 3) **V**.

DL 227-67:

Art. 14 – Entende-se por pesquisa mineral a execução dos trabalhos necessários à definição da jazida, sua avaliação e a determinação da exequibilidade do seu aproveitamento econômico.

§ 1º – A pesquisa mineral compreende, entre outros, os seguintes trabalhos de campo e de laboratório: levantamentos geológicos pormenorizados da área a pesquisar, em escala conveniente, estudos dos afloramentos e suas correlações, levantamentos geofísicos e geoquímicos; aberturas de escavações visitáveis e execução de sondagens no corpo mineral; amostragens sistemáticas; análises físicas e químicas das amostras e dos testemunhos de sondagens; e ensaios de beneficiamento dos minérios ou das substâncias minerais úteis, para obtenção de concentrados de acordo com as especificações do mercado ou aproveitamento industrial.

(Instituto Cidades – 2010 – AGECOM – Analista de Gestão Administrativa – Advogado) Acerca das disposições constitucionais sobre jazidas, em lavra ou não, e demais recursos minerais, assinale a alternativa CORRETA:
a) Juntamente com os potenciais de energia hidráulica constituem propriedade integrante do solo, para feito de exploração ou aproveitamento.
b) São de propriedade do ente estadual ao qual se encontrem.
c) São de propriedade do ente municipal ao qual se encontrem.
d) São de propriedade da União.
e) Não é garantido ao concessionário a propriedade do produto da lavra.

Resposta: a alternativa correta é "D". CF/88:
Art. 20 – São bens da União:
V – os recursos naturais da plataforma continental e da zona econômica exclusiva;
IX – os recursos minerais, inclusive os do subsolo.

(CESPE 2010 – PGM/RR – Procurador Municipal) O exame da ordem econômica e financeira instituída pela CF permite afirmar que a exploração direta da atividade econômica pelo Estado, além dos casos constitucionalmente expressos, tais como a prestação de serviços públicos e a exploração de jazidas minerais ou de potenciais de energia hidráulica, constitui exceção justificada somente por imperativos de segurança nacional e relevante interesse coletivo, na forma da lei.
( ) Certo ( ) Errado

Resposta: a alternativa é "Certo". CF/88:
Art. 173 – Ressalvados os casos previstos nesta Constituição, a exploração direta de atividade econômica pelo Estado só será permitida

quando necessária aos imperativos da segurança nacional ou a relevante interesse coletivo, conforme definidos em lei.

Art. 176 – As jazidas, em lavra ou não, e demais recursos minerais e os potenciais de energia hidráulica constituem propriedade distinta da do solo, para efeito de exploração ou aproveitamento, e pertencem à União, garantida ao concessionário a propriedade do produto da lavra.

§ 1º – A pesquisa e a lavra de recursos minerais e o aproveitamento dos potenciais a que se refere o *"caput"* deste artigo somente poderão ser efetuados mediante autorização ou concessão da União, no interesse nacional, por brasileiros ou empresa constituída sob as leis brasileiras e que tenha sua sede e administração no País, na forma da lei, que estabelecerá as condições específicas quando essas atividades se desenvolverem em faixa de fronteira ou terras indígenas. *(Redação dada pela Emenda Constitucional nº 6, de 1995)*

(CESPE – 2009 – TRF – 2ª Região – Juiz) Quanto à mineração, julgue os itens a seguir.

I – Mina é o depósito natural de uma ou mais substâncias úteis, incluindo os combustíveis naturais.

II – Jazida é o nome dado à mina explorada, notadamente quando há galerias de onde os homens extraem metais, combustíveis ou quaisquer substâncias minerais.

III – Lavra é o conjunto de operações coordenadas objetivando o aproveitamento industrial da jazida, desde a extração das substâncias minerais úteis que contiver, até o seu beneficiamento.

IV – Lavra garimpeira ou garimpagem é a atividade de aproveitamento de substâncias minerais garimpáveis, executada no interior de áreas estabelecidas para este fim.

Estão certos apenas os:
a) I e II.
b) I e III.
c) II e III.
d) II e IV.
e) III e IV.

Resposta: a alternativa correta é "E". I) F; II) F; III) V; IV) V; DL 227-67:

Art. 4º – Considera-se jazida toda massa individualizada de substância mineral ou fóssil, aflorando à superfície ou existente no interior da terra, e que tenha valor econômico; e mina, a jazida em lavra, ainda que suspensa.

Art. 36 – Entende-se por lavra o conjunto de operações coordenadas objetivando o aproveitamento industrial da jazida, desde a extração das substâncias minerais úteis que contiver, até o beneficiamento das mesmas.

(FGV – 2009 – TJ/PA – Juiz) Uma autorização para exploração de jazida, quanto aos efeitos, é exemplo de ato administrativo:
a) negocial.
b) constitutivo.
c) externo.
d) concreto.
e) declaratório.

Resposta: a alternativa correta é "B".

(CESPE – 2007 – Petrobrás – Advogado) A propriedade do produto da lavra das jazidas minerais atribuídas ao concessionário pelo preceito da CF é inerente ao modo de produção capitalista. A propriedade sobre o produto da exploração é plena, desde que exista concessão de lavra regularmente outorgada.
( ) Certo   ( ) Errado

Resposta: a alternativa é "Certo".
Vide ADI 3273 STF.

Capítulo 14

Patrimônio cultural

A tutela jurídica do patrimônio cultural, no ordenamento jurídico brasileiro, ocorreu, pela primeira vez, na Constituição de 1934 e um dos primeiros conceitos de patrimônio cultural foi expresso pelo art. 1º do Decreto-Lei nº 25 de 30/11/1937, conhecido como o Decreto do Tombamento, ainda vigente em nosso ordenamento:

> Art. 1º – Constitui o patrimônio histórico e artístico nacional o conjunto dos bens móveis e imóveis existentes no país e cuja conservação seja de interesse público, que por sua vinculação a fatos memoráveis da história do Brasil, quer por seu excepcional valor arqueológico ou etnográfico, bíblico ou artístico.
> §1º – os bens a que se refere o presente artigo só serão considerados parte integrante do patrimônio histórico e artístico brasileiro, depois de inscritos separada ou agrupadamente num dos quatro livros do tombo, de que trata o art. 4º desta Lei.

Em 1937, vivíamos um "estado de exceção" e quem dava as ordens para o tombamento era o chefe do Estado, principalmente para construir a história do vencedor em menção a fatos memoráveis e de excepcional valor, eis, pois, que o tombamento era fator condicionante para um bem ser considerado patrimônio histórico.

Inaugurada uma nova ordem jurídica com a CF/88, o espectro de patrimônio cultural foi bastante ampliado, bem como as suas formas de proteção elencadas em um rol exemplificativo, conforme art. 216 da CF/88 *in fine*:

Art. 216 – Constituem patrimônio cultural brasileiro os bens de natureza material e imaterial, tomadas individualmente ou em conjunto, portadores de referência à identidade, à ação, à memória dos diferentes grupos formadores da sociedade brasileira, nos quais se incluem:
I – as formas de expressão;
II – os modos de criar, fazer e viver;
III – as criações científicas, artísticas, arqueológicas e tecnológicas;
IV – as obras, objetos, documentos, edificações e demais espaços destinados às manifestações artístico-culturais;
V. os conjuntos urbanos e sítios de valor histórico, paisagístico, artístico, arqueológico, paleontológicos, ecológicos e científicos.

§ 1º – O Poder Público, com a colaboração da comunidade, promoverá e protegerá o patrimônio cultural brasileiro, por meio de inventários, registros, vigilância, tombamento e desapropriação, e de outras formas de acautelamento e preservação.

§ 2º – [...].

§ 3º – A lei estabelecerá incentivos para a produção e o conhecimento de bens e valores culturais.

§ 4º – Os danos e ameaças ao patrimônio cultural serão punidos, na forma da lei.

Para facilitar o estudo para concursos recorreremos ao uso da figura de linguagem "aliteração". A letra em questão é a letra **T**. **T**rinta e sete, **T**ombamento, **T**axativo. É muito importante que o candidato tenha isso bastante fixado, porque essa questão é constantemente proposta em concursos públicos. Para não deixar dúvidas, elaboramos o quadro abaixo:

ANO	FORMAS DE PROTEÇÃO	LISTA
TRINTA E SETE	TOMBAMENTO (art. 1º, § 1º DL 25/37)	TAXATIVA
OITENTA E OITO	Tombamento, inventário, vigilância, registro, desapropriação e outras formas de acautelamento (art. 216, § 1º CF/88)	EXEMPLIFICATIVA

A partir de 1988, houve a ampliação da noção de patrimônio cultural para valores **IM**ateriais e **MA**teriais que tenham ligação com a **I**dentidade, a **M**emória e **A**ção do povo brasileiro. O leitor deve ter percebido que algumas letras foram negritadas. A intenção é não deixar esquecer a palavra **IMA** (ainda que sem o acento, como em: ímã) nos faz lembrar das iniciais das palavras **I**materiais e **MA**teriais e também das iniciais das palavras **I**dentidade, **M**emória e **A**ção.

Quanto à proteção do patrimônio cultural, ensina Edis MILARÉ:[76]

> Sob a denominação "Patrimônio Cultural", a atual Constituição abraçou os mais modernos conceitos científicos sobre a matéria. Assim, o patrimônio cultural é brasileiro e não regional ou municipal, incluindo bens tangíveis (edifícios, obras de arte) e intangíveis (conhecimentos técnicos), considerados individualmente e em conjunto: não se trata somente daqueles eruditos ou excepcionais, pois basta que tais bens sejam portadores de referência à identidade, à ação, à memória dos diferentes grupos que formam a sociedade brasileira.

1. BENS CULTURAIS EM ESPÉCIE

Limitar-nos-emos a citar alguns exemplos de bens culturais em espécie segundo os incisos do art. 216 da CF/88. Como formas de expressão, destacamos a Língua Portuguesa (art. 216, I), idioma oficial da República Federativa do Brasil (art. 13 CF/88). Em relação aos modos de criar, fazer e viver (art. 216, II), citamos o processo de fabricação do queijo da cidade do Serro, em Minas Gerais.

No tocante a sítios de valor histórico (art. 216, V), a CF/88 determinou o tombamento de todos os documentos e sítios detentores de reminiscências históricas dos antigos quilombos (art. 216, § 5º). Já o patrimônio arqueológico (art. 216, V) merece proteção específica da Lei nº 3.924 de 26/7/61 e a Lei nº 6.513/77 considera-os como bens de interesse turístico. E por fim, quanto ao patrimônio paleontológico (art. 216, V), a Portaria nº 385 do Ministério das Minas e Energia, de 13/8/03, determina a competência do DNPM (Departamento Nacional de Produção Mineral), para a proteção e fiscalização do acervo fossilífero brasileiro.

---

76 MILARÉ, Edis. *Direito do Ambiente*. 3. ed. São Paulo: RT, 2004.

Não esqueçamos nunca que esse rol é exemplificativo. Exemplo disso é a previsão do art. 4º, § 2º, da Lei nº 9.615/98 do futebol como integrante do patrimônio cultural brasileiro.

Nesse sentido, questão interessante chegou ao STJ por meio de recurso especial. Trata-se de mandado de segurança originário do Tribunal de Justiça de Minas Gerais, impetrado por Elmer Guilherme Ferreira e José Guilherme Ferreira Filho contra o afastamento de ambos da condição de dirigentes da Federação Mineira de Futebol, determinado pelo juízo criminal de Belo Horizonte, quando eles foram denunciados pelo Ministério Público, sob a alegação de prática dos delitos expressos nos arts. 288, *caput*, 168, § 1º, III c/c o art. 71 e 299, *caput*, c/c o art. 71, na forma dos arts. 29 e 69, todos do Código Penal.

A questão principal discutida ainda no mandado de segurança, argumento dos impetrantes, era o fato de ser a Federação Mineira de Futebol uma pessoa jurídica de direito privado, e, sendo assim, poderiam os seus administradores invocar o direito a não serem fiscalizados pelo poder público? O Tribunal de Justiça do Estado de Minas Gerais denegou a segurança impetrada e em sua decisão reconheceu o futebol como patrimônio cultural e a consequente legitimidade ativa do Ministério Público (arts. 127 e 129 da CF/88).

Denegada a ordem impetrada, foi interposto o recurso especial, no qual os recorrentes sustentavam a inexistência de previsão legal para o afastamento dos cargos que ocupavam na Federação Mineira de Futebol, uma vez que essa entidade é uma sociedade civil de direito privado, não passível de interferência estatal em seu funcionamento. O Superior Tribunal de Justiça julgou improcedentes os pedidos formulados pelos recorrentes em decisão relatada pelo ministro Felix Fischer, no recurso ordinário, em Mandado de Segurança nº 17.562-MG conforme ementa:

> PROCESSUAL PENAL. Recurso Ordinário em Mandado de Segurança. Mandado de Segurança contra ato judicial passível de recurso próprio. Impossibilidade Súmula nº 267 do STF. Desporto. Patrimônio Cultural. Afastamento de Dirigente. Possibilidade.
>
> I – "Não cabe mandado de segurança contra ato judicial passível de recurso ou correição." (Súmula nº 267 do STF)
>
> II – A organização desportiva do País integra o patrimônio cultural brasileiro, devendo ser considerada de elevado interesse social (art.

4º, parágrafo 2º, da Lei nº 9.615/98, com redação dada pela Lei nº 10.672/03).

III – A mesma Lei nº 10.672/2003 incluiu a previsão quanto à responsabilidade de afastamento de dirigente, nos termos do art. 46-A, parágrafo 2º, I.
Recurso desprovido. (RECURSO ORDINÁRIO EM MANDADO DE SEGURANÇA nº 17.562-MG)

2. INSTRUMENTOS DE PROTEÇÃO AO PATRIMÔNIO CULTURAL

Resta óbvio que, se os bens culturais previstos na CF/88 fazem parte de um rol meramente exemplificativo, importando muito mais a identidade, a memória e ação do povo brasileiro, da mesma forma, os instrumentos de proteção também o são, o que comprovamos ao final da redação do art. 216, § 1º: "O poder público, com a colaboração da comunidade, promoverá e protegerá o patrimônio cultural brasileiro, por meio de inventários, registros, vigilância, tombamento e desapropriação, *e de outras formas de acautelamento e preservação*" (grifo meu).

Esses instrumentos têm finalidade dupla: declarar o valor ambiental preexistente e constituir uma nova relação jurídica (bem difuso) sobre eles, individualizando-os, deve ser realizado pelo poder público (Legislativo, Executivo e Judiciário).

2.1 Inventários

Inventariar consiste em identificar, registrar as características dos bens culturais, justamente para não permitir a falta de referência destes, resguardando a memória do povo brasileiro. Uma vez inventariado, são reconhecidos como patrimônio cultural brasileiro. Destacamos que, até então, inexiste em nosso ordenamento jurídico regra dispondo a respeito desse instituto.

2.2 Registros

O registro tem semelhança com o inventário e almeja a identificação de um bem como patrimônio cultural. O Decreto nº 3.551 de

4/8/2000 instituiu o registro de bens culturais de *natureza imaterial*, característica que distingue esse instrumento dos demais, ou seja, o registro se presta a reconhecer a importância cultural de uma manifestação, de um conhecimento, independente de um objeto material palpável, concreto.

O Decreto nº 3.551 menciona a possibilidade do registro em quatro livros: registro dos saberes (onde serão inscritos conhecimentos e modos de fazer enraizados no cotidiano das comunidades), registro das celebrações (onde serão inscritos rituais e festas), registro das formas de expressão (para inscrição de manifestações literárias, musicais, plásticas, cênicas e lúdicas) e registro de lugares (onde serão inscritos mercados, feiras, santuários, praças e demais espaços onde se concentram e se reproduzem práticas culturais coletivas).

Têm legitimidade para provocar a instauração do registro: o ministro do Estado da Cultura; instituições vinculadas a esse Ministério; Secretarias de Estado, de Município, do Distrito Federal, das sociedades ou associações civis. *Estranhamente o Ministério Público e o cidadão não receberam legitimidade expressa para tanto.*

O processo de registro será supervisionado pelo IPHAN (Instituto do Patrimônio Histórico Nacional), que o submeterá ao Conselho Consultivo do Patrimônio Cultural, e se a decisão desse conselho for favorável, o bem será inscrito e receberá o título de patrimônio cultural do Brasil.

2.3 Vigilância

Este instrumento é previsto no art. 20 do Decreto do Tombamento, que submete os bens tombados à vigilância permanente do serviço do patrimônio histórico nacional. Parece ser mais um daqueles instrumentos que nunca tiveram efetividade.

2.4 Tombamento (Decreto-Lei nº 25/37)

O instituto do tombamento foi previsto pelo DL 25/37 acima comentado. A despeito da taxatividade assegurada a esse instituto à época em que foi editado, não deixamos de reconhecer sua importância.

O Decreto-Lei nº 25, de 30 de novembro de 1937, que *organiza a proteção do patrimônio histórico e artístico nacional*, foi editado no governo de Getúlio Vargas e é compatível com as ideias da época, explicita o *excepcional valor arqueológico* como atributo válido para caracterizar o patrimônio histórico e artístico nacional. Sua ênfase converge para as implicações jurídicas e os efeitos legais do tombamento.

Questão sempre recorrente em concursos públicos, é a natureza jurídica desse instituto, inexistindo consenso na doutrina a respeito.

São diversas as teorias existentes a respeito. É o que nos ensina MIRANDA:[77]

> *Servidão Administrativa* – Defendem essa tese Celso Antonio Bandeira de Mello, Rui Cirne Lima, Adilson de Abreu Dallari, e Lúcia Valle Figueiredo, para quem o tombamento é um ônus real de uso imposto especificamente pela Administração a determinados bens. Pelo Tombamento, o poder público absorveria uma qualidade ou um valor existente no bem para desfrute da coletividade. Contudo, apesar do tombamento se assemelhar à servidão por individualizar o bem protegido, dela se difere porque não há coisa dominante, indispensável para caracterizar o título da servidão.
> *Limitação ao Direito de Propriedade* – Segundo Maria Sylvia Zanella Di Pietro, Diógenes Gasparini, José Cretella Junior e Themístocles Brandão Cavalcanti o tombamento é uma restrição geral e gratuita imposta indeterminadamente pelo Poder Público às propriedades. Entretanto, apesar do tombamento se assemelhar à limitação administrativa em razão de ser imposto em benefício do interesse público, dela se difere uma vez que individualiza o bem.
> *Domínio Eminente do Estado* – De acordo com o magistério de Hely Lopes Meirelles o poder regulatório do Estado exerce-se não só sobre os bens de seu domínio patrimonial como também sobre as coisas e locais particulares, de interesse público. Nessa última categoria encontram-se as obras, monumentos, documentos e recanto naturais que, embora propriedade privada, passam a integrar o patrimônio histórico e artístico da Nação, como bens de interesse da coletividade, sujeitos ao

---

77 MIRANDA, Marcos Paulo de Souza. *Tutela do Patrimônio Cultural brasileiro: doutrina, jurisprudência, legislação*. Belo Horizonte: Del Rey, 2006.

domínio eminente do Estado através do ato do tombamento. Diogo de Figueiredo Moreira Neto também comunga de tal entendimento.
Bem de interesse Público – Paulo Affonso Leme Machado e José Afonso da Silva, invocando ensinamentos de Aldo Sandulli, entendem que o bem de propriedade privada pode adquirir institucionalmente a finalidade de interesse público (correspondente àquele que tem o bem público) e sujeitar-se a um regime particular com relação à disponibilidade, ao poder de polícia, de tutela e de intervenção públicas. Comungamos também deste entendimento, uma vez que as construções doutrinárias clássicas do direito administrativo (frise-se que voltadas exclusivamente para bens imóveis) não conseguem alcançar as características específicas dos bens integrantes do patrimônio cultural brasileiro.
Bem Imaterial – Segundo ensinamentos do professor italiano Massimo Severo Giannini, há que se fazer a distinção entre coisa, como suporte físico e bem, que é precisamente uma utilidade da coisa, e esta distinção entre coisa e bem permite estabelecer sobre uma única entidade material uma pluralidade de bens. O bem cultural, segundo Giannini, seria um bem imaterial cuja característica maior seria a de ser um bem aberto a uma fruição coletiva. O titular desta situação jurídica seria o Estado, que tem poder suficiente para tutelar essa fruição coletiva que resulta perfeitamente separável da coisa sobre a qual se assenta também um bem patrimonial, o qual, sob o ponto de vista do domínio econômico pode ter outro ou infinitos titulares.

2.4.1 Classificação do tombamento

Seja ressaltado que não se incluem no patrimônio histórico e artístico nacional as obras de origem estrangeira que tenham sido importadas por empresas do exterior expressamente para adorno dos respectivos estabelecimentos.

2.4.1.1 Quanto a sua origem

A redação da CF/88 é expressa em determinar a obrigação do poder público em acautelar os bens ambientais. Sendo assim, o tombamento pode advir do Executivo (como normalmente conhecemos), do Legislativo (art. 216 § 5 CF/88) e também do Judiciário em ações populares e ações civis públicas.

2.4.1.2 Quanto à eficácia

O tombamento pode ser provisório (por ato do Executivo – art. 10 do Decreto do Tombamento ou através de liminar do Judiciário). Poderá ser também definitivo (pelos três órgãos do Poder – Executivo, quando tiver inscrito em um dos quatro livros do tombo; Legislativo, na vigência do próprio ato institutivo e Judiciário, na sentença passada em julgado).

Conforme previsto no art. 10º do decreto-lei em questão, o tombamento provisório equipara-se, para todos os efeitos, ao tombamento definitivo, exceto em relação ao fato de que o tombamento definitivo dos bens de propriedade particular deve ser transcrito em livro de registro de imóveis e averbado ao lado da transcrição do domínio.

Vale a pena ressaltar que o instituto do tombamento provisório não é uma fase procedimental antecedente do tombamento definitivo, mas uma medida asseguratória da eficácia que este último poderá, ao final, produzir. A caducidade do tombamento provisório, por excesso de prazo, não é prejudicial ao tombamento definitivo.

2.4.1.3 Quanto ao bem a ser tombado

Tanto os bens públicos como os bens privados podem ser alvo de tombamento. Duas são as ressalvas: a primeira é de que não há hierarquia entre os entes federados para o tombamento. Tanto a União pode tombar bens dos Estados e dos municípios, bem como os Estados podem tombar bens da União e dos municípios (localizados em território Estadual) e o município pode tombar bens da União e do Estado (desde que localizados em território municipal). O ato de tombamento não implica alienação da propriedade. É o caso do patrimônio cultural de Ouro Preto, tombado pelo respectivo município, pelo Estado de Minas Gerais e pela União.

Discutiremos a competência em matéria ambiental no item 2.4 – responsabilidade solidária do Estado e da coletividade, mas pensamos ser importante trazer, neste momento, um acórdão do STJ que reconhece a possibilidade do município tombar um bem do Estado localizado no território daquele:

> ADMINISTRATIVO. **TOMBAMENTO.** Competência municipal.
> 1. A Constituição Federal de 88 outorga a todas as pessoas jurídicas de Direito Público a competência para o tombamento de bens de valor histórico e artístico nacional.
> 2. Tombar significa preservar, acautelar, preservar, sem que importe o ato em transferência da propriedade, como ocorre na desapropriação.
> 3. O Município, por competência constitucional comum – art. 23, III –, deve proteger os documentos, as obras e outros bens de valor histórico, artístico e cultural, os monumentos, as paisagens naturais notáveis e os sítios arqueológicos.
> 4. Como o tombamento não implica transferência da propriedade, inexiste a limitação constante no art. 1º, § 2º, do DL nº 3.365/1941, que proíbe o Município de desapropriar bem do Estado.
> 5. Recurso improvido.
> (BRASIL, STJ, RMS 18952/RJ. Rel. Ministra Eliana Calmon, T2 – Segunda Turma, DJ 30/5/2005, p. 266) (Grifos nossos)

A segunda ressalva é que os bens públicos tombados somente podem ser alienados entre as pessoas jurídicas de direito público interno (artigo 11, Decreto-Lei nº 25/37) e os bens privados tombados submetem-se ao direito de preferência dos entes federados em caso de alienação pelo particular, na seguinte ordem: União, Estados e municípios.

2.4.2 Efeitos do tombamento

Quanto aos efeitos, o tombamento ostenta natureza dúplice ou mista, pois, juntamente com efeitos constitutivos, apresenta importante nota declaratória.

Vários são os efeitos do ato do tombamento, destacando-se: em relação ao objeto, em relação ao proprietário, em relação ao poder público, e em relação à vizinhança.

Em relação ao objeto, a saída para o exterior só é permitida para o fim de intercâmbio cultural (art. 14), além disso os efeitos do tombamento provisório são os mesmos do tombamento definitivo, com exceção às restrições de alienação.

O proprietário dos bens tombados deve preservar o bem tombado e, se carecer de condições financeiras para tanto, deve avisar ao órgão competente (art. 19), sendo impedido ainda de destruir, pintar, reformar o bem tombado sem prévia autorização do IPHAN (art. 17).

O poder público deve providenciar a transcrição do tombamento no Cartório de Registro de Imóveis, em se tratando de bens particulares (art. 13), executar as obras de conservação do bem, caso o proprietário não tenha condições de fazê-lo, e exercer vigilância permanente sobre a coisa tombada, inspecionando-a sempre que conveniente (art. 20).

A vizinhança, que não se confunde com os imóveis confinantes, sem autorização do Serviço do Patrimônio Histórico e Artístico Nacional, não poderá fazer construção que impeça ou reduza a visibilidade da coisa tombada (art. 18). Em Minas Gerais, o ato do tombamento é que determina qual a extensão da vizinhança a ser considerada. (Lei nº 5.775/71, art. 4º, § 2º)

2.4.3 Indenização

Quanto à possibilidade de indenização, a discussão se assemelha às hipóteses de constituição de áreas de preservação permanente e de reserva legal. A doutrina tende a conferir a possibilidade de indenização em se tratando do tombamento de servidão administrativa e não conferir em se tratando de limitação administrativa.

A jurisprudência recente do STJ assegura a possibilidade de indenização, caso o bem tombado tenha seu conteúdo econômico esvaziado e o proprietário seja prejudicado e não conferir na hipótese contrária, conforme acórdãos abaixo, respectivamente:

PROCESSUAL CIVIL E ADMINISTRATIVO. **TOMBAMENTO** ÁREA DA SERRA DO MAR. Limitação administrativa. Desapropriação indireta. Patrimônio **ambiental**. Legitimação passiva do Estado de São Paulo. Ação de natureza real. Prescrição vintenária. Súmula nº 119/STJ. Não caracterização de violação do artigo 535, II do CPC.

Decisão *extra-petita*. Não caracterização. Dissídio jurisprudencial prejudicado. Inteligência da Súmula nº 83/STJ.
[...]
4. Limitação administrativa. Consoante reiterada jurisprudência do STJ, a limitação gera obrigação de indenizar quando resulta em prejuízo para o proprietário. A verificação de prejuízo e de sua extensão é questão de prova, obstaculizada pela Súmula 7/STJ. Como foi ocorrer, em sede de Recurso Especial, averiguação sobre se as restrições efetivamente já existiam como também se as características topográficas do terreno tornaram antieconômica a exploração da floresta.
[...]
6. Recurso especial conhecido, mas desprovido. (BRASIL, STJ, REsp. 435128/SP, Min. Relator Luiz Fux T1 – Primeira Turma, DJ 19/5/2003, p. 130)

PROCESSUAL CIVIL E ADMINISTRATIVO. Limitação administrativa. Acórdão que considerou ausentes os pressupostos para a indenização pleiteada. Inexistência da supressão do valor econômico do bem. Incidência da SÚMULA 7/STJ. Embargos de declaração. Omissão. Inexistência.

I – Inexiste a omissão apontada pelo Embargante porquanto restou assentada a inexistência de contradição no acórdão recorrido, uma vez que o Tribunal a quo, valendo-se das perícias apresentadas, deixou explícito que a área que sofreu **tombamento**, rectius, limitação administrativa, não teve esvaziamento de seu valor econômico.

II – No panorama apresentado, para rever a convicção plasmada com base no conjunto probatório, far-se-ia impositivo reexaminar tais elementos, o que é vedado a esta Corte Superior na via do Recurso Especial. Neste particular, também não existiu qualquer pecha a dar ensejo à oposição dos aclaratórios.

III – Embargos de declaração rejeitados. (BRASIL, STJ, EDcl no AgRg nº REsp 757673/SP, Ministro Francisco Falcão, T1 – Primeira Turma, DJ 25/5/2006, p. 172). (Grifos meus)

2.4.4 Tombamento ofício, voluntário

Preste atenção: segundo o artigo 5º do DL nº 25/37, o tombamento dos bens públicos, ou seja, dos bens pertencentes à União, aos Estados e aos municípios se fará de ofício.

Quanto aos bens particulares, conforme art. 6º, o tombamento de coisa pertencente à pessoa natural ou à pessoa jurídica de direito privado se fará voluntária ou compulsoriamente.

2.5 Desapropriação (Decreto-Lei nº 3.365 de 21/6/1941)

O art. 5º do decreto em pauta define que são hipóteses de desapropriação a preservação e conservação dos monumentos históricos e artísticos, isolados ou integrados em conjuntos urbanos ou rurais.

2.6 Outras formas de acautelamento

Como afirmamos acima, o rol dos instrumentos de proteção dos bens culturais é exemplificativo nos termos do art. 216 da CF/88, e nosso objetivo no momento é citar algumas das outras possibilidades nesse sentido: ação popular, ação civil pública, sendo esses instrumentos comentados no item 2.4 – Responsabilidade solidária do poder público e da coletividade.

3. LEGISLAÇÃO

A seguir destacamos a legisção mais cobrada quanto ao meio ambiente cultural.

Cultura

Art. 215 da CF/88. O Estado garantirá a todos o pleno exercício dos direitos culturais e acesso às fontes da cultura nacional, e apoiará e incentivará a valorização e a difusão das manifestações culturais.

§ 1º – O Estado protegerá as manifestações das culturas populares, indígenas e afro-brasileiras, e das de outros grupos participantes do processo civilizatório nacional.

Patrimônio Cultural

Art. 216 da CF/88. Constituem patrimônio cultural brasileiro os bens de natureza material e imaterial, tomados individualmente ou em conjunto, portadores de referência à identidade, à ação, à memória dos diferentes grupos formadores da sociedade brasileira, nos quais se incluem: [...]

I – as formas de expressão;

II – os modos de criar, fazer e viver;

III – as criações científicas, artísticas e tecnológicas;

IV – as obras, objetos, documentos, edificações e demais espaços destinados às manifestações artístico-culturais;

V – os conjuntos urbanos e sítios de valor histórico, paisagístico, artístico, arqueológico, paleontológico, ecológico e científico.

§ 1º – O Poder Público, com a colaboração da comunidade, promoverá e protegerá o patrimônio cultural brasileiro, por meio de inventários, registros, vigilância, tombamento e desapropriação, e de outras formas de acautelamento e preservação.

§ 2º – Cabem à administração pública, na forma da lei, a gestão da documentação governamental e as providências para franquear sua consulta a quantos dela necessitem.

§ 3º – A lei estabelecerá incentivos para a produção e o conhecimento de bens e valores culturais.

§ 4º – Os danos e ameaças ao patrimônio cultural serão punidos, na forma da lei.

§ 5º – Ficam tombados todos os documentos e os sítios detentores de reminiscências históricas dos antigos quilombos.

§ 6º – É facultado aos Estados e ao Distrito Federal vincular a fundo estadual de fomento à cultura até cinco décimos por cento de sua receita tributária líquida, para o financiamento de programas e projetos culturais, vedada a aplicação desses recursos no pagamento de: *(EC nº 42, de 19/12/2003)*

I – des*pesas com pessoal e encargos sociais; (EC nº 42, de 19/12/2003)*

II – serviço da dívida; *(EC nº 42, de 19/12/2003)*

III – qualquer outra despesa corrente não vinculada diretamente aos investimentos ou ações apoiados.

Decreto-Lei nº 25/1937

Art. 1º – Constitue o patrimônio histórico e artístico nacional o conjunto dos bens móveis e imóveis existentes no país e cuja conservação seja de interesse público, quer por sua vinculação a fatos memoráveis da história do Brasil, quer por seu excepcional valor arqueológico ou etnográfico, bibliográfico ou artístico.

§ 1º – Os bens a que se refere o presente artigo só serão considerados parte integrante do patrimônio histórico o artístico nacional, depois de inscritos separada ou agrupadamente num dos quatro Livros do Tombo, de que trata o art. 4º desta lei.

Art. 1º – Constitue o patrimônio histórico e artístico nacional o conjunto dos bens móveis e imóveis existentes no país e cuja conservação seja de interesse público, quer por sua vinculação a fatos memoráveis da história do Brasil, quer por seu excepcional valor arqueológico ou etnográfico, bibliográfico ou artístico.

§ 1º – Os bens a que se refere o presente artigo só serão considerados parte integrante do patrimônio histórico o artístico nacional, depois de inscritos separada ou agrupadamente num dos quatro Livros do Tombo, de que trata o art. 4º desta lei.

Art. 3º – Excluem-se do patrimônio histórico e artístico nacional as obras de origem estrangeira:

1) que pertençam às representações diplomáticas ou consulares acreditadas no país;

2) que adornem quaisquer veículos pertencentes a empresas estrangeiras, que façam carreira no país;

3) que se incluam entre os bens referidos no art. 10 da Introdução do Código Civil, e que continuam sujeitas à lei pessoal do proprietário;

4) que pertençam a casas de comércio de objetos históricos ou artísticos;

5) que sejam trazidas para exposições comemorativas, educativas ou comerciais:

6) que sejam importadas por empresas estrangeiras expressamente para adorno dos respectivos estabelecimentos.

Parágrafo Único. As obras mencionadas nas alíneas 4 e 5 terão guia de licença para livre trânsito, fornecida pelo Serviço ao Patrimônio Histórico e Artístico Nacional.

Art. 5º – O tombamento dos bens pertencentes à União, aos Estados e aos Municípios se fará de ofício, por ordem do diretor do Serviço do Patrimônio Histórico e Artístico Nacional, mas deverá ser notificado à entidade a quem pertencer, ou sob cuja guarda estiver a coisa tombada, afim de produzir os necessários efeitos.

Art. 6º – O tombamento de coisa pertencente à pessoa natural ou à pessoa jurídica de direito privado se fará voluntária **ou** compulsoriamente.

Art. 7º – Proceder-se-á ao tombamento voluntário sempre que o proprietário o pedir e a coisa se revestir dos requisitos necessários para constituir parte integrante do patrimônio histórico e artístico nacional, a juízo do Conselho Consultivo do Serviço do Patrimônio Histórico e Artístico Nacional, **ou** sempre que o mesmo proprietário anuir, por escrito, à notificação, que se lhe fizer, para a inscrição da coisa em qualquer dos Livros do Tombo.

Art. 8º – Proceder-se-á ao tombamento compulsório quando o proprietário se recusar a anuir à inscrição da coisa.

Art. 10 – O tombamento dos bens, a que se refere o art. 6º desta lei, será considerado provisório ou definitivo, conforme esteja o respectivo processo iniciado pela notificação **ou** concluído pela inscrição dos referidos bens no competente Livro do Tombo.

Parágrafo Único. Para todas os efeitos, salvo a disposição do art. 13 desta lei, o tombamento provisório se equiparará ao definitivo.

Art. 13 – O tombamento definitivo dos bens de propriedade particular será, por iniciativa do órgão competente do Serviço do Patrimônio Histórico e Artístico Nacional, transcrito para os devidos efeitos em livro a cargo dos oficiais do registro de imóveis e averbado ao lado da transcrição do domínio.

Art. 11 – As coisas tombadas, que pertençam à União, aos Estados ou aos Municípios, inalienáveis por natureza, só poderão ser transferidas de uma à outra das referidas entidades.

Parágrafo Único. Feita a transferência, dela deve o adquirente dar imediato conhecimento ao Serviço do Patrimônio Histórico e Artístico Nacional.

Art. 12 – A alienabilidade das obras históricas ou artísticas tombadas, de propriedade de pessoas naturais **ou** jurídicas de direito privado sofrerá as restrições constantes da presente lei.

Art. 13 – O tombamento definitivo dos bens de propriedade particular será, por iniciativa do órgão competente do Serviço do Patrimônio Histórico e Artístico Nacional, transcrito para os devidos efeitos em livro a cargo dos oficiais do registro de imóveis e averbado ao lado da transcrição do domínio.

§ 1º – No caso de transferência de propriedade dos bens de que trata este artigo, deverá o adquirente, dentro do prazo de trinta dias, sob pena de multa de dez por cento sobre o respectivo valor, fazê-la constar do registro, ainda que se trate de transmissão judicial ou causa mortis.

§ 2º – Na hipótese de deslocação de tais bens, deverá o proprietário, dentro do mesmo prazo e sob pena da mesma multa, inscrevê-los no registro do lugar para que tiverem sido deslocados.

§ 3º – A transferência deve ser comunicada pelo adquirente, e a deslocação pelo proprietário, ao Serviço do Patrimônio Histórico e Artístico Nacional, dentro do mesmo prazo e sob a mesma pena.

Art. 14 – A coisa tombada não poderá sair do país, senão por curto prazo, sem transferência de domínio e para fim de intercâmbio cultural, a juízo do Conselho Consultivo do Serviço do Patrimônio Histórico e Artístico Nacional.

Art. 15 – Tentada, a não ser no caso previsto no artigo anterior, a exportação, para fora do país, da coisa tombada, será esta sequestrada pela União ou pelo Estado em que se encontrar.

Art. 16 – No caso de extravio ou furto de qualquer objeto tombado, o respectivo proprietário deverá dar conhecimento do fato ao Serviço do Patrimônio Histórico e Artístico Nacional, dentro do prazo de cinco dias, sob pena de multa de dez por cento sobre o valor da coisa.

Art. 17 – As coisas tombadas não poderão, em caso nenhum ser destruídas, demolidas ou mutiladas, nem, sem prévia autorização especial do Serviço do Patrimônio Histórico e Artístico Nacional, ser reparadas, pintadas ou restauradas, sob pena de multa de cinquenta por cento do dano causado.

Parágrafo Único. Tratando-se de bens pertencentes á União, aos Estados ou aos municípios, a autoridade responsável pela infração do presente artigo incorrerá pessoalmente na multa.

Art. 18 – Sem prévia autorização do Serviço do Patrimônio Histórico e Artístico Nacional, não se poderá, na vizinhança da coisa tombada, fazer construção que lhe impeça **ou** reduza a visibilidade, nem nela **colocar** anúncios ou cartazes, sob pena de ser mandada destruir a obra ou retirar o objeto, impondo-se neste caso a multa de cinquenta por cento do valor do mesmo objeto

Art. 19 – O proprietário de coisa tombada, que não dispuser de recursos para proceder às obras de conservação e reparação que a mesma requerer, levará ao conhecimento do Serviço do Patrimônio Histórico e Artístico Nacional a necessidade das mencionadas obras, sob pena de multa correspondente ao dobro da importância em que for avaliado o dano sofrido pela mesma coisa.

§ 1º – Recebida a comunicação, e consideradas necessárias as obras, o diretor do Serviço do Patrimônio Histórico e Artístico Nacional mandará executá-las, a expensas da União, devendo as mesmas ser iniciadas dentro do prazo de seis meses, ou providenciará para que seja feita a desapropriação da coisa.

§ 2º – À falta de qualquer das providências previstas no parágrafo anterior, poderá o proprietário requerer que seja cancelado o tombamento da coisa.

§ 3º – Uma vez que verifique haver urgência na realização de obras e conservação ou reparação em qualquer coisa tombada, poderá o Serviço do Patrimônio Histórico e Artístico Nacional tomar a iniciativa de projetá-las e executá-las, a expensas da União, independentemente da comunicação a que alude este artigo, por parte do proprietário

Art. 20 – As coisas tombadas ficam sujeitas à vigilância permanente do Serviço do Patrimônio Histórico e Artístico Nacional, que poderá inspecioná-los sempre que for julgado conveniente, não podendo os respectivos proprietários ou responsáveis criar obstáculos à inspeção, sob pena de multa de cem mil réis, elevada ao dobro em caso de reincidência.

Art. 21 – Os atentados cometidos contra os bens de que trata o art. 1º desta lei são equiparados aos cometidos contra o patrimônio nacional.

QUESTÕES DE CONCURSOS

(TJ/DFT – 2008 – Juiz – Objetiva) O procedimento do tombamento de bem público pode ser:
a) voluntário;
b) compulsório;
c) de ofício;
d) voluntário, compulsório ou de ofício.

Resposta: a alternativa correta é "C".

(FCC – 2007 – MPU – Analista Pericial – Arqueologia) O Decreto-Lei nº 25, de 30 de novembro de 1937, que *organiza a proteção do patrimônio histórico e artístico nacional*, foi editado no governo de Getúlio Vargas, sendo Ministro de Estado da Educação e Saúde Gustavo Capanema. Compatível com as ideias da época, explicita o *ex-*

cepcional valor arqueológico como atributo válido para caracterizar o patrimônio histórico e artístico nacional. Sua ênfase converge para
   a) o conceito de patrimônio, estendendo seu significado às expressões da cultura popular.
   b) as implicações jurídicas e os efeitos legais do tombamento.
   c) o patrimônio edificado de caráter monumental e os sambaquis.
   d) a distribuição das competências de proteção patrimonial entre os entes federativos.
   e) a criação de órgãos de proteção patrimonial nos Estados e Municípios.

Resposta: a alternativa correta é "B".

(MPE/MG – 2010 – Promotor de Justiça – 50º Concurso) Analise as seguintes afirmativas e assinale a alternativa CORRETA.
   a) O tombamento é instrumento constitucional mais eficaz para a preservação do patrimônio cultural, protegendo indistintamente bens móveis, imóveis e imateriais.
   b) Apesar de a doutrina divergir sobre a natureza jurídica do bem tombado, a legislação brasileira optou claramente pela intitulada *Domínio Eminente do Estado*.
   c) O Direito Constitucional brasileiro não contempla a possibilidade da efetivação do denominado *Tombamento por Lei*.
   d) Quanto aos efeitos, o tombamento ostenta natureza dúplice ou mista, pois, juntamente com efeitos constitutivos, apresenta importante nota declaratória.

Resposta: a alternativa correta é "D".

(MPE/PB – 2010 – Promotor de Justiça) É correto afirmar:
   a) De acordo com a Constituição, a pesquisa científica básica voltar-se-á prioritariamente para a solução dos problemas brasileiros e para o desenvolvimento do sistema produtivo nacional e regional.
   b) É compatível com a Constituição a previsão normativa que permita a transferência, para instituição pública ou privada de ensino superior sediada no local do novo domicílio, do estudante de instituição privada, o qual, sendo servidor público (ou seu dependente), haja sido removido *ex officio*.

c) A garantia constitucional de sigilo das diversas modalidades técnicas de comunicação, considerando que tem o seu alcance limitado ao resguardo das esferas da intimidade ou da privacidade dos interlocutores, depende do conteúdo da mensagem ou dos dados transmitidos.

d) Por disposição constitucional transitória, ficam convalidados os atos de criação, fusão, incorporação e desmembramento de Municípios, os quais, sem embargo de não terem atendido aos requisitos estabelecidos na legislação do respectivo Estado, tenham sido instrumentalizados por lei publicada até o final do ano de 2006.

e) São meios constitucionais de tutela do patrimônio cultural brasileiro inventários, tombamento, desapropriação, registros e vigilância.

Resposta: a alternativa correta é "E".

(CESPE – 2010 – Caixa – Arquiteto) Acerca da proteção do patrimônio histórico e artístico nacional, assinale a opção correta com base no Decreto-Lei nº 25/1937.

a) O patrimônio histórico e artístico nacional corresponde ao conjunto dos imóveis do país cuja conservação é de interesse público.

b) As obras de origem estrangeira que pertençam a casas de comércio de objetos históricos ou artísticos integram o patrimônio histórico e artístico nacional.

c) As coisas tombadas não podem ser destruídas, demolidas ou mutiladas, nem pintadas ou restauradas, sem prévia autorização especial do Instituto do Patrimônio Histórico e Artístico Nacional (IPHAN).

d) Para o registro das obras tombadas, a lei previu a criação de cinco livros: Livro do Tombo Arqueológico, Livro do Tombo Etnográfico, Livro do Tombo Paisagístico, Livro do Tombo Histórico e Livro do Tombo das Belas Artes.

e) Diferentemente dos bens pertencentes à União, aos estados e aos municípios, o tombamento de coisa pertencente a pessoa natural ou a pessoa jurídica de direito privado somente pode ser feito com a anuência do proprietário.

Resposta: a alternativa correta é "C".

(CESPE – 2008 – MPE/RR – Promotor de Justiça) Conforme previsto no decreto-lei em questão, o tombamento provisório equipara-se, para todos os efeitos, ao tombamento definitivo, exceto em relação ao fato de que o tombamento definitivo dos bens de propriedade particular deve ser transcrito em livro de registro de imóveis e averbado ao lado da transcrição do domínio.
( ) Certo   ( ) Errado

Resposta: a alternativa é "Certo".

(CESPE – 2008 – MPE/RR – Promotor de Justiça) O tombamento de imóvel pertencente a pessoas físicas ou pessoas jurídicas de direito privado será sempre voluntário.
( ) Certo   ( ) Errado

Resposta: a alternativa é "Errado".

(FCC – 2009 – TJ/MS – Juiz) Em relação à defesa do patrimônio cultural, histórico e artístico nacional, é INCORRETO afirmar:
a) equiparam-se aos bens que constituem o patrimônio histórico e artístico nacional, sendo sujeitos a tombamento, os monumentos naturais, bem como os sítios e paisagens que importe conservar e proteger pela feição notável com que tenham sido dotados pela natureza ou agenciados pela indústria humana.
b) excluem-se do patrimônio histórico e artístico nacional as obras de origem estrangeira que sejam trazidas para exposições comemorativas, educativas ou comerciais.
c) o patrimônio histórico e artístico nacional é constituído pelo conjunto dos bens móveis e imóveis existentes no país e cuja conservação seja de interesse público, quer por sua vinculação a fatos memoráveis da história do Brasil, quer por seu

excepcional valor arqueológico ou etnográfico, bibliográfico ou artístico.

d) incluem-se no patrimônio histórico e artístico nacional as obras de origem estrangeira que tenham sido importadas por empresas do exterior expressamente para adorno dos respectivos estabelecimentos.

e) os bens móveis e imóveis que constituem o patrimônio histórico e artístico nacional só serão considerados parte integrante de tal patrimônio, depois de executado seu tombamento.

Resposta: a alternativa incorreta é "D".

(MPE/SC – 2010 – Promotor de Justiça – Vespertina)
I – Inexiste qualquer restrição a que o imóvel vizinho ao prédio submetido ao tombamento seja livremente reformado.

II – Bens móveis também estão sujeitos ao tombamento, todavia, a venda dos mesmos deve ser comunicada ao Serviço do Patrimônio Histórico e Artístico Nacional.

III – Em caso de furto do objeto tombado, o proprietário está obrigado a efetuar boletim de ocorrência policial até (5) dias após o fato, sob pena de multa (10% sobre o valor da coisa).

IV – O proprietário de imóvel tombado é o responsável direto pela sua manutenção, e na falta de recursos financeiros para tanto, necessitando aliená-lo, deverá observar o direito de preferência da União.

V – Bens imóveis sujeitos ao tombamento não podem ser oferecidos como garantia hipotecária.

a) apenas II e III estão corretos.
b) apenas I e V estão corretos.
c) apenas III, IV estão corretos.
d) apenas I, II e V estão corretos.
e) apenas II e IV estão corretos.

Resposta: a alternativa correta é "E".

(CESPE – 2008 – DPE/CE – Defensor Público) O tombamento voluntário de bem pertencente a pessoa física impede a alienação da coisa tombada.

( ) Certo   ( ) Errado

Resposta: a alternativa é "Certo".

(CESPE – 2009 – AGU – Advogado) O instituto do tombamento provisório não é uma fase procedimental antecedente do tombamento definitivo, mas uma medida assecuratória da eficácia que este último poderá, ao final, produzir. A caducidade do tombamento provisório, por excesso de prazo, não é prejudicial ao tombamento definitivo.
( ) Certo   ( ) Errado

Resposta: a alternativa é "Certo".

(CESPE – 2008 – MTE – Agente Administrativo) O inventário, a desapropriação e o tombamento são formas de proteção do patrimônio cultural brasileiro.
( ) Certo   ( ) Errado

Resposta: a alternativa é "Certo".

(CESPE – 2009 – DPE-ES – Defensor Público) Todo tombamento constitui limitação perpétua e compulsória ao direito de propriedade em benefício do interesse coletivo.
( ) Certo   ( ) Errado

Resposta: a alternativa é "Errado".

CAPÍTULO 15

Estatuto da Cidade. Meio Ambiente Artificial

1. CIDADE E MUNICÍPIO

O meio artificial é qualificado por José Afonso da Silva[78] como "espaço constituído pelo espaço urbano construído, consubstanciado no conjunto de edificações (espaço urbano fechado) e dos equipamentos públicos (ruas, praças, áreas verdes, espaços livres em geral; espaço urbano aberto)". Interessa-nos aqui especialmente o estudo das áreas urbanas.

A CF/88, no título que trata da política urbana, refere-se ora às cidades, ora aos municípios, o que acaba por causar uma certa confusão, levando-nos a utilizar uma denominação como se a outra fosse.

Vários são os conceitos de cidade. Para concursos públicos, interessa saber que a cidade assemelha-se à área urbana assim declarada pelo município, e que este é o ente autônomo federado (arts. 1º e 18 da CF/88). Por sua vez, o município engloba não apenas a zona urbana, mas também a zona rural e a zona de expansão urbana eventualmente existentes.

Dois são os critérios utilizados pela doutrina para definir as áreas que o município pode declarar como zona urbana. O primeiro é o da localização, estabelecido no Código Tributário Nacional. O art. 32, § 1º do CTN determina que o município poderá constituir determinada área como urbana se essa preencher pelo menos 2 (dois) de uma lista

---

[78] Silva, José Afonso da. *Direito Ambiental Constitucional*. 4. ed. São Paulo: Malheiros, 2002.

de 5 (cinco) melhoramentos, quais sejam: meio-fio e calçamento, abastecimento de água, sistema de esgotos sanitários, rede de iluminação pública (com ou sem posteamento para distribuição domiciliar), escola ou posto de saúde a uma distância de no máximo 3 (três) quilômetros de distância.

Já o segundo critério é o da utilização do solo, estabelecido pela Lei nº 5868 de 1972 que criou o sistema nacional de cadastro rural, em seu artigo 6º:

> Art. 6º – Para fim de incidência do Imposto sobre a Propriedade Territorial Rural a que se refere o artigo 29 da Lei nº 5.172, de 25 de outubro de 1966, considera-se imóvel rural aquele que se destinar à exploração agrícola, pecuária, extrativa vegetal ou agro-industrial e que, independentemente de sua localização, tiver área superior a 1 (um) hectare.

O dispositivo supracitado teria revogado o art. 32, § 1º, do CTN pelo critério cronológico e gerou dúvida na doutrina quanto ao critério a ser utilizado para constituição de novas áreas urbanas.

A jurisprudência brasileira resolveu a questão, estabelecendo que o Código Tribunal Nacional foi recepcionado na condição de lei complementar (RE 72.212 STF) e, nesse sentido, não poderia ser alterado por uma lei ordinária. O Supremo Tribunal Federal, em acórdão de relatoria do ministro Moreira Alves, no julgamento do RE 93.850-8, assim se pronunciou:

> IMPOSTO PREDIAL. Critério para a caracterização do imóvel como rural ou como urbano. A fixação desse critério, para fins tributários, e princípio geral de direito tributário, e, portanto, só pode ser estabelecido por lei complementar. O CTN segundo a jurisprudência do STF, e lei complementar. Inconstitucionalidade do artigo 6º, e seu paragrafo único da Lei Federal nº 5.868, de 12 de dezembro de 1972, uma vez que, não sendo lei complementar, não poderia ter estabelecido critério, para fins tributários, de caracterização de imóvel como rural ou urbano diverso do fixado nos artigos 29 e 32 do CTN. Recurso extraordinário conhecido e provido, declarando-se a inconstitucionalidade do artigo 6º e seu paragrafo único da Lei Federal nº 5.868, de 12 de dezembro de 1972. (RE 93850/MG – Minas Gerais. Recurso Extraordinário.

Relator(a): min. Moreira Alves. Julgamento: 20/5/1982. Órgão Julgador: Tribunal Pleno)

Recentemente, o STJ, mesmo reconhecendo-se incompetente para analisar a inconstitucionalidade da lei que criou o sistema de cadastro nacional rural, julgou improcedente o recurso especial 169924, pautando-se no critério de localização do imóvel conforme decisão do Supremo Tribunal Federal:

> TRIBUTÁRIO. IPTU. Caracterização do imóvel. Incidência do imposto. D.L. nº 57/66. Prevalecimento do CTN como Lei Complementar. Precedente do STF.
> 1. Consoante fixado pela Excelsa Corte, o Código Tributário Nacional é Lei Complementar que não pode ser alterado por decreto-lei. Assim, para efeito da incidência do IPTU o que importa é a localização do imóvel, como previsto no art. 32, § 1º, do CTN e não sua destinação.
> 2. Recurso especial conhecido, porém, improvido (REsp. 169924. Relator Francisco Peçanha Martins. Segunda Turma. 16/11/2000, DJ 4/6/2001)

2. PLANO DIRETOR – EXIGÊNCIA SEGUNDO A CF/88

Estabelecida a distinção entre os termos cidade e município, analisaremos agora os temas mais solicitados em concurso público em respeito ao meio ambiente artificial que, em 2001, ganhou uma lei específica, a de nº 10.257, intitulada Estatuto da Cidade.

A CF/88 determinou que cabe aos municípios definir a função social da propriedade urbana, através do Plano Diretor (art. 182, § 2º), obrigando expressamente as cidades com mais de 20.000 habitantes a confeccionarem o seu próprio plano. (art. 182, § 4º).

Não concordamos com esse critério, porque a maioria dos municípios brasileiros – 80% (oitenta por cento) deles – possuem menos de 20.000 habitantes e, assim sendo, ficariam desobrigados constitucionalmente de cumprir a função social, uma vez que não têm a obrigação expressa de elaborar o Plano Diretor.

Não se trata de mera discordância sem fundamento. A CF/88, em seu art. 5º, incisos XXII e XXIII, determinou que é garantido o direito de propriedade desde que ele atenda a sua função social, o que foi ratificado no Código Civil de 2002 (art. 1.228, § 1º).

Pensar o contrário é admitir que a República Federativa do Brasil, composta por mais de 5.500 (cinco mil e quinhentos) municípios, deu "carta branca" constitucional para a irregularidade, para o caos urbano, o que não nos parece correto.

O Estado do Amapá, ao elaborar a sua Constituição em 1989, diminuiu o critério de exigência populacional de 20.000 para 5.000 habitantes em seu artigo 195. Em nosso entendimento, a atitude do legislador constituinte derivado decorrente foi correta porque, naquela época, dos 15 municípios desse Estado, apenas a capital Macapá e os municípios Laranjal do Jarí e Santana tinham mais que 20.000 habitantes. Diante de tal fato, os outros treze poderiam se sentir desobrigados de cumprir a função social da propriedade urbana.

O governador do Estado do Amapá, em 1993, ajuizou a ação direta de inconstitucionalidade (ADI nº 826), questionando a validade do dispositivo da Constituição Estadual face ao disposto no § 1º do art. 182 e art. 30, I da CF/88, pontuando a invasão de competência da seara municipal.

A Assembleia Legislativa do Amapá, ao prestar suas informações, afirmou que as Constituições Estaduais devem obedecer aos princípios da Constituição da República e não à literalidade das normas (art. 25 da CF/88), e que por isso poderia alterar o número previsto pelo Legislador constituinte originário, o que foi ratificado pelo então Advogado Geral da União.

No entanto, o Supremo Tribunal Federal, tendo como relator o ministro Sidney Sanches, julgou inconstitucional o dispositivo da Constituição do Amapá aos argumentos de invasão de competência municipal, conforme petição do então governador:

> DIREITO CONSTITUCIONAL E ADMINISTRATIVO. Municípios com mais de cinco mil habitantes: Plano Diretor. Art. 195, "*caput*", do Estado do Amapá. Artigos 25, 29, 30, I e VIII, 182, § 1º, da Constituição Federal e 11 do ADCT.
>
> 1. O "*caput*" do art. 195 da Constituição do Estado do Amapá estabelece que "o plano diretor, instrumento básico da política de desenvol-

vimento econômico e social e de expansão urbana, aprovado pela Câmara Municipal, é obrigatório para os Municípios com mais de cinco mil habitantes".

2. Essa norma constitucional estadual estendeu, aos municípios com número de habitantes superior a cinco mil, a imposição que a Constituição Federal só fez àqueles com mais de vinte mil (art. 182, § 1º).

3. Desse modo, violou o princípio da autonomia dos municípios com mais de cinco mil e até vinte mil habitantes, em face do que dispõem os artigos 25, 29, 30, I e VIII, da C. F. e 11 do ADCT.

4. Ação Direta de Inconstitucionalidade julgada procedente, nos termos do voto do Relator. 5. Plenário: decisão unânime.

(ADI 826/AP – Amapá, Ação Direta de Inconstitucionalidade, Relator(a): Ministro Sydney Sanches, Julgamento: 17/9/1998. Órgão Julgador: Tribunal Pleno Publicação DJ 12/3/1999, p. 2. Ementa. Vol. 1942-01, p. 57)

3. ESTATUTO DA CIDADE (LEI Nº 10.257/01)

Em 10 de julho de 2001 foi editada a Lei nº 10.257, que se intitulou Estatuto da Cidade e, nos concursos públicos, vem sendo qualificada como a lei que regulamentou o meio ambiente artificial. Como nosso objetivo não é fazer comentários acerca de todos dispositivos desse comando, passaremos pelos instrumentos que são sempre solicitados em provas.

As diretrizes de política urbana, cujo objetivo é ordenar o pleno desenvolvimento das funções sociais da cidade e da propriedade urbana, estabelecidas pelo Estatuto da Cidade, determinam a realização da gestão democrática por meio da participação da população e de associações representativas dos vários segmentos da comunidade na formulação, execução e acompanhamento de planos, programas e projetos de desenvolvimento urbano.

O Estatuto da Cidade regulamenta os artigos 182 e 183 da Constituição Federal, estabelecendo parâmetros e diretrizes da política urbana no Brasil, oferecendo instrumentos para que o município possa intervir no processo de planejamento e gestão urbana e territorial, e garantindo a realização do direito à cidade.

4. PLANO DIRETOR – NOVAS EXIGÊNCIAS (ARTS. 40 E 41 DA LEI Nº 10.257/01)

O Estatuto da Cidade traz algumas novidades em respeito ao Plano Diretor. A primeira é o alargamento do rol de municípios obrigados a realizá-lo. A CF/88 exigia esse plano expressamente apenas para as cidades com mais de 20.000 habitantes, já o estatuto amplia essa obrigação e determina o seu prazo de cumprimento:

> Art. 40 – O plano diretor, aprovado por lei municipal, é o instrumento básico da política de desenvolvimento e expansão urbana.
>
> § 1º – O plano diretor é parte integrante do processo de planejamento municipal, devendo o plano plurianual, as diretrizes orçamentárias e o orçamento anual incorporar as diretrizes e as prioridades nele contidas.
>
> § 2º – O plano diretor deverá englobar o território do Município como um todo.
>
> § 3º – A lei que instituir o plano diretor deverá ser revista, pelo menos, a cada dez anos.
>
> [...]
>
> Art. 41 – O plano diretor é obrigatório para cidades:
>
> I – com mais de vinte mil habitantes;
>
> II – integrantes de regiões metropolitanas e aglomerações urbanas;
>
> III – onde o Poder Público municipal pretenda utilizar os instrumentos previstos no § 4º do art. 182 da Constituição Federal;
>
> IV – integrantes de áreas de especial interesse turístico;
>
> V – inseridas na área de influência de empreendimentos ou atividades com significativo impacto ambiental de âmbito regional ou nacional.
>
> Art. 50 – Os Municípios que estejam enquadrados na obrigação prevista nos incisos I e II do art. 41 desta Lei que não tenham plano diretor aprovado na data de entrada em vigor desta Lei, deverão aprová-lo no prazo de cinco anos.

Percebemos que são várias as possibilidades de um município ser obrigado a elaborar o seu plano diretor e não apenas o critério demográfico estabelecido na Constituição. Frisemos essa nova exigência, pois sempre é pedida em concursos, ora com a questão exigindo somente o conhecimento do texto constitucional, ora do Estatuto da Cidade.

Pela leitura do texto legal, podemos entender que são dois os prazos estabelecidos: o primeiro para os municípios que não possuem o plano diretor, 5 (cinco) anos a contar da vigência do Estatuto da Cidade, o que terminou em 5/10/2006. *Esse dispositivo foi revogado em 2008 e o prazo final terminou em maio daquele ano.*

E o segundo prazo para os municípios que, já possuindo o Plano Diretor, terão de revê-lo em até no máximo 10 anos, continuamente.

É importante voltar a atenção para o fato de que o Plano Diretor tem aplicação no território municipal como um todo, o que ocasionou diversas críticas ao nome Estatuto da Cidade (zona urbana apenas). A defesa do legislador infraconstitucional foi que o nome da lei veio completar uma lacuna, uma vez que já existia o Estatuto da Terra (exclusiva para as zonas rurais).

A CF/88 não estabeleceu prazo e sanção expressa para a não elaboração do plano diretor pelos municípios com mais de 20.000 habitantes, o que fez muitas pessoas pensarem que esse dispositivo constitucional era considerado "letra morta". No entanto, em interpretação sistemática, essa omissão pode ser considerada atentado contra os princípios da administração pública, porque não cumprir o comando constitucional é deixar de aplicar lei de ofício, espécie de ato contra os princípios da administração pública prevista no art. 11 da Lei nº 8.429/92.

Desta forma, a segunda inovação é justamente a sanção expressa para a não elaboração do plano diretor nas hipóteses de municípios que ainda não o tenham e estejam nas hipóteses dos incisos I e II do art. 40, ou seja, com mais de 20.000 habitantes e localizados em regiões metropolitanas; e ainda para os municípios que já possuindo tal plano, não façam a sua revisão em no máximo 10 anos:

> Art. 52 – Sem prejuízo da punição de outros agentes públicos envolvidos e da aplicação de outras sanções cabíveis, o Prefeito incorre em improbidade administrativa, nos termos da Lei nº 8.429, de 2 de junho de 1992, quando:
> VII – deixar de tomar as providências necessárias para garantir a observância do disposto no § 3º do art. 40 e no art. 50 desta Lei

As sanções previstas são as hipóteses de atos praticados contra os princípios da administração pública no art. 11 da Lei nº 8.429/92, quais sejam:

> Art. 11 – Constitui ato de improbidade administrativa que atenta contra os princípios da administração pública qualquer ação ou omissão que viole os deveres de honestidade, imparcialidade, legalidade, e lealdade às instituições, e notadamente:
> [...]
> II – retardar ou deixar de praticar, indevidamente, ato de ofício;
> Art. 12. Independentemente das sanções penais, civis e administrativas, previstas na legislação específica, está o responsável pelo ato de improbidade sujeito às seguintes cominações:
> [...]
> III – na hipótese do art. 11, ressarcimento integral do dano, se houver, perda da função pública, suspensão dos direitos políticos de três a cinco anos, pagamento de multa civil de até cem vezes o valor da remuneração percebida pelo agente e proibição de contratar com o Poder Público ou receber benefícios ou incentivos fiscais ou creditícios, direta ou indiretamente, ainda que por intermédio de pessoa jurídica da qual seja sócio majoritário, pelo prazo de três anos.

No que diz respeito às pessoas que podem ser responsabilizadas por atos de improbidade administrativa, como o plano diretor deverá ser debatido na Câmara Municipal antes de ir à sanção/veto do Executivo Municipal, posicionamo-nos pela aplicação do art. 2º da Lei de Improbidade Administrativa, para não imputar responsabilidade somente aos prefeitos municipais.

Como o Estatuto da Cidade foi publicado em 2001, os agentes públicos, ou seja, prefeitos, vereadores, secretários municipais e particulares que estavam no exercício do mandato na legislatura municipal da época (2001-2004) e os que estavam no exercício quando da vigência do Estatuto da Cidade (2005-2008) devem ser incluídos como litisconsortes passivos.

O Estatuto da Cidade determina que o plano diretor é um Plano da municipalidade para o município, exigindo a realização de audiências públicas que deverão constar na elaboração do instrumento, evitando o tão famoso e mal utilizado instrumento de copiar e colar artigos de lei (de outro município) sem respeitar as nuances de cada localidade, afinal no Brasil são mais de 5.500 (cinco mil e quinhentos) municípios. Parabéns ao legislador infraconstitucional pela positivação do princípio da participação, essencial para o direito ambiental:

> Art. 40 – O plano diretor, aprovado por lei municipal, é o instrumento básico da política de desenvolvimento e expansão urbana.
> [...]
> § 4º – No processo de elaboração do plano diretor e na fiscalização de sua implementação, os Poderes Legislativo e Executivo municipais garantirão:
> I – a promoção de audiências públicas e debates com a participação da população e de associações representativas dos vários segmentos da comunidade;
> II – a publicidade quanto aos documentos e informações produzidos;
> III – o acesso de qualquer interessado aos documentos e informações produzidos
> Art. 52 – Sem prejuízo da punição de outros agentes públicos envolvidos e da aplicação de outras sanções cabíveis, o Prefeito incorre em improbidade administrativa, nos termos da Lei nº 8.429, de 2 de junho de 1992, quando:
> [...]
> VI – impedir ou deixar de garantir os requisitos contidos nos incisos I a III do § 4º do art. 40 desta Lei.

5. PARCELAMENTO DO SOLO URBANO (LEI Nº 6.766/79 DE 19/12/79)

Para concursos públicos, é essencial ter a noção do que seja parcelamento do solo urbano e suas modalidades. A leitura do art. 2º da Lei nº 6.766/79 é imprescindível e suficiente para o estudo do presente instituto, porque a diferença entre os instrumentos elencados nos parágrafos desse artigo, ou seja, entre loteamento e desmembramento é exatamente o que vem sendo solicitado dos candidatos:

Art. 2º – O parcelamento do solo urbano poderá ser feito mediante loteamento ou desmembramento, observadas as disposições desta Lei e as das legislações estaduais e municipais pertinentes.

§ 1º – Considera-se loteamento a subdivisão de gleba em lotes destinados a edificação, com abertura de novas vias de circulação, de logradouros públicos ou prolongamento, modificação ou ampliação das vias existentes.

§ 2º – Considera-se desmembramento a subdivisão de gleba em lotes destinados a edificação, com aproveitamento do sistema viário existente, desde que não implique na abertura de novas vias e logradouros públicos, nem no prolongamento, modificação ou ampliação dos já existentes.

A diferença salta aos olhos. No loteamento, exige-se a abertura de novas vias de circulação, ou, alteração das vias existentes, o que não se cobra para o desmembramento. Diferença simples embora de fundamental importância.

6. ESTUDO DE IMPACTO DE VIZINHANÇA (ARTS. 36 A 38 DA LEI Nº 10.257/01)

Outro instituto sempre visto em concursos é o estudo de impacto de vizinhança, especialmente o art. 38: "A elaboração do EIV não substitui a elaboração e a aprovação de estudo prévio de impacto ambiental (EIA), requeridas nos termos da legislação ambiental".

O estudo de impacto de vizinhança é documento exigido, com base em lei municipal, para a concessão de licenças e autorizações de construção, ampliação ou funcionamento de empreendimentos ou atividades que possam afetar a qualidade de vida da população residente na área ou nas proximidades. É a aplicação dos princípio da prevenção salutar para o direito ambiental, a fim de evitar o desequilíbrio no crescimento urbano e garantir condições de mínimas de ocupação dos espaços habitáveis.

É fundamental que o candidato saiba que o estudo de impacto de vizinhança não é substitutivo do estudo de impacto ambiental (art. 225, § 1º, IV da CF/88), instrumento que estudaremos adiante no item responsabilidade administrativa, e que a esse se soma, tendo como função instruir e assegurar ao poder público municipal acerca da capacidade do meio urbano para comportar determinado empreendimento.

7. PARCELAMENTO COMPULSÓRIO, IPTU PROGRESSIVO NO TEMPO, DESAPROPRIAÇÃO (ARTS. 5º A 8º DA LEI Nº 10.257/01)

O art. 182, § 4º, da CF/88, previu que é facultado (em nosso entendimento sempre foi obrigatório) ao poder público municipal, mediante lei específica para área incluída no plano diretor, exigir, nos termos da lei federal, do proprietário do solo urbano não edificado, subutilizado ou não utilizado, que promova seu adequado aproveitamento. Isto sob pena, sucessivamente, de: parcelamento ou edificação compulsórios, imposto sobre a propriedade predial e territorial urbana progressivo no tempo e desapropriação com pagamento mediante títulos da dívida pública de emissão previamente aprovada pelo Senado Federal, com prazo de resgate de até dez anos, em parcelas anuais, iguais e sucessivas, assegurados o valor real da indenização e os juros legais.

É uma das exceções à regra que estabelece a desapropriação prévia justa e em dinheiro, chamada de desapropriação urbanística sancionatória ou desapropriação-sanção.

Os artigos 5º a 8º do Estatuto da Cidade regulamentam o que é imóvel subutilizado, como será feito o processo de notificação ao proprietário, como se dará a cobrança do IPTU progressivo no tempo e também o critério para se determinar valor real da eventual indenização:

Do Parcelamento, Edificação ou Utilização Compulsórios

Art. 5º – Lei municipal específica para área incluída no plano diretor poderá determinar o parcelamento, a edificação ou a utilização compulsórios do solo urbano não edificado, subutilizado ou não utilizado, devendo fixar as condições e os prazos para implementação da referida obrigação.

§ 1º – Considera-se subutilizado o imóvel:

I – cujo aproveitamento seja inferior ao mínimo definido no plano diretor ou em legislação dele decorrente;

II – (VETADO)

§ 2º – O proprietário será notificado pelo Poder Executivo municipal para o cumprimento da obrigação, devendo a notificação ser averbada no cartório de registro de imóveis.

§ 3º – A notificação far-se-á:

I – por funcionário do órgão competente do Poder Público municipal, ao proprietário do imóvel ou, no caso de este ser pessoa jurídica, a quem tenha poderes de gerência geral ou administração;

II – por edital quando frustrada, por três vezes, a tentativa de notificação na forma prevista pelo inciso I.

§ 4º – Os prazos a que se refere o *caput* não poderão ser inferiores a:

I – um ano, a partir da notificação, para que seja protocolado o projeto no órgão municipal competente;

II – dois anos, a partir da aprovação do projeto, para iniciar as obras do empreendimento.

§ 5º – Em empreendimentos de grande porte, em caráter excepcional, a lei municipal específica a que se refere o *caput* poderá prever a conclusão em etapas, assegurando-se que o projeto aprovado compreenda o empreendimento como um todo.

Art. 6º – A transmissão do imóvel, por ato inter vivos ou causa mortis, posterior à data da notificação, transfere as obrigações de parcelamento, edificação ou utilização previstas no art. 5º desta Lei, sem interrupção de quaisquer prazos.

SEÇÃO III
Do IPTU progressivo no tempo

Art. 7º – Em caso de descumprimento das condições e dos prazos previstos na forma do *caput* do art. 5º desta Lei, ou não sendo cumpridas as etapas previstas no § 5º do art. 5º desta Lei, o Município procederá à aplicação do imposto sobre a propriedade predial e territorial urbana (IPTU) progressivo no tempo, mediante a majoração da alíquota pelo prazo de cinco anos consecutivos.

§ 1º – O valor da alíquota a ser aplicado a cada ano será fixado na lei específica a que se refere o *caput* do art. 5º desta Lei e não excederá a duas vezes o valor referente ao ano anterior, respeitada a alíquota máxima de quinze por cento.

§ 2º – Caso a obrigação de parcelar, edificar ou utilizar não esteja atendida em cinco anos, o Município manterá a cobrança pela alíquota máxima, até que se cumpra a referida obrigação, garantida a prerrogativa prevista no art. 8º.

§ 3º – É vedada a concessão de isenções ou de anistia relativas à tributação progressiva de que trata este artigo.

SEÇÃO IV
Da desapropriação com pagamento em títulos

Art. 8º – Decorridos cinco anos de cobrança do IPTU progressivo sem que o proprietário tenha cumprido a obrigação de parcelamento, edificação ou utilização, o Município poderá proceder à desapropriação do imóvel, com pagamento em títulos da dívida pública.

§ 1º – Os títulos da dívida pública terão prévia aprovação pelo Senado Federal e serão resgatados no prazo de até dez anos, em prestações anuais, iguais e sucessivas, assegurados o valor real da indenização e os juros legais de seis por cento ao ano.

§ 2º – O valor real da indenização:

I – refletirá o valor da base de cálculo do IPTU, descontado o montante incorporado em função de obras realizadas pelo Poder Público na área onde o mesmo se localiza após a notificação de que trata o § 2º do art. 5º desta Lei;

II – não computará expectativas de ganhos, lucros cessantes e juros compensatórios.

§ 3º – Os títulos de que trata este artigo não terão poder liberatório para pagamento de tributos.

§ 4º – O Município procederá ao adequado aproveitamento do imóvel no prazo máximo de cinco anos, contado a partir da sua incorporação ao patrimônio público.

§ 5º – O aproveitamento do imóvel poderá ser efetivado diretamente pelo Poder Público ou por meio de alienação ou concessão a terceiros, observando-se, nesses casos, o devido procedimento licitatório.

§ 6º – Ficam mantidas para o adquirente de imóvel nos termos do § 5º as mesmas obrigações de parcelamento, edificação ou utilização previstas no art. 5º desta Lei.

8. LEGISLAÇÃO

A seguir destacamos a legislação mais cobrada quanto ao meio ambiente artificial.

CONSTITUIÇÃO FEDERAL DE 1988

Art. 182 – A política de desenvolvimento urbano, executada pelo Poder Público municipal, conforme diretrizes gerais fixadas em lei, tem por objetivo ordenar o pleno desenvolvimento das funções sociais da cidade e **garantir** o bem-estar de seus habitantes.

§ 1º – O plano diretor, aprovado pela Câmara Municipal, obrigatório para cidades com mais de vinte mil habitantes, é o instrumento básico da política de desenvolvimento e de expansão urbana.

§ 2º – A propriedade urbana cumpre sua função social quando atende às exigências fundamentais de ordenação da cidade expressas no plano diretor.

§ 3º – As desapropriações de imóveis urbanos serão feitas com prévia e justa indenização em dinheiro.

§ 4º – É facultado ao Poder Público municipal, mediante lei específica para área incluída no plano diretor, exigir, nos termos da lei federal, do proprietário do solo urbano não edificado, subutilizado ou não utilizado, que promova seu adequado aproveitamento, sob pena, sucessivamente, de:

I – parcelamento ou edificação compulsórios;

II – imposto sobre a propriedade predial e territorial urbana progressivo no tempo;

III – **desapropriação** com pagamento mediante títulos da dívida pública de emissão previamente aprovada pelo Senado Federal, com prazo de resgate de até dez anos, em parcelas anuais, iguais e sucessivas, assegurados o valor real da indenização e os juros legais.

ESTATUTO DAS CIDADES – LEI Nº 10.257/01
DIRETRIZES GERAIS

Art. 1º – Na execução da política urbana, de que tratam os arts. 182 e 183 da Constituição Federal, será aplicado o previsto nesta Lei.

Parágrafo Único. Para todos os efeitos, esta Lei, denominada Estatuto da Cidade, estabelece normas de ordem pública e interesse social que regulam o uso da propriedade urbana em prol do bem coletivo, da segurança e do bem-estar dos cidadãos, bem como do equilíbrio ambiental.

Art. 2º – A política urbana tem por objetivo ordenar o pleno desenvolvimento das funções sociais da cidade e da propriedade urbana, mediante as seguintes diretrizes gerais:

I – garantia do direito a cidades sustentáveis, entendido como o direito à terra urbana, à moradia, ao **saneamento ambiental**, à infra-estrutura urbana, ao transporte e aos serviços públicos, ao trabalho e ao lazer, para as presentes e futuras gerações;

II – gestão democrática por meio da participação da população e de associações representativas dos vários segmentos da comunidade na formulação, execução e acompanhamento de planos, programas e projetos de desenvolvimento urbano;

III – cooperação entre os governos, a iniciativa privada e os demais setores da sociedade no processo de urbanização, em atendimento ao interesse social;

IV – planejamento do desenvolvimento das cidades, da distribuição espacial da população e das atividades econômicas do Município e do território sob sua área de influência, de modo a evitar e corrigir as distorções do crescimento urbano e seus efeitos negativos sobre o meio ambiente;

PLANO DIRETOR

Art. 39 – A propriedade urbana cumpre sua função social quando atende às exigências fundamentais de ordenação da cidade expressas no plano diretor, assegurando o atendimento das necessidades dos cidadãos quanto à qualidade de vida, à justiça social e ao desenvolvimento das atividades econômicas, respeitadas as diretrizes previstas no art. 2º desta Lei.

Art. 40 – O plano diretor, aprovado por lei municipal, é o instrumento básico da política de desenvolvimento e expansão urbana.

§ 1º – O plano diretor é parte integrante do processo de planejamento municipal, devendo o plano plurianual, as diretrizes orçamentárias e o orçamento anual incorporar as diretrizes e as prioridades nele contidas.

§ 2º – O plano diretor deverá englobar o território do Município como um todo.

§ 3º – A lei que instituir o plano diretor deverá ser revista, pelo menos, a cada dez anos.

§ 4º – No processo de elaboração do plano diretor e na fiscalização de sua implementação, os Poderes Legislativo e Executivo municipais garantirão:

I – a promoção de audiências públicas e debates com a participação da população e de associações representativas dos vários segmentos da comunidade;

II – a publicidade quanto aos documentos e informações produzidos;

III – o acesso de qualquer interessado aos documentos e informações produzidos.

§ 5º (VETADO)

Art. 41 – O plano diretor é obrigatório para cidades:

I – com mais de vinte mil habitantes;

II – integrantes de regiões metropolitanas e aglomerações urbanas;

III – onde o Poder Público municipal pretenda utilizar os instrumentos previstos no § 4º do art. 182 da Constituição Federal;

IV – integrantes de áreas de especial interesse turístico;

V – inseridas na área de influência de empreendimentos ou atividades com significativo impacto ambiental de âmbito regional ou nacional.

§ 1º – No caso da realização de empreendimentos ou atividades enquadrados no inciso V do *caput*, os recursos técnicos e financeiros para a elaboração do plano diretor estarão inseridos entre as medidas de compensação adotadas.

§ 2º – No caso de cidades com mais de quinhentos mil habitantes, deverá ser elaborado um plano de transporte urbano integrado, compatível com o plano diretor ou nele inserido.

Art. 42 – O plano diretor deverá conter no mínimo:

I – a delimitação das áreas urbanas onde poderá ser aplicado o parcelamento, edificação ou utilização compulsórios, considerando a existência de infra-estrutura e de demanda para utilização, na forma do art. 5º desta Lei;

II – disposições requeridas pelos arts. 25, 28, 29, 32 e 35 desta Lei;
III – sistema de acompanhamento e controle

Art. 50 – Os Municípios que estejam enquadrados na obrigação prevista nos incisos I e II do *caput* do art. 41 desta Lei e que não tenham plano diretor aprovado na data de entrada em vigor desta Lei deverão aprová-lo até 30 de junho de 2008. *(Redação dada pela Lei nº 11.673, 2008)*

Art. 51 – Para os efeitos desta Lei, aplicam-se ao Distrito Federal e ao Governador do Distrito Federal as disposições relativas, respectivamente, a Município e a Prefeito.

Art. 52 – Sem prejuízo da punição de outros agentes públicos envolvidos e da aplicação de outras sanções cabíveis, o Prefeito incorre em improbidade administrativa, nos termos da Lei nº 8.429, de 2 de junho de 1992, quando:

II – deixar de proceder, no prazo de cinco anos, o adequado aproveitamento do imóvel incorporado ao patrimônio público, conforme o disposto no § 4º do art. 8º desta Lei;

III – utilizar áreas obtidas por meio do direito de preempção em desacordo com o disposto no art. 26 desta Lei;

IV – aplicar os recursos auferidos com a outorga onerosa do direito de construir e de alteração de uso em desacordo com o previsto no art. 31 desta Lei;

V – aplicar os recursos auferidos com operações consorciadas em desacordo com o previsto no § 1º do art. 33 desta Lei;

VI – impedir ou deixar de garantir os requisitos contidos nos incisos I a III do § 4º do art. 40 desta Lei;

VII – deixar de tomar as providências necessárias para garantir a observância do disposto no § 3º do art. 40 e no art. 50 desta Lei;

Do parcelamento, edificação ou utilização compulsórios

Art. 5º – Lei municipal específica para área incluída no plano diretor poderá determinar o parcelamento, a edificação **ou** a utilização compulsórios do solo urbano não edificado, subutilizado **ou** não utilizado, devendo fixar as condições e os prazos para implementação da referida obrigação.

§ 1º – Considera-se subutilizado o imóvel:

I – cujo aproveitamento seja inferior ao mínimo definido no plano diretor ou em legislação dele decorrente;

II – (VETADO)

§ 2º – O proprietário será notificado pelo Poder Executivo municipal para o cumprimento da obrigação, devendo a notificação ser averbada no cartório de registro de imóveis.

§ 3º – A notificação far-se-á:

I – por funcionário do órgão competente do Poder Público municipal, ao proprietário do imóvel ou, no caso de este ser pessoa jurídica, a quem tenha poderes de gerência geral ou administração;

II – por edital quando frustrada, por três vezes, a tentativa de notificação na forma prevista pelo inciso I.

§ 4º – Os prazos a que se refere o *caput* não poderão ser inferiores a:

I – um ano, a partir da notificação, para que seja protocolado o projeto no órgão municipal competente;

II – dois anos, a partir da aprovação do projeto, para iniciar as obras do empreendimento.

§ 5º – Em empreendimentos de grande porte, em caráter excepcional, a lei municipal específica a que se refere o *caput* poderá prever a conclusão em etapas, assegurando-se que o projeto aprovado compreenda o empreendimento como um todo.

Art. 6º – A transmissão do imóvel, por ato inter vivos ou causa mortis, posterior à data da notificação, transfere as obrigações de parcelamento, edificação ou utilização previstas no art. 5º desta Lei, sem interrupção de quaisquer prazos. (Obrigação *propter rem*)

IPTU PROGRESSIVO NO TEMPO

Art. 7º – Em caso de descumprimento das condições e dos prazos previstos na forma do *caput* do art. 5º desta Lei, ou não sendo cumpridas as etapas previstas no § 5º do art. 5º desta Lei, o Município procederá à aplicação do imposto sobre a propriedade predial e territorial urbana (IPTU) progressivo no tempo, mediante a majoração da alíquota pelo prazo de cinco anos consecutivos.

§ 1º – O valor da alíquota a ser aplicado a cada ano será fixado na lei específica a que se refere o *caput* do art. 5º desta Lei e não excederá a duas vezes o valor referente ao ano anterior, respeitada a alíquota máxima de quinze por cento.

§ 2º – Caso a obrigação de parcelar, edificar ou utilizar não esteja atendida em cinco anos, o Município manterá a cobrança pela alíquota máxima, até que se cumpra a referida obrigação, garantida a prerrogativa prevista no art. 8º.

§ 3º – É vedada a concessão de isenções ou de anistia relativas à tributação progressiva de que trata este artigo.

DIREITO DE SUPERFÍCIE

Art. 21 – O proprietário urbano poderá conceder a outrem o direito de superfície do seu terreno, por tempo determinado ou indeterminado, mediante escritura pública registrada no cartório de registro de imóveis.

§ 1º – O direito de superfície abrange o direito de utilizar o solo, o subsolo ou o espaço aéreo relativo ao terreno, na forma estabelecida no contrato respectivo, atendida a legislação urbanística. (Ver artigos 1.369 e 1.377 do CCB)

§ 2º – A concessão do direito de superfície poderá ser gratuita ou onerosa.

§ 3º – O superficiário responderá integralmente pelos encargos e tributos que incidirem sobre a propriedade superficiária, arcando, ainda, proporcionalmente à sua parcela de ocupação efetiva, com os encargos e tributos sobre a área objeto da concessão do direito de superfície, salvo disposição em contrário do contrato respectivo.

§ 4º – O direito de superfície pode ser transferido a terceiros, obedecidos os termos do contrato respectivo.

§ 5º – Por morte do superficiário, os seus direitos transmitem-se a seus herdeiros.

Art. 22 – Em caso de alienação do terreno, ou do direito de superfície, o superficiário e o proprietário, respectivamente, terão direito de preferência, em igualdade de condições à oferta de terceiros.

Art. 23 – Extingue-se o direito de superfície:

I – pelo advento do termo;

II – pelo descumprimento das obrigações contratuais assumidas pelo superficiário

Art. 24 – Extinto o direito de superfície, o proprietário recuperará o pleno domínio do terreno, bem como das acessões e benfeitorias introduzidas no imóvel, independentemente de indenização, se as partes não houverem estipulado o contrário no respectivo contrato.

§ 1º – Antes do termo final do contrato, extinguir-se-á o direito de superfície se o superficiário der ao terreno destinação diversa daquela para a qual for concedida.

§ 2º – A extinção do direito de superfície será averbada no cartório de registro de imóveis.

DIREITO DE PREEMPÇÃO

Art. 25 – O direito de preempção confere ao Poder Público municipal preferência para aquisição de imóvel urbano objeto de alienação onerosa entre particulares.

§ 1º – Lei municipal, baseada no plano diretor, delimitará as áreas em que incidirá o direito de preempção e fixará prazo de vigência, não superior a cinco anos, renovável a partir de um ano após o decurso do prazo inicial de vigência.

§ 2º – O direito de preempção fica assegurado durante o prazo de vigência fixado na forma do § 1º, independentemente do número de alienações referentes ao mesmo imóvel.

Art. 28 – O plano diretor poderá fixar áreas nas quais o direito de construir poderá ser exercido acima do coeficiente de aproveitamento básico adotado, mediante contrapartida a ser prestada pelo beneficiário.

§ 1º – Para os efeitos desta Lei, coeficiente de aproveitamento é a relação entre a área edificável e a área do terreno.

§ 2º – O plano diretor poderá fixar coeficiente de aproveitamento básico único para toda a zona urbana **ou** diferenciado para áreas específicas dentro da zona urbana.

§ 3º – O plano diretor definirá os limites máximos a serem atingidos pelos coeficientes de aproveitamento, considerando a proporcionalidade entre a infra-estrutura existente **e** o aumento de densidade esperado em cada área.

Art. 29 – O plano diretor poderá fixar áreas nas quais poderá ser permitida alteração de uso do solo, mediante contrapartida a ser prestada pelo beneficiário.

ESTUDO DE IMPACTO DE VIZINHANÇA

Art. 36 – Lei municipal definirá os empreendimentos e atividades privados ou públicos em área urbana que dependerão de elaboração de estudo prévio de impacto de vizinhança (EIV) para obter as licenças **ou** autorizações de construção, ampliação ou funcionamento a cargo do Poder Público municipal.

Art. 37 – O EIV será executado de forma a contemplar os efeitos positivos e negativos do empreendimento ou atividade quanto à qualidade de vida da população residente na área e suas proximidades, incluindo a análise, no mínimo, das seguintes questões: o EIV não substitui o EIA! Artigo 38 desta Lei.

Art. 38 – A elaboração do EIV não substitui a elaboração e a aprovação de estudo prévio de impacto ambiental (EIA), requeridas nos termos da legislação ambiental.

QUESTÕES DE CONCURSOS

(FCC – 2010 – PGM-PI – Procurador Municipal) As diretrizes de política urbana, cujo objetivo é ordenar o pleno desenvolvimento das funções sociais da cidade e da propriedade urbana, estabelecidas pelo Estatuto da Cidade, determinam a:

a) adoção de privilégios para os agentes privados na promoção de empreendimentos e atividades relativos ao processo de urbanização, atendido o interesse social.

b) complexificação da legislação de parcelamento, uso e ocupação do solo e das normas edilícias, com vistas a permitir a observância da situação socioeconômica da população e a legislação ambiental.

c) garantia do direito a cidades sustentáveis, limitando-se, portanto, o crescimento das médias e pequenas cidades, para garantir às gerações futuras cidades sustentáveis.

d) realização da gestão democrática por meio da participação da população e de associações representativas dos vários segmentos da comunidade na formulação, execução e acompanhamento de planos, programas e projetos de desenvolvimento urbano.

e) realização da regularização fundiária e urbanização de áreas ocupadas por população de baixa renda, independentemente de serem áreas de riscos.

Resposta: a alternativa correta é "D".

(MPE/MG – 2010 – Promotor de Justiça – 50º Concurso) O artigo 182, da Constituição Federal, assevera expressamente que "[...] a política de desenvolvimento urbano, executada pelo Poder Público municipal, conforme diretrizes gerais fixadas em lei, tem por objetivo ordenar o pleno desenvolvimento das funções sociais da cidade e garantir o bem-estar de seus habitantes".

Considere, portanto, as seguintes afirmativas.

I – A propriedade urbana cumpre sua função social quando atende às exigências fundamentais de ordenação da cidade expressas no plano diretor.

II – O plano diretor, aprovado pela Câmara Municipal, obrigatório para cidades com mais de vinte mil habitantes, é o instrumento básico da política de desenvolvimento e de expansão urbana.

III – É facultado ao Poder Público municipal, mediante lei específica para área incluída no plano diretor, exigir, nos termos da lei federal, do proprietário do solo urbano não edificado, subutilizado ou não utilizado, que promova seu adequado aproveitamento.

IV – Aquele que possuir como sua área urbana de até duzentos e cinquenta metros quadrados, por cinco anos, ininterruptamente e sem oposição, utilizando-a para sua moradia ou de sua família, adquirir-lhe-á o domínio, desde que não seja proprietário de outro imóvel urbano ou rural; certo, também, que o respectivo título de domínio e a concessão de uso serão conferidos ao homem ou à mulher, ou a ambos, independentemente do estado civil.

A esse respeito, pode-se concluir que
a) apenas a afirmativa I está correta.
b) apenas as afirmativas I e II estão corretas.
c) apenas a afirmativa II está correta.
d) todas as afirmativas estão corretas.

Resposta: a alternativa correta é "D".

(FCC – 2010 – METRÔ/SP – Analista – Arquitetura) A lei denominada "Estatuto da Cidade" estabelece normas de ordem pública e interesse social que regulam o uso da propriedade urbana em prol do bem coletivo, da segurança e do bem-estar dos cidadãos, bem como do equilíbrio ambiental. Considere os seguintes instrumentos da política urbana:

I – Usucapião especial de imóvel urbano: confere o domínio àquele que possuir como sua área ou edificação urbana de até trezentos metros quadrados, por cinco anos, ininterruptamente e sem oposição.

II Direito de superfície: confere ao proprietário urbano o poder de conceder a outrem o direito de superfície do seu terreno, mediante escritura pública registrada no cartório de registro de imóveis.

III – Direito de construir: o plano diretor poderá fixar áreas nas quais o direito de construir poderá ser exercido acima do coeficiente de aproveitamento básico adotado, mediante contrapartida apresentada pelo beneficiário.

IV – Direito de preempção: confere ao poder público municipal preferência para aquisição de imóvel urbano objeto de alienação onerosa entre particulares.

É correto o que consta APENAS em
a) I e IV.
b) I, III e IV.
c) I, II e III.
d) II e III.
e) II, III e IV.

Resposta: a alternativa correta é "E".

(CESPE – 2010 – MS – Arquiteto) O Estatuto da Cidade, Lei nº 10.257, de 10/7/2001, regulamentou os artigos 182 e 183 da Constituição Federal.

Art. 2º A política urbana tem por objetivo ordenar o pleno desenvolvimento das funções sociais da cidade e da propriedade urbana, mediante as seguintes diretrizes gerais:

I – garantia do direito a cidades sustentáveis, entendido como o direito à terra urbana, à moradia, ao saneamento ambiental, à infra-estrutura urbana, ao transporte e aos serviços públicos, ao trabalho e ao lazer, para as presentes e futuras gerações;

II – gestão democrática por meio da participação da população e de associações representativas dos vários segmentos da comunidade na formulação, execução e acompanhamento de planos, programas e projetos de desenvolvimento urbano;

III – cooperação entre os governos, a iniciativa privada e os demais setores da sociedade no processo de urbanização, em atendimento ao interesse social;

IV – planejamento do desenvolvimento das cidades, da distribuição espacial da população e das atividades econômicas do município e do território sob sua área de influência, de modo a evitar e corrigir as distorções do crescimento urbano e seus efeitos negativos sobre o meio ambiente;

V – oferta de equipamentos urbanos e comunitários, transporte e serviços públicos adequados aos interesses e necessidades da população e às características locais.

A respeito do Art 2º do Estatuto da Cidade apresentado no texto, julgue os itens que se seguem:

A diretriz I, quando denomina cidade sustentável, procura prevenir a deterioração ambiental das cidades, consequência da superexploração de seus recursos ambientais, da não observância dos seus limites e da capacidade de suporte do ambiente às atividades urbanas.

( ) Certo   ( ) Errado

Resposta: a alternativa é "Certo".

(FCC – 2009 – MPE/SE – Analista do Ministério Público – Especialidade Serviço Social) A Lei nº 10.257/2001, Estatuto da Cidade, estabelece normas de ordem pública e interesse social que regulam:

a) a cooperação entre governos somente nas esferas estadual e municipal.

b) o direito às cidades sustentáveis entendido como direito ao uso real do solo.

c) o uso da propriedade urbana em prol do bem coletivo, da segurança e do bem-estar dos cidadãos, bem como do equilíbrio ambiental.

d) a oferta de equipamentos de uso privado, transporte e de serviços públicos.

e) a ordenação de forma a evitar a integração entre as atividades urbanas e rurais.

Resposta: a alternativa correta é "C".

(FCC – 2002 – MPE/PE – Promotor de Justiça) Em se tratando da política de desenvolvimento urbano, que deve ser executada pelo poder público municipal, é INCORRETO que:
a) a subutilização de solo urbano pode dar causa, em determinadas circunstâncias e atendidos certos parâmetros, à desapropriação com pagamento mediante títulos da dívida pública.
b) o pagamento de prévia e justa indenização em dinheiro é requisito normal para a realização das desapropriações de imóveis urbanos.
c) a propriedade urbana cumpre sua função social quando atende às exigências fundamentais de ordenação da cidade expressas no plano diretor.
d) o proprietário do solo urbano não edificado, se atendidas circunstâncias exigidas no plano diretor e na lei específica, pode sofrer a sanção de edificação compulsória.
e) o plano diretor, a ser aprovado pela Câmara Municipal, é obrigatório somente para cidades com mais de cinquenta mil habitantes.

Resposta: a alternativa incorreta é "E".

(MPE/MG – 2010 – Promotor de Justiça) A respeito do Estatuto da Cidade (Lei Federal nº 10.257, de 10 de julho de 2001), pode-se afirmar:

I – O Estatuto da Cidade estabelece normas de ordem pública e interesse social que regulam o uso da propriedade urbana em prol do bem coletivo, da segurança e do bem-estar dos cidadãos, bem como do equilíbrio ambiental.

II – São diretrizes gerais da política urbana, entre outras, a integração e complementaridade entre as atividades urbanas e rurais, tendo em vista o desenvolvimento socioeconômico do Município e do território sob sua área de influência, bem como a adoção de padrões de produção e consumo de bens e serviços e de expansão urbana compatíveis com os limites da sustentabilidade ambiental, social e econômica do Município e do território sob sua área de influência.

III – O plano diretor, aprovado por lei municipal e considerado o instrumento básico da política de desenvolvimento e expansão urbana, poderá fixar áreas nas quais o direito de construir poderá ser exercido acima do coeficiente de aproveitamento básico adotado, que é a relação entre a área edificável e a área do terreno, ficando os beneficiários isentos de contrapartida.

IV – O direito de preempção, que confere ao Poder Público municipal preferência para aquisição de imóvel urbano objeto de alienação onerosa entre particulares, poderá ser exercido para fins de implantação de equipamentos urbanos e comunitários, criação de espaços públicos de lazer e áreas verdes, criação de unidades de conservação ou proteção e outras áreas de interesse ambiental, bem como para a proteção de áreas de interesse histórico, cultural ou paisagístico.

V – O Estudo de Impacto de Vizinhança (EIV), que deve contemplar os efeitos positivos e negativos de atividade ou empreendimento a ser implantado em área urbana, inclusive em relação a bens de valor natural e/ou histórico-cultural, pode substituir o Estudo de Impacto Ambiental (EIA).

Assinale a opção CORRETA.

a) I, II, III e V estão corretas.
b) I, II, III e IV estão corretas.
c) I, II e III estão corretas.
d) I, II e IV estão corretas.
e) Todas estão corretas.

Resposta: a alternativa correta é "D".

(FCC – 2009 – TRT – 3ª Região (MG) – Analista Judiciário – Arquitetura) A propriedade urbana cumpre sua função social quando atende às exigências fundamentais de ordenação da cidade expressas no Plano Diretor, assegurando o atendimento das necessidades dos cidadãos quanto à qualidade de vida, à justiça social e ao desenvolvimento das atividades econômicas. O Plano Diretor é obrigatório para cidades

I – com mais de vinte mil habitantes.
II – integrantes de regiões metropolitanas e aglomerações urbanas.
III – integrantes de áreas de especial interesse turístico.

IV – inseridas na área de influência de empreendimentos ou atividades com significativo impacto ambiental de âmbito regional ou nacional.

Está correto o que se afirma em:
a) I, II, III e IV.
b) I, II e III, apenas.
c) I e IV, apenas.
d) II, III e IV, apenas.
e) II e III, apenas.

Resposta: a alternativa correta é "A".

(NCE/UFRJ – 2005 – PC/DF – Delegado de Polícia) É correto afirmar, de acordo com a Constituição Federal de 1988, que a propriedade urbana cumpre sua função social quando atende:
a) ao aproveitamento e à utilização racional e adequada dos recursos naturais disponíveis e à preservação do meio ambiente;
b) ao aproveitamento racional e adequado e à exploração que favoreça o bem-estar dos proprietários e dos trabalhadores;
c) à participação do proprietário nos resultados dos recursos naturais disponíveis da propriedade;
d) às exigências fundamentais de ordenação da cidade expressas no plano diretor;
e) às desigualdades regionais e sociais, simultaneamente, com a defesa do meio ambiente.

Resposta: a alternativa correta é "D".

(FCC – 2010 – PGM/PI – Procurador Municipal) Em face do disposto no Estatuto da Cidade (Lei nº 10.257, de 10 de julho de 2001), considere as assertivas abaixo:

I – Além das cidades com mais de 20 mil habitantes, o plano diretor também é obrigatório no caso de Municípios que integrem áreas de especial interesse turístico.

II – Incorre em improbidade administrativa o Prefeito que aplicar os recursos obtidos mediante outorga onerosa do direito de construir na criação em programas de regularização fundiária.

III – Na ação judicial de usucapião especial de imóvel urbano, a intervenção do Ministério Público é obrigatória apenas quando envolver direitos de incapazes e o procedimento a ser observado é o rito ordinário do Código de Processo Civil.
Está correto o que se afirma em:
a) I, II e III.
b) I, apenas.
c) II, apenas.
d) III, apenas.
e) I e II, apenas.

Resposta: a alternativa correta é "B".

(FCC – 2010 – PGM/PI – Procurador Municipal) O direito de preempção, nos termos do Estatuto da Cidade (Lei n° 10.257, de 10 de julho de 2001):

a) assegura ao Município, na condição de locatário, a preferência na aquisição do imóvel alugado, autorizando-lhe, caso tenha sido preterido, a tomar o bem para si mediante o depósito, no prazo legal, do preço e das demais despesas decorrentes da transferência.

b) garante ao particular expropriado a preferência na aquisição de bem imóvel desapropriado pelo Município por interesse social ou para fins de necessidade ou utilidade pública, desde que não lhe tenha sido conferida a destinação que fundamentou a desapropriação e não seja utilizado em obras ou serviços públicos municipais.

c) aplica-se apenas às áreas delimitadas em decreto do Poder Executivo municipal, cabendo ser exercido sempre que o Município necessitar de áreas para, entre outros propósitos, executar programas e projetos habitacionais de interesse social, implantar equipamentos urbanos e comunitários, criar unidades de conservação e dar cumprimento às demais diretrizes e finalidades de interesse social ou de utilidade pública definidas no plano diretor.

d) determina a nulidade de pleno direito de alienação, celebrada em condições diversas da proposta formalmente apresentada ao Município, mas não autoriza ao Município impor multa de 20% sobre o valor do imóvel ao transmitente e ao adquirente em regime de solidariedade.

e) determina a nulidade de pleno direito de alienação, celebrada em condições diversas da proposta formalmente apresentada ao Município, mas não autoriza a aquisição pelo Município do imóvel pelo valor da base de cálculo do IPTU.

Resposta: a alternativa correta é "D".

(CESGRANRIO – 2010 – BNDES – Arquiteto) A regularização fundiária e urbanística de assentamentos informais de baixa renda constitui um conjunto de ações municipais que tem como objetivo resolver um problema já consolidado. São instrumentos do Estatuto da Cidade voltados diretamente para regularização fundiária

I – Zonas Especiais de Interesse Social (ZEIS);
II – usucapião especial de imóvel urbano;
III – direito de preempção.

Está correto APENAS o que se apresenta em
a) I.
b) II.
c) III.
d) I e II.
e) II e III.

Resposta: a alternativa correta é "C".

(FCC – 2007 – MPU – Analista Pericial – Engenharia Agronômica) Paraíso do Norte, como município localizado no Estado de São Paulo, espelha-se no que acontece na capital do Estado, para avaliar algumas de suas políticas públicas. Verifica-se, neste caso, que vários planos diretores para o município de São Paulo, Capital do Estado de São Paulo, foram elaborados. Mas apenas alguns foram aprovados: em 1971, em 1988 e em 2002. O ultimo Plano Diretor foi instituído pela Lei Municipal nº 13.430/02 e é chamado de Plano Diretor Estratégico. O Estatuto da Cidade prevê que os municípios devem realizar a revisão dos seus Planos Diretores

a) No prazo máximo de 10 (dez) anos, e para cidades que já possuíam Plano Diretor anterior a sanção da Lei do Estatuto no prazo máximo de 5 (cinco) anos.

b) No prazo máximo de 2 (dois) anos, e para cidades que já possuíam Plano Diretor anterior a sanção da Lei do Estatuto no prazo máximo de 1 (um) ano.

c) No prazo máximo de 15 (quinze) anos, e para cidades que já possuíam Plano Diretor anterior a sanção da Lei do Estatuto no prazo máximo de 3 (três) anos.

d) No prazo máximo de 20 anos.

e) No prazo máximo de 25 anos.

Resposta: a alternativa correta é "D".

(FCC – 2007 – MPU – Analista Pericial – Engenharia Agronômica) Estatuto da Cidade (Lei Federal nº 10.257, de 10 de julho de 2001) regulamenta:

a) o artigo 225 da Constituição Federal, estabelecendo legislações ambientais, oferecendo instrumentos para que o município possa intervir no processo de planejamento e gestão da propriedade rural e garantindo a realização do direito ao território.

b) o artigo 225 da Constituição Federal, estabelecendo parâmetros e diretrizes da política urbana no Brasil, oferecendo instrumentos para que o município possa intervir no processo de gestão ambiental e garantindo a realização do direito à urbanização e desenvolvimento.

c) os artigos 188 e 189 da Constituição Federal, estabelecendo parâmetros e diretrizes da política rural no Brasil, oferecendo instrumentos para que o município possa intervir no processo de planejamento e gestão do espaço rural e garantindo a realização do direito ao campo.

d) os artigos 182 e 183 da Constituição Federal, estabelecendo parâmetros e diretrizes da política urbana no Brasil, oferecendo instrumentos para que o município possa intervir no processo de planejamento e gestão urbana e territorial, e garantindo a realização do direito à cidade.

e) o artigo 228 da Constituição Federal, estabelecendo parâmetros e diretrizes da política urbana e rural no Brasil, oferecendo instrumentos para que o município possa intervir no processo de planejamento e gestão territorial e garantindo a realização do direito à propriedade.

Resposta: a alternativa correta é "A".

(CESPE – 2010 – MPE/ES – Promotor de Justiça) A cidade representa a expansão criativa do homem, pois resulta da ação humana como agente modificador da natureza para a criação e ampliação do espaço urbano. Acerca desse assunto, assinale a opção CORRETA.
   a) O estudo de impacto ambiental, apesar de constituir instrumento da Política Nacional de Meio Ambiente, só pode ser empregado no meio natural.
   b) A matéria urbanística não foi abordada, nem de modo indireto, pelo legislador constituinte; só existe regulamentação do tema nos planos diretores estaduais.
   c) A competência para ordenar o pleno desenvolvimento das funções sociais das cidades e garantir o bem-estar de seus habitantes é do município.
   d) O Estatuto da Cidade não disciplina o planejamento municipal, pois isso deve ser feito pelo plano diretor.
   e) No ordenamento brasileiro, não há previsão de usucapião especial de imóvel urbano.

Resposta: a alternativa correta é "C".

(FCC – 2009 – DPE/MA – Defensor Público) O Estatuto da Cidade prevê a possibilidade de cobrança do Imposto Predial e Territorial Urbano (IPTU) progressivo no tempo, como sanção à não-utilização ou subutilização do imóvel urbano. O prazo mínimo no qual o IPTU progressivo pode ser cobrado antes da desapropriação com pagamento em títulos e a alíquota máxima do tributo são, respectivamente,
   a) 5 exercícios consecutivos e 15%.
   b) 5 exercícios consecutivos e 12%.
   c) 3 exercícios consecutivos e 15%.

d) 3 exercícios consecutivos e 12%.
e) 3 exercícios consecutivos e 10%.

Resposta: a alternativa correta é "A".

(CESPE – 2009 – CEHAP/PB – Advogado) O Estatuto da Cidade estabelece os parâmetros orientadores da construção da política urbana em todas as instâncias do poder público. Essas diretrizes incluem:

I – a garantia do direito a cidades sustentáveis, entendido como o direito à terra urbana, à moradia, ao saneamento ambiental, à infraestrutura urbana, ao transporte e aos serviços públicos, ao trabalho e ao lazer, para as presentes e futuras gerações.

II – o planejamento do desenvolvimento das cidades, da distribuição espacial da população e das atividades econômicas do município e do território sob sua área de influência, de modo a evitar e corrigir as distorções do crescimento urbano e seus efeitos negativos sobre o meio ambiente.

III – a adoção de padrões de produção e consumo de bens e serviços e de expansão urbana compatíveis com os princípios da Política Nacional de Desenvolvimento Urbano Sustentável do Conselho de Governo.

Assinale a opção correta.
a) Apenas o item I está certo.
b) Apenas o item III está certo.
c) Apenas os itens I e II estão certos.
d) Apenas os itens II e III estão certos.

Resposta: a alternativa correta é "C".

(FCC – 2010 – PGM/PI – Procurador Municipal) Para a instalação de *shopping center* no Município de Teresina, deve ser realizado estudo prévio de impacto de vizinhança (EIV). Assinale a alternativa INCORRETA, de acordo com o Estatuto da Cidade.
   a) O plano diretor deve conter no mínimo dispositivo sobre as operações urbanas consorciadas, que por sua vez devem conter entre seus elementos dispositivos sobre o EIV.
   b) A apresentação por parte do empreendedor do EIV à administração pública municipal é um pré-requisito para obten-

ção das licenças ou autorizações de construção, ampliação ou funcionamento de empreendimentos ou atividades econômicas geradoras de impacto em área urbana do Município.

c) O EIV deverá contemplar tantos os efeitos positivos quanto os efeitos negativos do empreendimento ou atividade em relação à qualidade de vida da população residente na área e suas proximidades.

d) Dentre as questões a serem analisadas estão o adensamento populacional; equipamentos urbanos e comunitários; uso e ocupação do solo; valorização imobiliária; geração de tráfego e demanda por transporte público; ventilação e iluminação; paisagem urbana e patrimônio natural e cultural.

e) A elaboração do EIV e sua aprovação substituem a realização e aprovação do estudo prévio de impacto ambiental.

Resposta: a alternativa incorreta é "E".

(MPE/MG – 2010 – MPE/MG – Promotor de Justiça) Nos termos do Direito Urbanístico, considere as seguintes proposições.

I – Os planos urbanísticos devem ser aprovados por lei.

II – O plano diretor deverá englobar a zona rural do Município.

III – Antes da elaboração do projeto de loteamento, o interessado deve requerer ao poder competente a definição de diretrizes para o uso do solo, salvo se esse requerimento for dispensado por lei.

IV – A aprovação do projeto de loteamento depende de apresentação de certidão atualizada de propriedade da gleba, salvo quando se tratar de parcelamento popular.

Pode-se concluir que estão CORRETAS:
a) apenas as proposições I e II.
b) apenas as proposições II e III.
c) apenas as proposições II, III e IV.
d) todas as proposições.

Resposta: a alternativa correta é "D".

(FCC – 2010 – DPE-SP – Agente de Defensoria – Arquiteto) O Plano Diretor Estratégico de São Paulo definiu áreas nas quais a mo-

radia popular é prioridade. São as chamadas ZEIS (Zonas Especiais de Interesse Social). A intenção das ZEIS é
a) gerar áreas exclusivas para implantação de habitação de alto padrão.
b) inibir que terrenos ou prédios vazios sejam usados como moradia popular.
c) determinar áreas periféricas para "bolsões de pobreza".
d) impedir a regularização de áreas ocupadas e de cortiços.
e) assegurar que terras bem localizadas, com infraestrutura, sejam usadas pelos mais pobres.

Resposta: a alternativa correta é "E".

CAPÍTULO 16

Fauna

O art. 225, § 1º, VII, da CF/88, determina ao poder público a proteção da fauna e da flora, vedadas, na forma da lei, as práticas que coloquem em risco a sua função ecológica, provoquem a extinção de espécies ou submetam os animais à crueldade.

No que diz respeito a competência legislativa, Os Estados e o Distrito Federal possuem competência concorrente suplementar à competência da União, para legislar sobre caça, pesca, fauna, entre outros.

A legislação infraconstitucional é bastante contundente quanto à previsão da tutela faunística, sendo que, depois do pioneirismo do citado Decreto Federal nº 24.645/45, que relacionava, de modo casuístico, as hipóteses de maus-tratos (artigo 3º, incisos I a XXXI), surgiu a Lei das Contravenções Penais, em cujo artigo 64, o legislador pátrio fez inserir um dispositivo intitulado "crueldade contra animais", conduta essa transformada em crime pela Lei nº 9.605/98. Dentre as leis federais relacionadas, direta ou indiretamente, à tutela da fauna, podemos distinguir as seguintes: Lei nº 4.771/65 (Código Florestal); Lei nº 5.197/67 (Lei de Proteção à Fauna); Decreto nº 221/67 (Código de Pesca, complementado pela Lei nº 7.679/88); Lei nº 6.638/79 (Vivissecção); Lei nº 7.173/83 (Jardins Zoológicos); e a Lei nº 9.605/98 (Lei de Crimes Ambientais).

Fauna é o conjunto de espécimes animais de um país, região, estação, ou ainda de um período geológico. No que se refere à fauna silvestre, dispõe o art. 1º da Lei nº 5.197 de 3/1/67 sobre a proteção dos animais de quaisquer espécies, em qualquer fase do seu desenvolvimento e que vivem naturalmente fora do cativeiro. A Lei nº 9.605/98, conhecida como a Lei de Crimes Ambientais, também dispôs sobre a fauna em seu habitat silvestre (art. 29, § 3º):

> São espécimes da fauna silvestre todos aqueles pertencentes às espécies nativas, migratórias ou quaisquer outras, aquáticas ou terrestres, que tenham todo ou parte de seu ciclo de vida ocorrendo dentro dos limites do território brasileiro, ou águas jurisdicionais brasileiras.

Concernete à fauna ictiológica o Decreto-Lei nº 221/67 – Código de Pesca – diz que: "ela é composta pelos elementos animais que têm na água seu normal ou mais frequente meio de vida (art. 1º)".

Os animais domésticos, que não têm uma legislação específica de proteção, são os animais que vivem em relação de dependência intensa do ser humano, criados em casas, fazendas, pela família.

Existem também os animais que vivem próximos aos homens, a despeito de nossa vontade e sem depender de nós para sua existência. A sua presença não é agradável pelas doenças que eles trazem. Fazem parte da fauna sinantrópica (ratos, baratas, entre outros).

Vale ressaltar que o art. 1º da Lei nº 5.197/67 afirma que a fauna silvestre, seus ninhos, abrigos e criadouros naturais são propriedade do Estado, o que não foi recepcionado pela atual CF/88, pois a fauna é um bem difuso, sem titularidade determinada. Se analisado à luz do conceito de bem ambiental, como decorrente da Constituição de 1988, esse dispositivo não guarda com esta compatibilidade, porque os bens ambientais são de titularidade difusa, e não do Estado.

No entanto, os animais silvestres podem ser comercializados, desde que provenientes de criadouros devidamente legalizados (art. 3º, § 1º da Lei nº 5.197/67), assim como os animais domésticos podem ser objeto de direito de propriedade.

Quanto às exigências constitucionais em respeito à fauna, o poder público deve vedar as práticas que coloquem em risco a sua finalidade ecológica. Para FIORILLO,[79] essa função é cumprida na medida em que a fauna participa da manutenção e equilíbrio do sistema, sendo

---

79 FIORILLO, Celso Antonio Pacheco. *Curso de Direito Ambiental Brasileiro*. 5. ed. São Paulo: Saraiva, 2004.

responsável pela criação de um ambiente sadio, o qual, como sabido, é essencial à vida com qualidade.

Sendo assim, há que se ter muito cuidado na (re)introdução de espécies exóticas no ecossistema e na retirada forçada de espécies de seu *habitat* natural, pois cada espécie animal é responsável pela vida de várias outras espécies, podendo ocorrer um rompimento na cadeia alimentar. A extinção das espécies animais que servem de alimentos a outras espécies também pode provocar esse mesmo desequilíbrio.

Aproveitando o ensejo, a vedação de práticas que provoquem a extinção de espécies também é obrigação constitucional do poder público, que, com isso, objetiva manter, além do equilíbrio ambiental, a biodiversidade.

A outra, não menos importante, obrigação do poder público é vedar a crueldade no tratamento com os animais, ou seja, não submeter o animal a um mal desnecessário. O Decreto nº 24.645/34, em seu inciso XXIX, arrola trinta e quatro práticas que devem ser consideradas cruéis, entre elas "realizar ou promover lutas entre animais da mesma espécie ou de espécie diferente, touradas e simulacros, ainda que em lugar privado".

Já a Lei de Contravenções Penais (Decreto-Lei nº 3.688 de 03/12/41) tipifica o seguinte delito, que não foi revogado:

> Art. 64 – Tratar animal com crueldade ou submetê-lo a trabalho excessivo:
> Pena – Prisão simples, de 10 dias a um mês, ou multa"
> § 1º – Na mesma pena incorre aquele que, embora para fins didáticos ou científicos, realiza, em lugar público ou exposto ao público, experiência dolorosa ou cruel em animal vivo.
> § 2º – Aplica-se a pena com aumento de metade, se o animal é submetido a trabalho excessivo ou tratado com crueldade, em exibição ou espetáculo publico.

Também a Lei nº 9.605/98 tipificou os maus-tratos contra os animais e outros tipos de violências em seu art. 32: "Praticar ato de abuso, maus-tratos, ferir ou mutilar animais silvestres, domésticos ou domesticados, nativos ou exóticos. Pena: detenção de 3 meses a 1 ano e multa".

Mesmo o mau-trato contra os animais sendo criminalizado, a atitude do legislador infraconstitucional não coíbe a intensa realização das rinhas de galo, fato que envolveu recentemente um famoso publicitário brasileiro. Alguns estados, como o Rio de Janeiro, autorizaram e disciplinaram a realização dessas famigeradas competições (Lei nº 2.985 de 20/3/98), que foram julgadas inconstitucionais pelo STF:

> EMENTA. CONSTITUCIONAL. Meio ambiente. Animais. Proteção. Crueldade. Briga de galos.
> I – A Lei nº 2.895, de 20/3/1998, do Estado do Rio de Janeiro, ao autorizar e disciplinar a realização de competições entre "galos combatentes", autoriza e disciplina a submissão desses animais a tratamento cruel, o que a Constituição não permite.
> II – Cautelar deferida suspendendo-se a eficácia da Lei nº 2.895, de 20/3/98, do Estado do Rio de Janeiro" (BRASIL, STF, ADI 1856-6-RJ, Rel. Min. Carlos Velloso. Pleno. DJ 22/9/2000)

A utilização de animais em experimentos científicos é regulamentada pela Lei nº 6.638/79, que condiciona a vivissecção a uma série de cuidados, visando poupar os animais de crueldade desnecessária, entre eles a de que o animal só poderá ser submetido a intervenções recomendadas nos protocolos das experiências que constituem a pesquisa ou programas de aprendizagem cirúrgico, quando, durante ou após a vivissecção, receber cuidados especiais (art. 4º).

Vale a pena lembrar que a Lei de Crimes Ambientais tem um capítulo específico sobre esses crimes em sua redação, conforme abaixo.

LEI Nº 9605/1998
SEÇÃO I
DOS CRIMES CONTRA A FAUNA

Art. 29 – Matar, perseguir, caçar, apanhar, utilizar espécimes da fauna silvestre, nativos ou em rota migratória, sem a devida permissão, licença ou autorização da autoridade competente, ou em desacordo com a obtida:

Pena – detenção de seis meses a um ano, e multa.

§ 1º – Incorre nas mesmas penas:

I – quem impede a procriação da fauna, sem licença, autorização ou em desacordo com a obtida;

II – quem modifica, danifica ou destrói ninho, abrigo ou criadouro natural;

III – quem vende, expõe à venda, exporta ou adquire, guarda, tem em cativeiro ou depósito, utiliza ou transporta ovos, larvas ou espécimes da fauna silvestre, nativa ou em rota migratória, bem como produtos e objetos dela oriundos, provenientes de criadouros não autorizados ou sem a devida permissão, licença ou autorização da autoridade competente.

§ 2º – No caso de guarda doméstica de espécie silvestre não considerada ameaçada de extinção, pode o juiz, considerando as circunstâncias, deixar de aplicar a pena.

§ 3º – São espécimes da fauna silvestre todos aqueles pertencentes às espécies nativas, migratórias e quaisquer outras, aquáticas ou terrestres, que tenham todo ou parte de seu ciclo de vida ocorrendo dentro dos limites do território brasileiro, ou águas jurisdicionais brasileiras.

§ 4º – A pena é aumentada de metade, se o crime é praticado:

I – contra espécie rara ou considerada ameaçada de extinção, ainda que somente no local da infração;

II – em período proibido à caça;

III – durante a noite;

IV – com abuso de licença;

V – em unidade de conservação;

VI – com emprego de métodos ou instrumentos capazes de provocar destruição em massa.

§ 5º – A pena é aumentada até o triplo, se o crime decorre do exercício de caça profissional.

§ 6º – As disposições deste artigo não se aplicam aos atos de pesca.

Art. 30 – Exportar para o exterior peles e couros de anfíbios e répteis em bruto, sem a autorização da autoridade ambiental competente:

Pena – reclusão, de um a três anos, e multa.

Art. 31 – Introduzir espécime animal no País, sem parecer técnico oficial favorável e licença expedida por autoridade competente:

Pena – detenção, de três meses a um ano, e multa.

Art. 32 – Praticar ato de abuso, maus-tratos, ferir ou mutilar animais silvestres, domésticos ou domesticados, nativos ou exóticos:

Pena – detenção, de três meses a um ano, e multa.

§ 1º – Incorre nas mesmas penas quem realiza experiência dolorosa ou cruel em animal vivo, ainda que para fins didáticos ou científicos, quando existirem recursos alternativos.

§ 2º – A pena é aumentada de um sexto a um terço, se ocorre morte do animal.

Art. 33 – Provocar, pela emissão de efluentes ou carreamento de materiais, o perecimento de espécimes da fauna aquática existentes em rios, lagos, açudes, lagoas, baías ou águas jurisdicionais brasileiras:

Pena – detenção, de um a três anos, ou multa, ou ambas cumulativamente.

Parágrafo Único. Incorre nas mesmas penas:

I – quem causa degradação em viveiros, açudes ou estações de aquicultura de domínio público;

II – quem explora campos naturais de invertebrados aquáticos e algas, sem licença, permissão ou autorização da autoridade competente;

III – quem fundeia embarcações ou lança detritos de qualquer natureza sobre bancos de moluscos ou corais, devidamente demarcados em carta náutica.

Art. 34 – Pescar em período no qual a pesca seja proibida ou em lugares interditados por órgão competente:

Pena – detenção de um ano a três anos ou multa, ou ambas as penas cumulativamente.

Parágrafo Único. Incorre nas mesmas penas quem:

I – pesca espécies que devam ser preservadas ou espécimes com tamanhos inferiores aos permitidos;

II – pesca quantidades superiores às permitidas, ou mediante a utilização de aparelhos, petrechos, técnicas e métodos não permitidos;

III – transporta, comercializa, beneficia ou industrializa espécimes provenientes da coleta, apanha e pesca proibidas.

Art. 35 – Pescar mediante a utilização de:

I – explosivos ou substâncias que, em contato com a água, produzam efeito semelhante;

II – substâncias tóxicas, ou outro meio proibido pela autoridade competente:

Pena – reclusão de um ano a cinco anos.

Art. 36 – Para os efeitos desta Lei, considera-se pesca todo ato tendente a retirar, extrair, coletar, apanhar, apreender ou capturar espécimes dos grupos dos peixes, crustáceos, moluscos e vegetais hidróbios, suscetíveis ou não de aproveitamento econômico, ressalvadas as espécies ameaçadas de extinção, constantes nas listas oficiais da fauna e da flora.

Art. 37 – Não é crime o abate de animal, quando realizado:

I – em estado de necessidade, para saciar a fome do agente ou de sua família;

II – para proteger lavouras, pomares e rebanhos da ação predatória ou destruidora de animais, desde que legal e expressamente autorizado pela autoridade competente;

III – (VETADO)

IV – por ser nocivo o animal, desde que assim caracterizado pelo órgão competente.

QUESTÕES DE CONCURSOS

(CESPE – 2011 – PC/ES – Escrivão de Polícia – Específicos) Deve-se reconhecer a atipicidade material da conduta de uso de apetrecho de pesca proibido se resta evidente a completa ausência de ofensividade ao bem jurídico tutelado pela norma penal, qual seja, a fauna aquática.

( ) Certo ( ) Errado

Resposta: a alternativa é "Certo".

(TJ/PR – 2010 – Juiz) Considerando que as competências em matéria ambiental, previstas nos artigos 23 e 24 da Constituição Federal de 1988, podem ser classificadas como competência material e competência legislativa, sendo a primeira inerente ao poder de polícia e a segunda inerente à possibilidade de legislar acerca da matéria, é CORRETO afirmar que:

a) A competência material dos Municípios é suplementar, cabendo-lhes proteger o meio ambiente e combater a poluição em qualquer de suas formas subsidiariamente, nos termos de Lei Complementar.

b) Os Estados e o Distrito Federal possuem competência concorrente suplementar à competência da União, para legislar sobre florestas, caça, pesca, fauna, conservação da natureza, defesa do solo e dos recursos naturais, proteção do meio ambiente e controle da poluição, entre outros.

c) A competência para legislar sobre responsabilidade por dano ao meio ambiente é privativa da União.

d) Na competência legislativa em matéria ambiental, a superveniência de Lei Federal revoga dispositivo de Lei Estadual no que lhe for contrário

Resposta: a alternativa correta é "B".

(CESPE – 2009 – DPE/PI – Defensor Público) Com relação aos crimes contra o meio ambiente, a fauna e a flora, assinale a opção CORRETA.

a) A extração de areia em floresta de domínio público independe de autorização, e, portanto, não é considerada crime quando for destinada a manutenção de viveiro de avifauna nativa.

b) Abater um animal para proteger lavoura é um ato que independe de autorização.

c) Se um indivíduo, em estado de necessidade, abate um animal para saciar a sua fome, sua conduta não será considerada crime.

d) O abate de animal, ainda que este seja considerado nocivo pelo órgão competente, é considerado crime.

e) Os crimes contra a fauna praticados durante a noite, aos sábados e aos domingos aumentam as respectivas penas.

Resposta: a alternativa correta é "C".

(FEC – 2010 – MPA – Engenheiro) No Capítulo V, Seção I, da Lei nº 9.605, de 12 de fevereiro de 1998, estão listados crimes contra a fauna e suas respectivas penas. Entre estes crimes temos:

I – transportar, comercializar, beneficiar ou industrializar espécimes provenientes da coleta, apanha e pesca proibidas.

II – fundear embarcações sobre bancos de moluscos ou corais, devidamente demarcadosemcarta náutica. III. o abate de animal quando em estado de necessidade, para saciar a fome do agente ou de sua família.

Dos itens acima, estão corretos:

a) I e II, apenas.
b) I, II e III.
c) I e III, apenas.
d) II e III, apenas.
e) III, apenas.

Resposta: a alternativa correta é "A".

(FCC – 2009 – TJ/MS – Juiz) O art. 1º da Lei nº 5.197, de 3/1/1967, estabelece que "os animais de quaisquer espécies, em qualquer fase de seu desenvolvimento e que vivem naturalmente fora do cativeiro, constituindo a fauna silvestre, (...) são propriedade do Estado, sendo proibida a sua utilização, perseguição, destruição, caça ou apanha". Se analisado à luz do conceito de bem ambiental, como decorrente da Constituição de 1988, este dispositivo:
   a) não guarda com este compatibilidade, porque a matéria não é disciplinada pela Constituição.
   b) guarda com este compatibilidade, porque todos os bens ambientais são de propriedade do Estado.
   c) guarda com este compatibilidade, porque a Constituição estabelece a proibição da caça da fauna silvestre.
   d) não guarda com este compatibilidade, porque a fauna silvestre não é um bem ambiental.
   e) não guarda com este compatibilidade, porque os bens ambientais são de titularidade difusa, e não do Estado.

Resposta: a alternativa correta é "D".

(CESPE – 2004 – Polícia Federal – Delegado de Polícia – Nacional) Bartolomeu, pessoa com baixo grau de instrução, foi preso em flagrante pela prática de ato definido como crime contra a fauna. Nessa situação, o baixo grau de instrução de Bartolomeu não exclui a sua culpabilidade, mas constitui circunstância que atenuaria a sua pena no caso de eventual condenação penal.
   ( ) Certo   ( ) Errado

Resposta: a alternativa é "Certo".